江南大学教学评估与教师卓越中心

中心成立于2010年3月,是江南大学处级独立建制的直属单位,也是中国高等教育学会教师教学发展分会、高校教学发展网络(CHED)、全国高校质量监测研究会、江苏省高校教师教学发展研究会等常务理事单位。目前,校长陈坚教授担任中心管理委员会主任,纪志成副校长分管中心工作,王鸿博教授担任中心主任。中心下设高等教育研究所、教师培训中心、教学评估中心、教学资源中心和综合办公室5个科室,编制18人。其中,高级职称5人,博士学位4人,硕士学位10人,专业领域涉及教育学、文学、工学、理学等学科门类。

中心以"建设教学服务平台,促进教师教学发展,提升教育教学质量"为宗旨,秉承"研究、提升、评价、建设"的工作方针,开展教学研究、教师培训、质量评估、资源建设等工作。

陈坚 校长(中心管理委员会主任)　　纪志成 副校长(中心分管领导)　　王鸿博 教授(中心主任)

高等教育研究所

江南大学高等教育研究所遵循"为教育行政决策服务,为教育改革实践服务"的宗旨,构建教育研究、课题管理和决策咨询"三位一体"的高等教育研究模式,2017年被中国高等教育学会评为第五届"优秀高等教育研究机构",其主要职能有:

(1) 进行高等教育专题研究。
(2) 做好教育科研课题管理。
(3) 编写学校内刊《高教动态》。
(4) 组织"教师卓越工程"项目实施。
(5) 建立专兼融合的研究员队伍开展院校研究。

高等教育研究所人员合影

成果获全国教育科学研究优秀成果奖

部门荣获"第五届优秀高等教育研究机构"

高等教育研究所部分研究成果

教师卓越工程项目交流活动

2015年11月4日召开教师卓越工程项目交流会

2016年3月16日召开教师卓越工程项目启动会

2017年11月1日召开教师卓越工程项目交流会

教师卓越工程项目
公开课展示

■ 人文学院杨晖教授上"文学概论"公开课

■ 马克思主义学院唐忠宝副教授上"毛泽东思想和中国特色社会主义理论体系概论"公开课

■ 理学院何跃娟副教授上"大学物理"公开课

■ 纺织服装学院傅佳佳副教授上"纺织进展(双语)"公开课

高校教师教学卓越的探索与实践

■ 食品学院谢云飞副教授上"食品安全"公开课
■ 马克思主义学院徐玉生教授进行主题为"办好中国的事情 关键在党"的公开课
■ 数字媒体学院周鹏程讲师上"交互设计基础"公开课
■ 人文学院于书娟副教授组织小班研讨课

学院教学研讨会

2016年9月23日数字媒体学院教学研讨会

2017年6月15日环境与土木工程学院教学研讨会

2017年6月22日理学院教学研讨会

2017年10月25日马克思主义学院教学研讨会

2017年10月19日人文学院教学研讨会

2017年江苏省教育信息化研究重点课题成果
2017年江南大学本科教育教学改革研究项目成果

高校教师教学卓越的探索与实践

周 萍 杨 延 主编
王 霞 陈 栋 参编
江南大学教学评估与教师卓越中心 编

上海大学出版社

图书在版编目(CIP)数据

高校教师教学卓越的探索与实践 / 江南大学教学评估与教师卓越中心编;周萍,杨延主编. —上海:上海大学出版社,2018.8
ISBN 978-7-5671-3221-4

Ⅰ.①高… Ⅱ.①江… ②周… ③杨… Ⅲ.①高等学校—教学研究 Ⅳ.①G642.0

中国版本图书馆CIP数据核字(2018)第187829号

责任编辑　刘　强
助理编辑　时英英
封面设计　缪炎栩
技术编辑　金　鑫

高校教师教学卓越的探索与实践
江南大学教学评估与教师卓越中心　编
周萍　杨延　主编

上海大学出版社出版发行
(上海市上大路99号　邮政编码200444)
(http://www.shupress.cn　发行热线 021-66135112)
出版人　戴骏豪

*

南京展望文化发展有限公司排版
上海华教印务有限公司印刷　各地新华书店经销
开本 787mm×1092mm 1/16 印张 17.75 字数 388千
2018年8月第1版　2018年8月第1次印刷
ISBN 978-7-5671-3221-4/G·2772　定价　59.00元

前　　言

　　教育教学质量是一流大学和一流学科建设的关键，师资队伍是"双一流"建设的核心。《国家中长期教育改革和发展规划纲要（2010—2020年）》明确指出"提高质量是高等教育发展的核心任务"、"把教学作为教师考核的首要内容"，让高校教师追求"教学卓越"是我国高等教育改革发展的重要任务。

　　为促进我校教师积极开展教育理论研究和教学改革实践，提高课堂教学质量，江南大学设立了本科教育教学改革研究专项——"教师卓越工程"项目，以推动教师的教学发展和课堂教学质量提升。该项目面向学校一线教师，鼓励他们以课堂教学为载体开展教学研究，不断提升教学能力和教学学术能力。教学评估与教师卓越中心负责课题的立项资助和实施验收等过程管理工作。获得"教师卓越工程"项目立项后，项目主持人和主要成员应在积极开展教学研究和实践的基础上不断"追求卓越"，具体要求是：① 由项目主持人或项目组成员在面向全校的"精品展坛"上开设一次公开课，供全校教师观摩。在公开课展示的基础上，由教学评估与教师卓越中心和主持人所在学院共同组织相应的研讨交流，届时主持人介绍教学经验并邀请相关专家对公开课予以点评；② 由项目主持人组织一次院、系层面的主题教学、教研交流活动，积极推动所在学院及专业的教师开展教学研究；③ 项目主持人必须公开发表一篇教学研究论文；④ "教师卓越工程"项目结项时主持人必须向教学评估与教师卓越中心提交3 000字以上的教育教学感悟，供全校教师参考和分享。项目结题由教学评估与教师卓越中心统一组织，并召开研讨会进行集中交流汇报。

　　本书是江南大学两期"教师卓越工程"项目的成果汇编，从2013年11月到2017年11月，共有32项课题150多位一线教师参与了课题研究。他们针对专业教学中的实际问题，研究先进经验，转变教育理念，更新教学内容，改进教学方法，完善评价方式，积极推进学校课堂教学质量的提升。这批成果涵盖教学成果总结、教学感悟、教学研究论文等，既具有理性思考也充满实践智慧，客观记录了各位老师从事教学改革的心路历程和对课程教学的实践探索，可供高校教师学习、分享和借鉴。江南大学高等教育研究所在对项目全程引领、培育的基础上，与项目组成员协同总结、凝练、提升研究成果，从而汇聚成《高校教师教学卓越的探索与实践》一书。由于涉及众多的学科专业，加之时间仓促，在材料统整过程中难免存在遗漏和不足，敬请各位同仁批评指正。

编　者

2018年3月20日

目 录
Contents

••• 第一部分　课程改革与探索

基于文件阐释法的视频分析与课堂模仿研究
　　——兼论视频分析的方法论意义 ·················· 孙丽丽　003
纺织工程专业"纺织进展"双语课程建设和实践
　　·················· 傅佳佳　王鸿博　杨瑞华　王清清　021
设计学下数字媒体艺术专业基础课程群原型研究 ····· 章　洁　龙娟娟　王　丰　026
基于多语义式的创意思维设计教学研究 ·········· 王　丰　章　洁　周鹏程　031
"织物结构设计"课程教学软件的设计与应用 ········ 潘如如　王鸿博　高卫东　037
物理教学可视化虚拟实验平台创建 ·············· 苏宙平　郭　颖　张秀梅　042
"文学概论"的教学改革与思考 ······························· 杨　晖　罗兴萍　046
美国机械工程专业本科教学课程设置分析
　　——以 Southern Methodist University 为例 ········· 纪小刚　李　楠　刘新佳　052
基于研究型半导体光电类课程的教学探索
　　·············· 杨国锋　朱焯炜　张秀梅　阙立志　高淑梅　056
关于提升高校思想政治理论课学术性的对策建议 ······················ 任　俊　060
"食品感官评定"课程教学的改革与实践
　　·············· 陈茂深　李　玥　徐菲菲　刘　欢　钟　芳　063
"电机与拖动基础"课程教学方法之探讨 ···· 方光辉　周　睿　钱　喆　李国丽　067
"现代控制理论"课程教学改革的思考与探索 ········ 姜　顺　张相胜　潘　丰　071

••• 第二部分　教学模式与方法

开展"启拓教学"　提升思政课质量 ························ 徐玉生　蔡　瑶　077
"慕课"视阈下思想政治理论课教学范式变革探究 ················ 侯　勇　饶启慧　082

基于项目驱动式分组教学的行动研究
　　——以"教育研究方法"课为例 …………………………………… 于书娟　091
基于非指导性教学法的程序设计课程教学方法研究
　　………………………………………………………… 周　顿　盛歆漪　王　骏　098
PBL模式在护理学本科医学免疫学教学中的实践
　　………………………… 陈　伟　申延琴　华　东　俞亚芬　葛文娥　程建青　102
打造立体化教学　实现"教"与"学"的良性互动
　　——"概论"教学改革与创新探索 ………………………………… 徐礼红　106
高校"中外服装史"的教学改革与探讨
　　——以明代成人礼情境教学为例 …………………………………… 牛　犁　112
基于"食品安全"课程翻转课堂的初步教学改革及探索
　　……………………………………………………… 谢云飞　郭亚辉　姚卫蓉　115
工科类专业试验设计方法教学实践探索 ……………………………… 高　洁　119
大学物理教学改革实践与探索
　　——"兴趣驱动、问题引领、案例辅助、能力评价"的改革思路
　　……………………………………………………………… 张子越　何跃娟　123
兴趣驱动的高校计算机程序设计实践教学法 ………… 狄　岚　张　军　赵　燕　129
西方经济学课程多元化教学方法改革与思考 ………………………… 周五七　134
任务驱动式教学方法在"食品无损检测技术"课程中的实践与探讨
　　………………………………………… 宋飞虎　李　静　李臻峰　陈海英　140
无机及分析化学双语教学的几点探讨 ………………… 李　玲　宋启军　汪　云　143
新办医学院医学生物化学教学方法的改革与探索
　　………………………………… 冯　磊　程建青　吴　静　李　英　邱丽颖　146
以培养科研素质为导向的生物化学教学改革探索
　　………………………………… 吴　静　邱丽颖　冯　磊　胡　静　邬敏辰　150
"土力学"案例式教学探索与实践 …………………… 刘文化　张　聪　孙秀丽　155
高校思想政治理论课对话式教学探讨
　　——以"中国近现代史纲要"为例 ………………………………… 刘俊杰　157

第三部分　学生培养与提升

研究型大学本科生学习参与度研究
　　——基于J大学的个案分析 ………………………………………… 屈廖健　161

"95后"大学生理想信念弱化原因及其教育应对
　　——以高校思想政治理论课教学为中心 ······················· 包佳道　167
中国服装设计人才培养转型升级的路径思考 ··············· 夏　岩　肖文陵　173
外籍兼职导师研究生培养工作存在的问题与对策
　　——以江南大学纺织生物技术国际联合实验室为例
　　 ······················· 许　波　王　平　傅佳佳　崔　莉　袁久刚　余圆圆　179
轻工行业过程装备与控制工程专业创新实践人才培养探索
　　 ······················· 俞建峰　沈　贤　卫灵君　王东祥　崔政伟　陈海英　183
依托数学建模竞赛，提升大学生创新实践能力 ····················· 张景祥　188
高校武术选项课教学中专项运动能力的培养 ··············· 陆永江　郑孟君　192

第四部分　教学心得与感悟

"启拓教学"的核心理念与改革路径探析 ·························· 徐玉生　197
信息设计课程的教学反思 ···································· 代福平　202
研究方法类课程的教学改革必须坚持"做中学" ···················· 于书娟　206
织物结构设计课程教学软件的开发历程 ··························· 潘如如　210
生物化学与分子生物学实验课程的改革与探索 ······················· 金　坚　216
合作学习教学法在电类课程中的应用 ······························ 张相胜　221
大数据背景下公共体育课程的改革与创新 ··························· 姚唯众　225
PBL模式教学在"医学免疫学"课程中的运用 ······················· 陈　伟　231
虚拟仪器在光信息科学专业实验教学中的应用 ······················· 朱焯伟　235
数学建模思想融入大学数学基础课教学的探索 ······················· 张景祥　238
图案课程教学的研究与探索 ······································ 刘冬云　241
生物化学教学存在的问题及对策 ·································· 吴　静　244
数字媒体技术专业软件开发课程的课堂教学改革 ···················· 王　骏　248
"微特电机"课程教学改革探析 ···································· 方光辉　251
"马克思主义基本原理概论"的"三观"教育研究 ···················· 连冬花　254
"中国近代史纲要"的教学感悟 ···································· 刘俊杰　257
把课堂还给学生 ··· 何跃娟　260
"基于问题式学习"在生物化学课程教学中的应用 ·················· 冯　磊　263
本科生"三体"课堂教学模式的探索与实践 ························· 陈海英　266

第一部分

课程改革与探索

第一篇

농업과 수자원

基于文件阐释法的视频分析与课堂模仿研究

——兼论视频分析的方法论意义

孙丽丽

摘 要：作为课堂教学基本行为的"模仿"具有本体性意义,涉及身体、表演性、想象力、内在图像等,此种意义上的"模仿"不是消极的效仿,而是基于场景布置与展演性的自我更新与表达,体现并建构着课堂教学规则。本文围绕核心研究问题——"模仿序列蕴含并建构着怎样的课堂教学逻辑",运用文件阐释法的视频分析、以序列分析为载体,分析模仿形成的互动惯习。基于文件阐释的视频分析综合情境、身体、实践知识等维度,综合关切本体性与情境性、普遍性与多样性、瞬时性与历时性等,实现教育实践与理论研究方法论的更新。

关键词：模仿；视频分析；文件阐释法；方法论

本文采用的是基于"文件阐释法"的视频分析方法,主要分析资源是教育视频。教育视频包括教育影视、学校宣传片、教学公开课、微课等,但这些视频多数只是作为宣传媒介出现,很少从教育科学研究的视角对其进行进一步探讨。本文以中国小学的5节课为主要研究对象(其中2节课是学校的公开课视频,另外3节是作者自行拍摄的课堂教学视频),辅之以德国小学的5节课作为对比研究对象,探究"模仿"构成课堂教学基本机制的实践逻辑。

本文的核心问题是：模仿序列蕴含并建构着怎样的课堂教学逻辑？此处的"模仿"不是纯粹、消极的效仿过程,而是在自我调整和寻求相似的过程中,形成具有创造性意义的自我组织与建构。以"模仿"作为课堂教学的研究载体与切入点,有两方面用意：一方面,"模仿"作为人类存在与行为的基本现象,维持着课堂教学的运行；另一方面,特定的历史文化空间、主体因素、时空形制等因素,又带来课堂教学模仿的异质性,建构着各具特色的课堂教学过程。

一、"模仿"作为课堂教学的基本样态

在对模仿进行视频分析时,本文采用的是历史人类学视角。基于此,模仿不仅是一种

学习机制、学习工具，更是人类的存在方式、生活方式、审美体验方式。其独特之处是把人类存在的基本载体——"身体"，作为人类存在和社会运行的基本机制，关注身体行为蕴含的互动惯习与缄默知识，关注身体参与的模仿、表演性过程和仪式过程等因素对于人类和社会存在的本体性意义，探究多层次图像的互相渗透与影响，既关注人之所为人的普遍特征，又关注人类现象的多样与复杂。

（一）模仿是最基本的课堂教学交往行为

教学交往包括人与人之间的交往、人与知识之间的交往、人与自身的交往。教学交往通过语言、姿态与体语、空间形制等具体基质建构而成，而"模仿"又是贯穿其中的基本要素。历史人类学强调，教育、教化、社会化和文化适应过程等都是在模仿过程中进行的。模仿过程不是纯粹的效仿过程，而是在调整和相似中形成的多方面创造过程，人们在这个过程中参照他人并同时通过模仿来形成关于他人的印象，儿童在模仿中形成了直立的姿态、表达方式和情感过程，以及语言和时间的社会和文化行为。人在模仿过程中不仅参考他人，同时也参考社会和文化行为，例如游戏和体语等外显行为，模仿在空间和物质化使用、有关回忆和未来的事情中都起着重要作用。

"模仿"涉及身体、想象力和内在图像的参与，任何学习过程都离不开个体对世界与他人的模仿，同时，任何行为都是在之前行为基础上的新塑，不存在单纯的复制，每个新行为都是在最新的场景布置和展演过程中形成的。没有"模仿"的参与，教学便无法进行，在大班额课堂教学为主的中国学校，"模仿"又独具特色。我们都很熟悉的一种课堂教学样态是一位教师面对一大群学生，在一节课 40 分钟之内，完成知识传递、能力养成和情感品性培育的任务。独特的中国课堂教学样态蕴含着独特的实践逻辑与模仿逻辑。在中国历史文化因素和实践特征的影响下，模仿作为一种本体性存在，在中国课堂教学中形成了独特的模仿逻辑，建构着独特的课堂教学交往行为。

（二）模仿的本体性释义

受历史人类学的启发，我们研究课堂教学"模仿"的最典型特征在于其本体性意义，关注人类与世界的一体性模仿关系。"模仿是一种自我建构、自我形成、自我组织、自我指涉、自我保存的社会现实，借助模仿构筑社会现实的过程涉及社会因素、制度因素、个体因素，也涉及传统、虚构、言语形式和生活方式。"这一界定体现出模仿对个体教育以及社会和文化发展具有基础性。基于历史人类学视角，模仿对个人与社会存在的本体性意义体现在两个方面：

第一，人与世界是一体性的模仿关系。在模仿过程中，人类与外在世界的相遇和自我表达是同时进行的，自我因此得以拓展，将世界纳入自我内在的精神世界，世界的外延也在人的内化过程中不断延伸。此种意义上的模仿为看待人类社会与文化学习提供了新的载体与视角。

第二，模仿本质上是人与社会的存在方式。与他人求同的情感需求和与社会情境相适应的行为动力,稳固了人与社会之间以及人与人之间的协调性。与情境相适应并寻求与社会相似,是个体掌握社会技能并融入某种社会情境的前提。

(三)模仿的要素

就构成要素来讲,模仿与主体的身体姿态、直觉、精神图像、体验、想象力等因素密切相关。在社会情境中,人们会形成关于社会行为感觉的关联,很多社会行为感觉都要求人们共同参与、共同行为并做出回应,模仿在其中起着重要作用。模仿行为的参与者,将模仿过程转化到自己内在世界时,需要发生两方面的模仿:一方面,像模仿过程参与者一样,他要执行相似的身体姿态与情感体验;另一方面,他要在自己的内在世界中重构模仿过程,这包含寻求相似、创造性的效仿、对事物的认知、事物与媒体的表演性、实践性知识等要素。

就实现过程来看,模仿指代向外部的延伸,能够缩小个体与世界及他人的差距;就内涵来看,模仿包含身体—情感的层面,使个体对其他的符号世界开放;就作用来看,模仿对孩子和青少年来说尤其重要,对理解教育过程和社会化过程尤为重要,对人和社会的存在和发展具有本体性意义。

二、基于文件阐释法的视频分析在课堂模仿研究中的运用

本文采用的是基于文件阐释法的视频分析。文件阐释法(Dokumentarische Methode)是德国柏林自由大学的波萨克(Ralf Bohnsack)教授根据知识社会学和平面构图分析等思想形成的一种经验研究方法,该方法包含以下三类:基于文献阐释的文本研究、图像研究以及视频研究。视频研究通过视频中所呈现的图像、文本与声音三个维度进行,本研究主要聚焦视频研究中的"图像"维度。

(一)该方法的独特旨趣与操作过程

文件阐释法的视频分析通过以下过程进行:"形式阐释(Formulierende Interpretation),反身性阐释(Reflektierende Interpretation),类型及一般化(Typenbildung und Generalisierung),寻找关系主体(包括图像里呈现的对象及拍摄参与者本身)的惯习或者同一性(Homologious)。"文件阐释法通过视频或图像进行研究,强调两层含义:一是将视频或图像作为理解主体行为的媒介;二是关注视频与图像如何引导并建构主体行为。第一层含义较为普遍,第二层含义通常较少受到关注。基于文件阐释法的视频与图像分析便关注第二层含义,主要有两个核心旨趣:

第一,视频与图像蕴含着实践逻辑和缄默知识。视频与图像蕴含日常行为和缄默知识,在人类认识世界和人类行为方面起着更为基础的作用。因此,图像本身如何表达社会意义并建构社会活动,被视为视频与图像研究的核心。文件阐释法认为实践逻辑与缄默知识决定着主体行为,因此必须改变"客观阐释学"(Objective Hermeneutics)忽略实践逻

辑和行为逻辑的研究取向，认为缄默知识、主体行为和经验等才是研究中的关键因素，应该将它们纳入研究视野。

第二，研究问题指向由"是什么"转向"如何"。"是什么"描述视频与图像呈现的内容，从"是什么"转向"如何"，是从关注显性知识到关注缄默知识的转变。"如何"是探讨图像内在意义，说明图像创作者想要表达的内容及内涵，探究图像序列基于怎样的行为框架或模式而进行，尝试通过对图像自我指涉系统的分析，阐释特定历史和文化背景中人们的行为惯习。

基于文件阐释的视频与图像分析过程主要包括以下三步操作程序：

首先，对视频与图像进行筛选、形式化阐释。根据特定姿势、动作出现的频次进行选择和筛选，尤其关注视频中的过渡图像和转换图像。形式化阐释是一种结构化分段，建立相关主题、子题目、下位主题等分层。

其次，反身性分析，主要涉及对图像的反身和图像文字同一性的反身。根据伊姆达尔平面构图的方法，对图像进行平面结构、视角分析、景物编排三个方面的分析。其中平面结构分析把图像当作"一个根据其固有规律设计的自主系统"，成功找到图像的"自我指涉"系统，是解释图像的前提条件，也是获取图像主体关系的前提条件。

最后，对视频图像进行类型及一般化。基本步骤是对众多不同类型的材料进行平行分析，寻找其共同的特点。通过结构化分析形成事例，再将这些事例作为原型，与其他材料不断比较、类型化，最后将其一般化。

（二）视频选取及形式化阐释

本文选用的视频或图像有三个来源：一是来自作者在田野研究中的自行拍摄。本文作者曾经在德国留学，在德留学期间，连续半年每周2—3天到柏林小学进行田野研究。另有部分中国课堂教学视频拍摄于作者工作单位所在地的小学。二是学校的公开课。文中运用的五年级数学课即来自一所学校的公开课。三是研究机构拍摄的教学视频。文中所用的部分德国小学视频，由德国柏林自由大学初等教育研究中心提供。

并非所有视频以及视频的所有序列都要进行分析，视频分析的首要环节是进行筛选。筛选的关键是"焦点隐喻"，主要选取视频与图像中出现频率较高的内容与体语，以及具有过渡性作用的画面。

在形式化阐释阶段主要进行图像学层面的阐释，通过建立视频序列、图像序列，来说明视频与图像现场究竟发生了什么，核心任务在于说明视频和图像所呈现的内容及方式。这一阶段的分析问题集中在"是什么"（what）。以下是一所中国小学五年级数学课的序列分析（图1、图2）：

序列1：00：00—00：13
　　师生问候
序列2：00：13—00：44
　　主题引入、互动问答、教师总结

序列3：00：44—04：30
　　　互动问答反馈、困难纠正
序列4：04：30—06：50
　　　新知识初步运用
序列5：06：50—08：56
　　　教师正式引入本节课主题
序列6：08：56—10：40
　　　教师总结、困难分析
序列7：10：40—15：46
　　　学生小组讨论、交流
　　　　子序列1：10：40—11：13
　　　　　　小组讨论
　　　　子序列2：11：13—13：26
　　　　　　小组发言展示
　　　　子序列3：13：26—15：46
　　　　　　教师介入小组讨论
序列8：15：46—20：02
　　　教师对主题进行总结、引导学生运用
　　　　子序列1：15：46—19：14
　　　　　　教师总结
　　　　子序列2：19：14—20：02
　　　　　　多媒体展示算法
序列9：20：03—26：36
　　　练习
　　　　子序列1：20：03—24：47
　　　　　　练习运用
　　　　子序列2：24：47—26：36
　　　　　　练习后的总结、总结后再练习
序列10：26：36—27：53
　　　集中练习
　　　　子序列1：26：36—27：53
　　　　　　学生单独做题
　　　　子序列2：27：53—31：42
　　　　　　学生个人练习交流
　　　　子序列3：31：42—33：34
　　　　　　练习与生活结合起来

子序列4：33：34—38：56
　　练习难度增加、练习挑战性题目
子序列5：38：56—39：45
　　教师进行总结算法、学生练习
序列11：39：46—41：37
　　总结、作业
子序列1：39：46—41：37
　　教师总结本节课主要内容、布置作业
子序列2：41：37—41：45
　　课堂结束仪式、师生互相问候

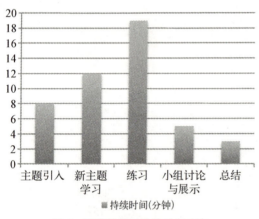

图1　课堂教学活动的时间分布

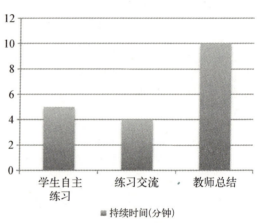

图2　练习中的时间分布

在这节中国小学数学课中，教师在40分钟内进行了7次总结。每次总结中，教师都会强化上一个学习阶段的内容，并告知学生下一阶段将要学习的内容，这些内容就成为学生后续练习中的模仿对象。我们同时辅之以一所德国小学三、四年级混龄编班的复式教学序列作为对比研究对象(图3、图4)：

序列1：00：00—20：00
　　引入问题并讨论、纠错
序列2：20：00—25：00
　　布置个人练习任务
序列3：25：00—32：00
　　个人练习
序列4：32：00—42：00
　　小组讨论
序列5：42：00—45：00
　　问题深入

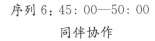

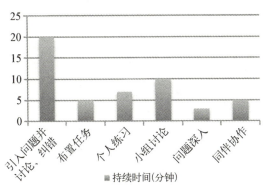

图3 德国复式课堂教学活动的时间分布

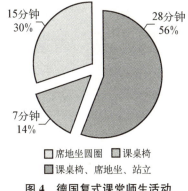

图4 德国复式课堂师生活动空间的时间分布示意图

经过形式化阐释对视频进行分段,根据"焦点隐喻",我们重点选取中德视频分段图像中的主要序列和强反差序列:师生在总结、练习等主要教学活动中的体语交往、教学媒介呈现方式、空间形制(圆圈仪式、固定课桌椅)等,分析这些序列中的模仿因素及其形塑下的课堂模仿行为。

(三) 课堂模仿形制分析

中国课堂教学中模仿行为的单一化特征比较明显,表现为模仿对象和模仿激励形式等因素的单一化。相比之下,德国小学课堂模仿行为表现出多样性特征:多主体参照、多空间活动策略、复杂体语介入、多内容结构同时进行等。以知识结构为主的模仿媒介、以教师评价为主的模仿动力、相对固定的空间形制、强烈的时间序列使用等因素,共同形成了中国课堂教学中的模仿特征。我们以德国小学复式教学中的模仿作为对比研究对象,来凸显中国课堂教学的模仿特征。

1. 模仿媒介分析

以教师呈现的教学内容结构为媒介。这是中国小学课堂教学最为常见的模仿媒介,为了在有限的教学时间内实现知识传递的最大化,中国教师较多采用呈现知识结构的方式,学生随后根据教师呈现的知识结构进行练习,形成一种以高度结构化的知识内容为媒介的模仿。

图5中,圆圈中间的纸上是不同的主题,它们并不是教师以直接、确定性的方式告知学生,相反,师生可以在讨论中丰富、聚焦某个主题并以此作为本节课的教学内容,学生可以参与到讨论与选择中。图7涉及两个时空序列:一是正在做实验的教师,通过多媒体呈现教学内容,这是教师在课前录好的内容,在课堂上播放出来,让学生照此进行实验操作。二是图片右下角的教育场景,这是正在进行的课堂教学,师生正共同观看多媒体,随

后,学生再根据教师在多媒体中呈现的实验过程进行练习。图6、图8也分别展现了德国与中国教师呈现知识方式的差异。

图5 德国小学在"圆圈仪式"中呈现教学内容

图6 德国小学在"圆圈仪式"中呈现教学内容

图7 一位中国教师正在呈现教学内容

图8 一位中国教师正在呈现教学内容

以特定的体语为媒介的模仿行为主要通过教师的评价引导而成。例如,在小学低年级的课堂教学中,教师经常会说:"哪组同学坐得最端正,就让这组朗读课文","某同学坐得最端正,大家鼓掌鼓励"。教师的这些引导或评价,为学生提供了特定的体语模仿对象,引导学生在课堂中形成特定的体语。这是一种综合了表现性、解释性、审美性等因素的模仿。

教学内容和体语作为模仿媒介,涉及两个基本问题:其一,模仿媒介以何种形成呈现?其二,特定的模仿媒介会形成何种模仿行为?对这两个问题的回答,离不开对课堂模仿空间形制的分析。

2. 空间形制与模仿焦点移动

图9、图10呈现了德国小学教室的教学活动与空间形制。它有三个特点:第一,课桌椅并不是以横向与纵向整齐编排的方式来摆放,而是以小组聚集的方式摆放。第二,教师的活动空间并没有仅局限于以"黑板"为中心构成的小面积区域,而是扩展到教室的其他空间,教师的身体运动也不仅有"站立"这一种方式,还有与学生围圈而坐、蹲坐等姿势。第三,学生并没有整节课坐在固定的、分派给自己的座位上,而是根据教学内容、教学环节以及自己的学习阶段,来调整自己的活动空间。以下我们以一所德国小学的数学教学为例,来展现其中独特的空间形制与教学活动的关系。

图9　德国小学的"圆圈仪式"

图10　德国小学课堂教学中的空间移动

上课开始时,教师根据学生上节数学课结束时的学习情况和能力水平,对本节课的学习任务和座位进行了安排(图11):座位1、3的学生进行难度1的题目练习,座位2、4、5、6、7、8、9的7名学生进行难度2的题目练习,座位10在刚开始上课的时候是空着的。15分钟后,座位5、8、9的学生完成难度2的练习,开始进行难度3的练习。又过了10分钟,座位2、6、7的学生也完成了难度2的练习,而原来座位4的学生尚未完成难度2的练习,这时教师进行了本节课的第二次座位安排,将座位2和座位4的学生进行位置互换,这样,坐在中间4、5、6、7、8、9座位的6名学生开始进行难度3的练习,此时座位1的学生仍在进行难度1练习,座位2、3的2名学生在进行难度2的练习。在这节课中,根据题目难度的不同,学生经历了数次空间移动。坐在教室中间区域的学生是教师重点关注的教学对象。

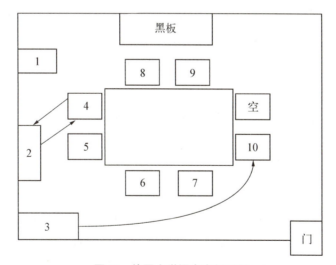
图11　德国小学课堂空间形制

图12、图13是中国小学的空间形制,这在中国小学比较普遍,构成了较为强大的模仿空间动力。在一节40分钟的中国小学数学课的图像序列中,全班49名学生中,只有5名经历了空间移动,其他47名学生,整节课的活动空间据现在固定的课桌椅,只有在被点到提问时,才会发生"举手、起身、坐下"的动作,其余时间,学生都按照固定的姿态端坐在课桌前。

图12　中国小学教室空间

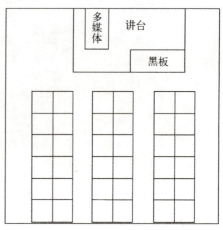
图13　中国小学教室空间形制

三、反身性阐释与类型化：模仿惯习与课堂规则

相比于形式化阐释对"是什么"的回答，反身性阐释阶段更关注"如何"（how）的问题，即视频与图像序列是如何形成的。图像中的特定序列隐含着怎样的实践知识与互动惯习？之所以在反身性阐释阶段进行这样的追问，是因为对视频与图像双重角色的肯定：一方面，视频与图像作为可视化的媒介，能够展示特定场景与行为；另一方面，视频与图像序列蕴含着历史与文化意义，表达着特定的社会场景、社会结构和社会关联，表现并塑造着主体的行动惯习。这双重角色尤其是第二种角色，为反身性阐释提供了可能性与可行性。

（一）模仿建构的课堂身体交往行为与教学规则

身体交往行为是课堂教学模仿的基本表现与要素。"身体"是人类存在的前提条件，对人类具有普遍意义。"'身体'是生物在世界上存在的媒介物，拥有一个身体，对一个生物来说就是介入环境并置身其中。人的身体是世界的枢纽，人通过自己的身体意识到世界。"历史人类学同时认为身体在不同文化中有不同的表现与定义，甚至"身体"对人的存在与自我理解具有中心意义。人的身体既具有自然特征，也具有历史—文化形式与意义。

不同的身体交往行为共同形成了独特课堂教学风格，而从形成过程、运行机制和构成要素来看，体语模仿、视觉模仿和声音模仿则构成了课堂教学中身体交往行为的基本向度，它形塑、表达并建构着身体交往行为。

1. 体语模仿

进入过中国小学课堂的人，都能够理解图14和图15的教学行为：这是课堂提问环节，教师提问话音刚落，随即做出这样的体语，学生也会心领神会，即刻做出相应的体语回应——举手。两图中的教师以不同的身体姿态引导互动问答，但其身体姿态的意义一致。

图 16 中德国小学"圆圈仪式"中的问答环节,学生体现出姿态各异的"思考"状态,与中国小学的问答体语迥异。

图 14　课堂问答环节

图 15　课堂问答环节

图 16　"圆圈仪式"中的问答环节

按照教学情境与体语意义及结构,可以将视频与图像序列呈现出来的教师体语进行分类,这几类体语建构着课堂的知识呈现,也建构着各个层级的模仿行为与师生互动。

图 17　教师体语类别

在中国小学课堂教学中,前三种体语出现次数更多,教师整节课都维持着站立姿态、以讲台作为活动的区域中心、用不同的体语组织并引导着课堂教学的推进,学生在这些体语的引导下,形成了遵守秩序、以教师为中心的体语:坐姿端正、手要放平、眼睛要有神且紧盯教师与黑板……师生身体交往的核心线索是教师的体语引导。

在课堂教学中,经由模仿建构的身体交往行为主要有三类:

第一类是受历史文化传统的影响而形成,相同历史文化背景的课堂教学模仿具备类似的特征,例如中国课堂教学开始时的师生问候仪式、互动问答。如果不了解这类身体交往行为背后的历史文化特征,就很难了解特定行为的意义。

第二类是在特定、具体的教学情境中形成的各具特色的身体交往行为,例如一所德国小学德语课中的"帮助板"活动、中国小学课堂中的"汉字笔顺书写"活动、"拍手鼓励"活动等,要理解这些活动,就需要深入了解课堂教育情境。

第三类课堂身体交往行为具有跨越历史文化因素的特征,具有不同历史文化背景的人都可以理解其行为意义。例如,面对嘈杂的课堂,教师会制作出特定的声音来终止嘈杂,这些声音包括有节奏地敲打桌椅声、拍手、敲铃铛等,学生在听到这些声音后就会知道老师要求他们恢复安静或者进入到下一个教学环节。这些构成课堂教学节奏感的声音,具有超越历史文化和教学情境的特征。

2. 视觉模仿

作为模仿的基本机制,课堂教学中师生之间的"视觉"交往就构成讨论模仿逻辑的载体之一。为了彰显中国课堂教学视觉模仿的独特性,我们以德国课堂教学中普遍存在的"圆圈仪式"作为参照对象,通过比较研究来凸显中国教学中视觉模仿的特征。

图18、图19是德国小学的"圆圈仪式"图像,包含多层次的视觉交往行为,主要可以分为两个序列:

图18 德国小学"圆圈仪式"中的视觉交往

图19 德国小学"圆圈仪式"中的视觉交往

序列1:教师可以作为"圆圈仪式"中学生的视觉焦点,但并不是唯一焦点,在教师解释圆圈中间的课堂教学主题时,视觉焦点有教师、学生、主题等。

序列2:课堂教学内容、教师、学生、黑板、教室空间中的任何一个物品,都有可能形成学生的视觉焦点。相对于其他因素,教师并不具备作为视觉焦点的绝对优先权。

图20、图21是一节中国小学五年级数学课的小组展示画面,其中包含两个主要序列:

图 20　中国小学小组展示中的视觉交往　　图 21　中国小学小组展示中的视觉交往

序列1：教师纠正小组展示发言中的错误，强调发言的重点。课堂视觉焦点由此前小组展示中的4位学生转移到教师。

序列2：教师在左侧，所有学生的视觉焦点就在左侧，教师在右侧，学生的视觉焦点相应地转移到右边。无论是站在讲台前的4名学生，还是坐在课桌前的学生，无论他们与教师相同面向还是相反面向，视觉焦点都在教师，教师拥有视觉焦点的绝对优先权，这也构成了强大的模仿动力。

面对中国小学课堂教学视频，观看者会感觉到整齐的"视觉"在课堂教学中所产生的力量，这形成了整齐、统一、标准化的课堂氛围，也体现并建构着尊重教师、尊重知识、严格律己的教学规则。在历史人类学的模仿视域中，"视觉"（das Sehen）扮演着重要角色。"视觉"是内在图像发挥社会作用的重要机制。具体而言，外在图像借助于表演性和想象力的参与，形成了人类的内在图像，内在图像从儿童早期就开始形成，并在特定的历史与文化环境中得以塑造，为人类提供了"视觉"能力，离开了"视觉"能力，人在社会中是没有立场、没有位置的。此处的"视觉"有三层内涵：

第一，"视觉"并不仅指作为人的基本生理行为的"看"，而是将"看"与关于社会环境和布局的视觉能力联系起来，这样的"视觉"是可以学习的；

第二，在"视觉"的掌握和作用发挥过程中，内在图像起着核心的、不可替代的作用；

第三，在社会行为的"视觉"形成中，内在图像并不能孤立地发挥作用。必须在内在图像与历史和文化图式的互动中，"视觉"才有可能形成。

（二）强反差与表演性因素分析

在课堂教学视频序列中，呈现出大量"强反差"场景：教师着力打造宽松融洽的课堂氛围，而课堂却沉闷；原本想呈现团队协作的力量，结果却有团队成员在集体展示时被遮蔽、忍受着尴尬来成就"团队"的完美。

在图22的教学环节中，教师想营造宽松、融洽、学生共同参与的氛围，为此教师安排其中一位学生走到教师的专属领地——讲台，来扮演"小教师"，而实际上却形成了较严肃、呆板的课堂氛围，呈现出"强反差"特征，可以分三个序列进行解读：

序列1：讲台前的这位同学，在听到自己被要求做"小教师"的指令之后，就根据自身对"教师"行为的理解,走到专属于教师的活动领地——"讲台",向自己的同学进行"讲解"。

图 22　学生做"小教师"　　　　　图 23　教师的行为

序列2:离开座位、站上讲台的这位"小教师",尽管他像教师一样站在讲台、面向同学,但他并没有表现出与教师在讲台前相同的神态、体语(图23)。这位"小教师"笔直、恭敬地站在讲台上。透过体语和神态的分析对比,实际上他没有充分运用教师赋予他短暂的"成为教师"的权利,站在讲台上的他,展演的仍旧是作为学生时的神态与体语。

序列3:讲台前的主角,暂时由教师变成了学生,但对其他学生而言,讲台仍旧是他们的视觉焦点,教师的暂时离开,并没有改变学生的视觉焦点。通过模仿"作为学生"的视觉惯习,学生们在课堂教学中恰当地转移、表现着自己的视觉焦点。

图24是小组展示之后教师补充发言的完整序列,其"强反差"包括两个序列:

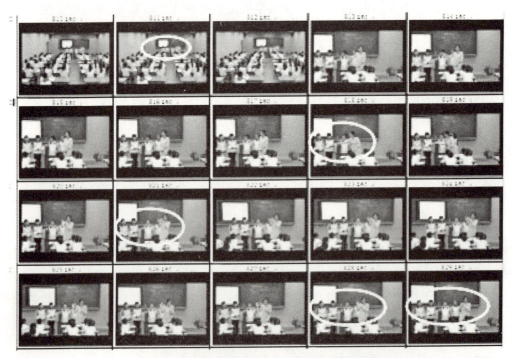

图 24　小组展示之后教师补充发言的完整序列

序列1:在这个完整序列中,四名小组成员同时出现在镜头画面中的时间仅为1秒。其余时间中,教师总是遮蔽着站在两边成员的身体,让他们在观众面前"不可见"。

序列2:教师的展示取代小组展示,成为课堂焦点。

通过这两个序列可以发现,实际上教师设计的小组合作与展示环节,并没有真正体现小组成员集体参与、共同展示、共同讨论的课堂氛围。

这些"强反差"场景可归因于表演性因素。表演性因素关注教育场景中的身体行为(不仅包含执行某种任务和动作的身体行为,也包含审美方面)和象征符号的关系,关注行为主体的具体行为、情感变化等方面,关注教育场景与意义解释之间的互相影响、互相应对,关注教育过程中"意义"的生成过程及其对主体教育过程的影响。本文的视频与图像序列呈现了两类表演性因素,产生了相应的模仿行为:

第一,第三方因素的介入。当第三方因素(例如陌生人、摄像机等)出现时,为了课堂教学行为的完整性,会出现表演性因素主导的模仿。例如在小组合作之后的展示环节,四名小组成员中的两名站在中间发言、展示活动成果,而另外两名小组成员要忍受自身被忽略,为完整的"小组"展示活动而努力克制自己的不良情绪。在这类情境中,因为表演性因素的介入,能够产生两类模仿:其一,教师和学生着力表现他们心中所认为的"完美"教育,尝试把最整齐、最活跃、最有序的课堂,展现给第三方因素。教师为了自己心目中完整的公开课形象,就一定要加入小组合作的环节,教师在意的是小组合作形式,而不是小组合作对学生的真正意义。学生有一种因为"被观看"、因而要"表演"到位的预期。这类表演性因素因参与者的自我控制而形成,自我控制的过程就是对主体内在图像中理想课堂的模仿过程。其二,面对第三方因素的出现,学生表现出来的趣味因素,例如,面对摄像机扮鬼脸、在摄像机前欢呼等。这类表演性因素因参与者的自我表达欲望而成,这类模仿是参照媒体行为而成。

第二,历史与文化塑造的角色特征。与上述第一点相关,第三方因素介入时的表演性,依赖于历史与文化塑造的角色特征:教师要用心用力、组织并驾驭好课堂、在有限时间内实现知识传递的最大化,教师又不能以强制性的方式完成这些任务,因为这与当下的教育氛围不相符,因此,课堂设计要关注学生的主体地位。学生要尊重教师、认真学习、认真表现……这些角色特征交织重合,共同影响着课堂模仿行为的表演性因素。

(三)作为仪式化行为的课堂模仿

"模仿"作为最基本的课堂教学交往行为,表现出较为浓烈的"仪式化"特征,贯穿于具有过渡性作用的教学环节,包括课堂开始和结束时的仪式化问候行为、师生之间的指令性行为、问答行为、示范、启发行为,也包括学生之间的互相倾听与模仿行为,学生在其中的体语特征、视觉焦点等都表现出较强的模仿行为仪式化特征。

作为一种仪式化行为的模仿,与人类的内在图像与想象力密切相关,如果没有内在图像和想象力的介入,模仿只能停留在消极效仿层面,社会行为永远处于主体之外且永远不可能被获取。从运行机制方面看,作为仪式化行为的模仿具有以下特征:

仪式化行为所呈现的图像若要发挥作用，必须在参与者的头脑中形成多重刺激和内在图像，在行为推进的交往过程中，图像作为刺激（simulacra）上演并不断形成内在图像，而想象力在内在图像的形成过程中发挥着重要作用，想象力在不断形成新内在图像的过程中，也要以原有的内在图像为基础，这是多层级模仿形成的基础。

第一，内在图像的引导。作为一种仪式化行为，模仿会通过场景布置和展演性形成特定内在图像，并形成参与者和观看者特定的情感和行为。仪式化行为所展现出来的图像在主体行为中体现着社会的自我表达。仪式化行为中的图像与"神秘的力量"相伴，在表演性的帮助下，参与者和观看者能够形成共同的归属感，并加强仪式化参与者对集体的信任，参与者也能因此形成"集体的和个体的想象力"（kollektives und ein individuelles Imaginäres），不同主体的行为和情感也由此得到关联。

第二，想象力的介入。内在图像需要已经存在的内在图像世界去理解社会行为，并且参照新的感觉、在想象力的参与下形成特定的行为。"想象力"是人在图像世界中的基本生存方式，人通过"想象力"形成社会与文化，在此过程中的"想象力"不仅与记忆、遗忘等意识活动相关，同时与人的身体实践及其表演性，例如仪式化行为中的模仿相关，"想象力"也因此引发了看待个体生存方式、社会和文化形成过程的新视角。

（四）课堂模仿的层级与类别

经由身体、想象力、内在图像、场景布置与展演性等因素影响的课堂模仿，基本上有四大层级：

模仿1：模仿特定的结构或动作。为了完成学习任务，学生根据教师的要求、以教师呈现的知识结构或特定行为为模仿对象，掌握某种知识结构要求的知识、行为与活动规则，例如，课堂发言应该如何举手、小组合作应该如何进行等。

模仿2：正在呈现的动作涉及某种理念或价值观。在课堂问候仪式、互动问答、课堂练习、发言、小组合作过程中，学生展现了他们内在图像中对这些行为规则的认识与模仿。

模仿3：展演者经验与象征符号体系的介入。学生发言、交流等展示环节，为了让教师和同学了解行为意义，需要联系自身已有的经验和符号象征体系，并与自己的内在图像进行沟通与交流。

模仿4：观看者和展演者内在图像的介入、表达与再加工。在观看特定模仿行为的同时，观看者和展演者会尝试将整个事件转化进他们的感知、想象和记忆世界，观看者和展演者都要进行类似的身体模仿过程，并思考自己如何对这些行为进行重构。

从行为特质方面看，这四类模仿又可以分为两类：

第一类，表现性模仿。在互动问答、小组展示、讲台前发言等展示性环节，作为展演者的学生会"择优表现"，他们特别注重自己在同学与教师眼中的形象，会"择优表现"模仿行为及喜悦、自豪等积极的情绪情感体验。作为观看者，其他同学会"择优模仿"，他们会根据教师对展演者的评价态度与情绪等，形成对特定行为的模仿欲望，自觉自愿地去模仿得到教师肯定的行为。

第二类,解释性模仿。作为观看者的学生,对"择优模仿"的行为进行理解与体验之后,会对整个事件进行重构,涉及当前情境、过去的经验,并与教师对此的反馈和态度密切相关,具有非常明显的个体特征。

四、视频分析作为关切实践与本体性的教育研究方法论

本文的视频与图像方法属于文件阐释法的一种,强调研究领域中行为主体的含蓄的、行为导向的知识(handlungsleitende Wissen),塑造着行为者的行为结构,理应成为经验研究和经验分析的核心研究对象。此种研究尝试打破"客观化"和"主观化"阐释学之间的壁垒,因为"客观化"阐释学忽视了行为者的行为逻辑和行为知识,而"主观化"的阐释学又忽略了行为主体意向和观念之外的行为结构。波萨克尝试形成一种新的阐释学范式,即吸取"客观化"和"主观化"阐释学的各自优势,实现对行为主体的双重解释路径。文件阐释方法就是这样的阐释学新范式,它尝试将外在于行为主体的结构性因素和主体内在的行为、情感、缄默知识等因素关联起来,形成了独特的思维方式与研究视角,实现了可视化与本体性的双重关切。

(一)独特的思维方式与研究视角

在运用文件阐释法的视频分析时,本文特别强调该方法使用中的三种思维方式或研究视角:

其一,研究中的三重主体因素。潘诺夫斯基认为图像学研究的主要任务在于找寻图像生产者的惯习,而萨波克则将图像研究的主体予以扩展,认为既要研究制作、呈现图像的人,又要研究图像中"被呈现"的人,关注他们特定的身体特征、场景布置、互动惯习等方面。除了这双重主体,我们还特别强调第三类主体的关键作用——视频与图像的研究者。作为图像的观看者与解读者,研究者个人的因素是不可忽略的。对图像的解读有不同视角,以现象学视角为例,在对图像的直观认识过程中,尽管研究者要努力做到悬置部分知识,但不可否认的是,不同的研究者对同一幅图像的直观认识是不同的。因此,多重主体因素要求在研究中秉持"双重历史"。

其二,研究中的"双重历史性"。研究者作为第三种研究主体,引发"双重历史"的介入时,应重视研究者自身视角和方法的历史与研究对象历史的互相关照,将研究对象的历史以及研究者自身观点和视角的历史考虑在内。也就是说,"双重历史"既包括对研究对象和研究目标进行历史审视,也包括研究者对自身研究方法和研究问题形成过程的历史反思。

其三,瞬时性与历时性的结合。视频与图像的基本特征是瞬时性,而以视频与图像作为研究载体,主要目的不仅在于将其作为一种可视化的媒介,说明其中呈现了什么内容,更在于探得瞬时性背后的特定结构所蕴含着的互动惯习、实践性知识、表演逻辑、场景布置、主体关系等,而这些与历时性因素密不可分。正因如此,历史人类学才成为实现视频

与图像分析研究旨趣的适切性视角。

（二）可视化与本体性的双重关切

在本文中,视频与图像分析并不仅是一种可视化的工具,而是能够关切教育主体的本体性存在、教育情境、教育历史与文化等因素的研究方法与方法论。在利用该方法分析课堂教学中的模仿行为时,我们采用的"历史人类学"视角是指20世纪80年代以来由"身体的回归"引发的德国人类学研究新象,它尝试整合"人类形象"研究中的瞬时性与历时性视角,在人之为人的基本存在和异质性表现之间寻找适切的研究载体,既关注人类存在的普遍特征,又关注人类现象的多样与复杂。"模仿"正是在这个意义上成为课堂教学研究的切入点：一方面,作为人之为人的基本存在,模仿构成了课堂交往行为的基本机制；另一方面,因为历史文化、教育情境等的差异,课堂教学模仿具备各异的互动惯习。

以此作为研究方法论的目的不仅在于研究中国小学课堂教学中的某种具体情境或行为,更在于以此实现中国教育实践与理论研究方法论的更新：教育视频与图像研究会对中国教育实践和教育理论研究产生做出哪些贡献？这一核心问题将从两方面进行具体分析：

第一,视频分析在教育实践研究方面具备何种独特性？视频分析是一种经验研究、微观研究,强调研究领域中行为主体的含蓄的、行为导向的知识,并认为这一类别的知识塑造着行为者的行为结构,应该成为经验研究和经验分析的核心研究对象。视频分析关注教育主体的行为逻辑和行为知识,尝试把外在于行为主体的结构和行为主体的缄默知识关联起来,将主体意向与客观因素关联起来。在此基础上,教育实践就与行为主体的行为、经验、情感和缄默知识等关联起来,以这种微观探究的方式,研究教育实践背后的真实影响因素。

第二,视频分析以何种方式实现教育学理论更新？视频分析关注教育实践中主体的具体而微观的行为,发掘隐藏在这些行为背后的潜在因素(如缄默知识),关注这些因素的身体行为(不仅包含执行某种任务和动作的身体行为,还包含审美方面)和象征符号的关系,而不仅仅将教育作为文字进行解释。将教育过程和学习过程作为交往过程来看待,其中身体行为和语言行为互相重叠,社会场景和展演性过程在其中有重要作用。教育视频分析的上述旨趣,会把表演性、模仿等视角引入到教育学理论中,不仅关注教育学理论是否真实,而且关注教育学理论能否直面人的本体存在、能否形成与人的本体存在相适切的研究方法论。

（本文选自《华东师范大学学报(教育科学版)》2017年第5期）

纺织工程专业"纺织进展"双语课程建设和实践

傅佳佳　王鸿博　杨瑞华　王清清

摘　要：江南大学纺织工程专业本科生教学计划中将纺织专业英语课程定位为专业选修课,自2015年度开始,纺织工程专业英语课程正式更名为"纺织进展"双语课程,推进课程建设与改革,拓展学生的专业知识范围和国际视野,紧跟纺织专业的最新进展,提升学生的专业素养,提高学生的实践交流能力,立足学生能力的培养。本文以"纺织进展"双语课程建设和实践为例,探索高校纺织工程专业英语课程教改新模式。

关键词：纺织工程；专业英语；课程建设；纺织进展

一、纺织工程专业英语课程改革的必要性

专业英语属于科技英语范畴,以相关专业知识为基础,是高等教育课程中的一门必修课。它是在学生完成了基础英语的学习之后,为了进一步提升英语水平,培养阅读英文科技资料的能力而开设的。对于纺织工程专业的学生来说,专业英语的学习尤为重要。众所周知,我国是世界上最大的纺织服装生产国和出口国,纺织服装业出口竞争力强,在国际贸易中占有极其重要的地位。这就要求纺织工程专业的学生通过专业英语的学习,除了能够查阅相关的科技资料,更重要的是能够与国际同仁进行有效的交流,进一步促进我国纺织服装工艺技术装备和贸易事业的发展。

国际上专业英语教学始于在20世纪60—70年代,我国的专业英语教学基本和世界同步。专业英语在我国经历了三个大的发展阶段。第一阶段的特征为专业阅读,主要目的为指导学生以英语为工具阅读相关专业书籍,获取专业知识。第二阶段的特征为由专业阅读转为专业英语,主要包含专业英语文献阅读、专业英语资料翻译和英语摘要写作等。第三个阶段是高校双语课程和国际化课程,将综合英语类、语言技能类、语言应用类、语言文化类和专业英语类等必修课程和选修课程有机结合。我校(江南大学)纺织工程专业本科生教学计划中将专业英语课程定位为专业核心课,前期在课程建设中仍以第二阶段发展模式为主,这也是现阶段我国专业英语教学的主导模式,教学基本以语言分析+翻译、阅读+写作、翻译+写作、词汇讲解+翻译四种模式进行,即现行主流教学方法为"翻译+阅读"。这种教学模式有助于学生掌握一定的语言知识和翻译技能,但却不利于学生

的语言运用能力的提高，达不到交流信息的目的。

一项对我国专业英语的教学现状的调查结果显示：74%的学生对专业英语的教学表示不满意，83%的学生反映专业英语课堂上教师仅使用阅读与翻译法，79%的学生反映教师不采用任何多媒体教学手段，86%的学生反映教师授课的语言以汉语为主或全部为汉语。这一调查结果充分暴露了我国高校的专业英语教学存在教学内容陈旧和教学方法单调，专业英语师资配备不足，学校、教师和学生对其重视程度不够，教学目的不明确，考核方式单一等问题。教师在现有模式的教学环境中所扮演的角色只是知识的传授者，而学生只是知识的被动接受者。这种教学模式没有激励已掌握专业知识的学生积极参与课堂教学的各个环节，也没有鼓励学生积极思考，缺乏真正意义上的交流。这也是学生抱怨专业英语课枯燥乏味的原因之一。同时，专业英语课程内容设置与专业基础课程相仿，基本上是对专业基础知识的英文翻译，而欠缺对专业前沿发展动态的把握，以及专业英语在日常交往中的听说训练。为了培养对外交流中纺织工程专业学生的专业英语素养，提升学生对专业英语课堂的参与度和重视度，专业英语教学的改革势在必行。基于"纺织进展"双语课程建设和实践，我们对纺织工程专业英语课程教学新模式进行了探索。

二、我校纺织工程专业"纺织进展"双语课程建设的探索

（一）课程建设目标

我校纺织服装学院是全国"卓越工程师教育培养计划"（以下简称"卓越计划"）的首批实施单位之一，也是全国纺织类专业参与这个计划人数最多的高校。该计划旨在培养造就一大批创新能力强、适应经济社会发展需要的高质量工程技术人才，为国家走新型工业化发展道路、建设创新型国家和人才强国战略服务。作为基础英语的后续课程，专业英语课程的开设对于保证大学英语四年学习的连续性具有重要的现实意义，也是培养复合型人才的重要措施之一。在纺织工程专业英语课程教学过程中，除了注重专业术语的积累，更应该注重专业进展及国际前沿信息的涉猎。依照"卓越计划"要求，专业英语课程建设目标需要进行修正，从2015年度开始，我校纺织工程专业英语课程正式更名为"纺织进展"双语课程，以推进课程建设与改革。期望通过该课程的教学，拓展学生的专业知识范围和国际视野，紧跟纺织专业的最新进展，提升学生的专业素养，加强学生的实践交流能力。该课程的教学采用双语讲解国内外纺织科学技术的最新进展，包括纤维新技术及应用、纺织工艺与设备新技术及应用、产业用纺织品新技术及应用、其他相关学科（如生物、信息、纳米等）的技术在纺织上的应用等。要求学生能够熟练掌握中英文文献的检索方法、了解纺织纤维的性能和发展趋势、纺织工艺与设备的最新进展和发展趋势，以及新技术在纺织工程中的应用，全面提升纺织英语听说读写能力。

（二）课程建设措施

"纺织进展"双语课程的建设从教材使用与规划、教学方法改革、教学内容整合、考核

方式改革等几个方面进行。

1. 教材使用与规划

教材是教学之本,编写合适的教材是提高教学质量的重要措施。双语专业教材的选择与建设要跟上基础英语与专业教材的发展步伐,关注专业研究进展和国际前沿发展的动向,保证内容新颖、难易适中。"纺织进展"双语课程教材应该涵盖纺织工程专业各研究方向,包括纤维、纱线、针织、机织、非织造及染整等。我们对已有纺织工程双语类相关教材内容进行调研,分析各类教材的特色及编写的侧重点,考虑学生英语水平上的差异,选择难易适中的教材,既能满足英语水平较差的学生通过课堂教学能够有效掌握知识要点,又能作为英语水平较好的学生的自学范本。最终我们选取纺织服装高等教育"十二五"部委级规划教材《纺织英语(Fibres, Yarns and Fabrics)》作为"纺织进展"双语课程的基础教学材料。该教材涉及面广,包括纺织原料、纺织加工、纺织后整理等各方面,每个章节中有相应的词汇总结、练习题以及摘自知名英文纺织期刊的原版阅读材料,还配有相应的中文参考译文,适合学生的课后自学。此外,为了使学生了解纺织技术前沿信息,我们根据专业发展的现状和趋势,收集并汇编了各研究方向的英文文献资料作为教辅材料。在整个教学过程中,鼓励学有余力的学生查阅和学习相关科技前沿的外文文献,使学生了解与本专业相关的国际最新前沿知识,提升学生探索专业前沿知识及查阅专业文献的能力。

2. 教学方法改革

改革教学方法是课程建设的重要内容之一,改变过去那种满堂灌、填鸭式教学方法,根据不同的教学对象采用灵活机动的教学方法。教师在课堂上应精心组织授课方式,鼓励学生开口讲英语,提高学生说英语的信心,改变以"阅读+翻译"的方式教授专业英语课程的现状。此外,利用现代信息技术将网络资源和专业英语教学有机结合起来,通过文字、动画、图像、声音等多媒体手段激发学生的学习兴趣,使教学变得生动、形象,使学生从被动接受转变为主动参与,进而提高学习效率。

为了充分发挥学生的积极性和主观能动性,我们要借鉴我校卓越课程改革取得的经验,推广适合纺织专业英语的教学新模式。打破传统的简单英译中的单一授课模式,以及教师为主导的讲解模式,运用多元化的教学组织形式,通过合作学习、小组讨论、资料查阅及分享等方式,营造开放、协作、自主的学习氛围。在教学过程中,引入分专题情景教学环节,课前布置专题情景内容,介绍不同专题情景的特点,学生结合自身的专业方向背景进行相关专题情景的选择。要求每位学生都要参与到专题情景内容展示工作中,根据要求预习课本知识并通过文献查阅获得该专题情景下的发展现状及发展趋势信息。以纺纱专业方向的学生为例,可以结合相关专业背景知识,对针织和机织专业方向的学生做纺纱系列专题研究进展英文报告。一方面有助于纺纱专业方向的学生加深对本专业方向的了解和专业术语的掌握,另一方面可以有效拓展其他专业方向学生的知识面。对于选择同一专题的学生,要求设立不同情景主题,有侧重地进行研讨和汇报。在课堂教学时,教师首先针对本专题情景中教材及辅导资料中涉及的专业知识要点、重要专业术语以及英语语法和句型进行分析和讲解,然后学生按照要求对专题的情景内容进行英文报告展示,教师根据学生的报告进行归纳总结和点评,并做适当的拓展、延伸和提升,学生和教师共同参与报告的评定,教学相长、师生互动。这样的教学方法以学生为中心,可充分发挥学生的主动性,有目标、有意识地提高专业英语能力,提升学生的学术论文撰写和口头交流能力。

3. 课程内容整合

"纺织进展"双语课程共32学时,其中课堂教学30学时,翻译考核2学时。教学内容包括纤维、纺纱工程、机织工程、针织工程、非织造工程、染整及质量评价等七个方向,且每个方向可以延伸出不同的分支,如果同时分别建立各分支的专题情景,必然会超过课时量。因此,在专题情景选择时需要认真筛选关键知识点,有目的地选择相关章节进行详细讨论和分析,其他章节可采用课后练习的形式进行学习。在教学过程中,可以将"纺织进展"双语课程按照专业方向划分为纤维、纺纱、机织、针织、非织造、染整及质量评价七大专题,每一专题根据需要设立情景主题。以纤维专题为例,纺织纤维按照大类可分为天然纤维和化学纤维,化学纤维又可再细分为再生纤维和合成纤维。根据学生在先修的"纺织材料"专业课程中学习的情况,结合纺织原料的生产应用实际,可采用棉作为天然纤维素纤维的代表,涤纶作为化学纤维的代表,建立该专题的情景主题进行研讨,把蛋白质纤维、矿物质纤维和再生纤维作为课后练习。再如在纺纱专题中,可以将环锭纺作为非自由端纺纱的代表,转杯纺作为自由端纺纱的代表,分别进行情景主题交流和研讨,将喷气涡流纺等作为课后练习。这样的安排使学习有所侧重,并能充分调动学生课堂内外学习的积极性,学生可将已学的专业知识与专业英语的学习结合起来,活学活用,达到潜移默化、熟能生巧的效果。

4. 考核方式多元化

以往专业英语考核以笔试为主,而且主要为英语翻译,这样的考核方式不能够很好地反映学生专业英语的应用能力,也不能体现其查阅英文专业文献的能力,更谈不上培养学生与国际同仁的交际能力。因此,在"纺织进展"双语课程建设中,基于本专业外文文献查阅、翻译、写作、听说等综合考查学生对专业英语的掌握情况。此外还应切实体现平时成绩在考核中的重要性,对于教学过程中主动回答问题的学生,无论回答得对与错都给予表扬或加分,鼓励学生积极、主动地参与到教学活动当中。为了使学生通过该课程的学习提高自身的专业知识交流能力和学术论文撰写能力,应注重探索综合评价学生知识、能力与素质的考核新模式,强调注重对学生用英文表达专业基础知识,以及探究性和自主性学习能力的综合评价,强调学生英语应用能力和创新能力在课程考核中所占比重。

课程考核成绩由平时成绩和期末考查成绩组成,学生课程成绩=平时成绩×60%+期末考查成绩×40%,其中平时成绩由课堂表现(考勤及上课情况)、随堂测试、专题情景报告三部分组成,分别占总成绩的10%、20%和30%。对于课堂表现,综合学生上课参与度,回答问题的主动性和积极性以及回答问题的准确度给予评定;随堂测试包括专业词汇的听写、专业英语段落的翻译以及课堂内容中所涉及的基本工艺流程及原料、产品的分类总结。在专题情景报告中,要求学生根据专题中所涉及主题方向,利用课外时间查阅和分析相关文献,进行总结、整理并制作成PPT,进行10—15分钟口头报告,根据其所选内容、

PPT制作质量和陈述人英文陈述水平,以及学生的参与互动的程度打分。期末考查则侧重学生对专业段落的中英互译能力及专业知识点的阐述能力的考核,考核题型包括单词的中英互译、段落的中英互译以及主观问答题等。这种综合学生的平时成绩和期末考查成绩的考核方式,更能客观评定学生的听说读写能力,促进学生综合素养的提升。

三、结语

在纺织产业转型升级加速的今天,随着"卓越计划"的推广实施,对高等纺织人才的培养提出了新的要求。在"纺织进展"双语课程建设过程中,要充分认识到以往专业英语课程教学中存在的共性问题,在教学方法研究与实践中寻求突破与创新。在教材建设中,提出在对已有双语教材进行全面筛选的同时,注重优质教学资源的整合,兼顾专业经典理论知识和专业发展动向及前沿信息的有效结合,拓宽学生知识面。在教学方法改革中,基于纺织工程专业学生自身需求和工作需求,打破传统的以教师为主导的教学模式,采用多元化的课堂教学方式,开展专题情景研讨教学模式,为学生提供用英语展示专业学识的平台,充分调动学生学习的积极性和主动性,提升学生课堂参与度。在课程考核中,从学生听说读写各方面综合进行考核,真正立足学生综合能力的培养与提高,提升英语的实际应用能力。专业英语要从专门用途语言转向专门用途交际,使学生在专业知识得以巩固的同时,提升对专业发展动向的敏感度,并能在实践中学以致用。

(本文选自《纺织服装教育》2017年第5期)

设计学下数字媒体艺术专业
基础课程群原型研究

章 洁 龙娟娟 王 丰

摘 要： 设计学下数字媒体艺术专业基础课程群原型为数字媒体艺术专业能力培养提供概念框架。这一框架明确了数字媒体艺术专业学生所必备的基础能力。在通识教育阶段以目的为导向，知识点统筹考虑、分科植入，建立基本框架下具有可变性的课程群原型，为教师提供培养数字媒体艺术专业能力的方法，为大学通识阶段的数字媒体艺术教育建构和提供基本研究框架。

关键字： 数字媒体艺术；基础课程群；原型研究

一、新时代背景下的现状反思及教学目的

21世纪初随着计算机图形技术的发展，设计学科的数字化特征日益增强。特别是近十年来数字软件与硬件的急剧增多与发展，为信息传播提供了宽泛而形式多样的可能性。包豪斯成立之初就将设计定义为"艺术与技术的结合"，设计的发展历史中技术的发展也成为推动设计艺术发展的一个重要角色。

继2001年中国传媒大学开设数字媒体艺术专业之后，国内越来越多的大学都纷纷依托自身优势开设数字媒体专业，主要呈现出美术、影视、动画等不同核心。另一方面，设计专业内的部分专业例如视觉传达，也表现出越来越显著的数字特征。2012年国家教委对普通高等院校本科专业目录的修订将数字媒体艺术定位为设计学下的二级学科，从而凸显出数字媒体艺术的设计学属性。

数字媒体艺术具有极广的内涵与外延，其载体是所有数字形式的媒体，它不能作为艺术单独存在，必须依赖现代数字技术和硬件载体。因此，不同于设计学对于形式、创意方法等的训练，数字媒体艺术专业的教学目的必须同步于时代的发展，区别于其他设计学科。在培养初期就应建立媒体形态的意识，将明确区别于传统媒体的数字媒体特征作为教学的侧重点。对于软件与硬件技术的依赖，也促使教育过程中必须注重个人内部两种知识技能的平衡发展以及团队协作能力的培养。

二、基础课程群概念框架的建立思路

大学通识课阶段的学习是专业视野打开、基础知识累积以及专业学习方法形成的重

要阶段。设计学下的数字媒体艺术专业是具有较强实践特征的应用性学科,学生在大学阶段必须通过不断的实践,将专业知识内化为自身的认知和思考。课程是大学教育教学过程的核心,英国著名哲学家、教育学家斯宾塞最早提出"课程"(curriculum),西方定义为"学习的进程"。可见课程的内容不应是各自独立,仅顺从于课程名称的,而是应该由整个学习过程及其阶段性来定义的。课程之间横向的续接关系,学习阶段目的性的递进才是课程研究的核心内容。

从数字媒体艺术与其他设计门类的区别来看,最显著的特征是设计载体形态的多样化和快速流变,也就是媒体样式的多样和多变。要应对这样的情况,大学课程一方面要注重最本质的设计基础能力的培养,另一方面则要求课程框架有一定的灵活性和可拓展性。

此次基础课程群概念框架的建立并不是探讨课程与课程表面上的前后关系,而是在课程集群下知识流的框架构建,用以解决现有数字媒体艺术专业课程中的几大问题:① 课程与课程之间知识的断裂或重复;② 课程与课程之间教学目的指向不统一;③ 学生学习不具有全局视野,容易忽略课程中的关键细节。

三、概念框架与原型

包豪斯在教学早期便提出"感知的教育",主张一切从零开始,用一种新的眼光看待世界。设计学下的数字媒体也由于设计学科的特色而应在基础课程阶段建立看待世界的"新的眼光",在设计意识的基础上建立对于新兴媒体形态传播方式和制作技能的认知和把握能力。

(一)基础课程群的性质与范围

专业基础课程开设于大学1—2学期,并在3—4学期逐渐过渡至专业核心课程,随后进入到不同的细分领域进行深度学习,因此基础课程群主要集中在大一阶段的一、二学期,部分延伸至第三学期。从课程性质来看,主要包含三大模块:理论课程、设计类课程、工具类课程。

(二)课程群所包含的知识技能

基础课程承担着中学学习向大学学习方式的转型任务,因此数字媒体艺术专业课程主要训练学生以下能力:专业视野、学习方法、思维方法、观察能力、表现能力、信息组织能力、沟通合作能力、综合运用能力。基础课程中有些课程将偏重其中一种或几种能力的训练,整个课程群架构应综合平衡各种能力的锻炼,并通过优化结构,使之有递进和延续的空间(图1)。

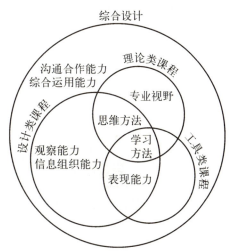

图1 课程群能力包含关系

(三)知识能力的续接与递进

基础课程群中,理论类课程与工具类课程通常由于课程之间的独立关系而无法形成知识能力的贯通。一方面,单独课程内部为了考核目的而设立的作业与试题流于形式;另一方面,数字媒体艺术专业较宽泛的专业基础情况下形成的课程门类多直接导致了学生疲于应付而失去真正应用带来的知识内化的效果。因此,首先可以通过具有应用特性的"设计类课程"将理论和工具加以搭配使用,使知识点进行第一轮的循环,并通过每一学期末的综合设计课程的开设,以设计命题的方式将一学期的重要知识点融入综合设计要求,并辅以符合年级特性的现有的技术手段加以整合,从而形成知识内容的再一次循环。这一过程最终通过作品展览的方式进行第三次强化(图2)。

图2 基础课程群内容续接与知识流向

综合设计形式的提出,是整个原型框架的核心,目的不仅仅是一次综合命题的训练,数字媒体艺术的专业和行业特征决定了数字媒体艺术专业的学生在未来的发展中不仅需要具备艺术设计的视野高度,还需要具备扎实的实际动手能力,丰富和快速发展的媒体形态也要求该专业的同学需要具有团队沟通合作的心态和能力。本科初期阶段在理论课程的视野高度上,结合工具类课程的表现手段训练,贯通设计类课程的思维、设计基础能力,综合设计环节的出现,为分科教学中出现的课题关系松散,知识综合仅靠学生课后感悟的情况提供了一种解决方式。

综合设计作为学期课程内容的一个节点汇聚了相关专业能力与知识点,而横向来看各个学期的综合设计又连点成线(图3),贯穿了整个基础阶段的学习。开放式的命题设计环节为基础阶段的学习带来了适应快速发展变化的可能。数字媒体艺术专业的学习需要时刻适应软硬件的发展、设计思潮的变化以及技术层面的不断创新,综合设计命题的存在,一则动态整合了基础课程的知识技能,一则方便引入最新的资讯、理念、命题,使设计类、理论类、工具类课程的课程目的单纯化,更专注于基础能力的训练,也为基础阶段的学习打开全局视野。

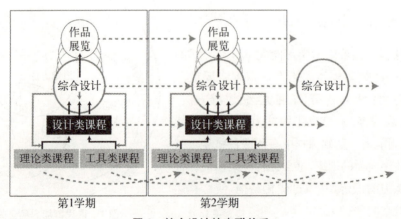

图3 综合设计的串联关系

四、基础课程群原型的灵活性与发展

正如上文提到的数字媒体专业的核心方向的偏重,数字媒体艺术在不同院校呈现出不同的课程目录,或者在同一课程名称下出现不同的教学内容偏重,下面以江南大学数字媒体学院的课程安排具体来看在此原型框架下课程内容与知识点的构建。

此架构主体为理论类课程部分知识点导入设计类课程进行应用和实践,并结合学期中的工具类课程为学期末的综合设计设定命题,力求抓住一学期课程中1—2门重点课程的核心内容,并结合当下社会性或艺术性层面给出独立命题。架构中强调课程的前后衔

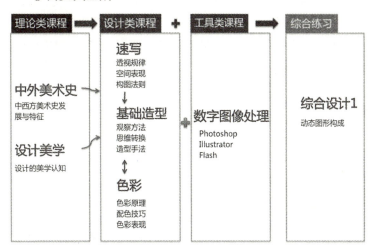

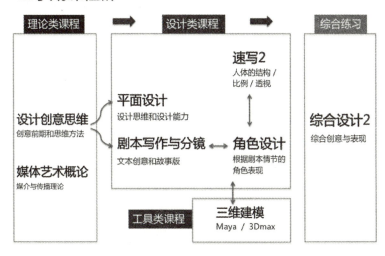

图4 一、二学期课程群

接顺序,并从宏观角度探讨授课内容的分配和延续,做到单独课程内容充分扎实,课程训练轻松且针对性强,整体课程群逻辑清晰,知识点分配明确不重复,综合设计在现有层面尽量引导学生进行综合的能力运用,从而做到目的清晰、任务分明、具有一定的突破性。

我院在此框架下做了两个学期的原型尝试(图4),主要是在框架的基础上通过明确的课程性质分类、整体分配课程知识点、运用综合设计尝试与新媒体形态的结合,得到了较为满意的课程效果。在课程结束后的学生座谈中主要突出为以下几点:

(1)对重要知识点通过相关课程不同侧面的讲解,能形成较深刻的印象。

(2)单门课程练习和授课的目的性明确。

(3)综合设计课可以尝试新的形式并通过实际操作的过程能将本学期的软件工具运用熟练。

框架基础上的课程群原型主要梳理了课程的性质,从宏观角度理顺了课程之间的关系,为课程的时效性和创新性预留了可以适应变化的接口,因此该原型具有一定的灵活性与可复制性。授课院校可以在原型的基础上调整具体课程或内容的侧重,以适应不同的核心需求。

五、结语

数字媒体艺术专业的出现顺应了时代发展的潮流,国内越来越多的院校开始开设数字媒体专业,而其中专业方向偏向不明确、创新能力不够都是急需解决的问题。基础课程作为专业的基石,既承担了学生进入高等教育环境之后角色转换的导向责任,也是今后专业发展是否具有持久力量的重要内因。专业知识的系统框架的建立一方面有助于学生学习时宏观视野的建立,另一方面也是教师教学创新的基础。

(本文选自《无锡职业技术学院学报》2016年第4期)

基于多语义式的创意思维设计教学研究

王 丰　章 洁　周鹏程

摘　要：创意思维要以时代语境下的视角为着力点，以社会生活方式的转变为诉求，以信息时代的观念来进行教学研究。其意在于挖掘主题性的核心概念，引入"思维导图"到课程环节，强调多语义式的"内容"和多元化的艺术表现"形式"的衔接，有效地使两者围绕主题迭代生成。从强调设计手段的训练转型为注重设计思想、艺术修养、创新意识等教学模式培养，这也意味着国内的设计高校教育在向开放性、融合性的设计思路转变。

关键词：多语义式；思维导图；"95后"大学生

一、课程概述

创意思维在整个设计学科的教学计划中扮演着极其重要的角色，国内外所有设计院校都会将创意思维设计作为学科内发展的一门基础课程。既然是一门基础且宽泛的设计类训练课程，就应当打破专业局限，使之具有更普遍和广泛的思维特征，强调思维的开阔性和融合性。因此江南大学数字媒体艺术专业融合学科培养方向，将这门课设置在了本科一年级新生的基础平台课程中。从强调设计手段的训练转型为注重设计思想、艺术修养、创新意识培养等教学模式，这也意味着国内的设计高校教育在向开放性、融合性的设计思路转变。

创意设计要以社会生活方式的转变为诉求，以专业能力与相关素养、艺术与科学的思维逻辑相结合，以时代语境下的视角为着力点，形成"观察—感受—分析—体验—提炼—尝试—表现—总结—展示"的一个整体，强调多种表现形式的课题训练。教学过程以递进化的方式进行目标设计；最终表现手段应以思辨准确、方向清晰的感性思维为前提，创意思维的过程才是整个教学活动的关键环节。

二、教学内容

数字媒体艺术专业的创意思维设计共计48课时，每周两次集中教学，每次4学时，整个课程共计8周。根据学生的专业特点将整体教学分为三大板块：思维方法的导入，主题核心概念的挖掘,多语义词的创造。综合考评可反映为,思维过程占总比例的70%,最终表现形式占30%。综合测评是对整体教学内容与形式的判定,从分析事物的过程到分析自我的过程,反映出了设计的结果是多样的,形式依附于内容,思维过程才是教学内容的重点,目的是让学生掌握可行性的创作思路与方法。

整体课程是一个从量变到质变的思维过程,可分成以下几个步骤:

一是以头脑风暴法的形式进行核心词的发散练习。通过讨论环节,从概念出发,经过思维震荡,对核心词进行多向性发散;

二是结合课堂讲述的多种思维方法以及与之相关的设计领域的实际案例,对核心词的概念进行挖掘、引入"思维导图"的训练模式,对当代语境下的词汇进行文字和图形的再现与梳理;

三是在核心词原有概念的基础上,进一步捕捉、创造、超越,由此转化而成的再创词则具备了全新的语义环境。通过课堂教师举例的方式,阐述时代特性下派生出的词汇,比如"OK"的起源,近年来互联网上出现频率最多的词或句等,例如"元芳,你怎么看?"这些词或句在新的语境下,时代赋予了其本身内容之外的更多用途。

四是设计最终的表现形式是多样化的,思维应当物化为视觉的形式,形成可传达、可沟通的"语义流"。最终的目的是体现思维的灵活性,创意的原创性与新颖性。视觉表现要求直观、清晰并兼具审美特点。展陈的形式不管是创意海报、活动策划方案、概念演示视频、纸媒或是网络推送等,都必须遵循自己思想认识的发展过程,强调形式依附内容的合理性。

三、课程特点

(一) 教学设计合理

本课程除了周详的教学计划,还在教学目的、进度安排上进行了详细的规划。教学内容强调概念明确、探索过程清晰。创意思维的过程成为课程的核心内容。通过课程的实际过程,能够促使我们的思维延伸并触及问题的各个方面,从而使我们的思维方法和创作手段得到最大化的开发,也有利于与后续专业课程的衔接。

(二) 学生作为主体

学生始终处于主体地位,是整个教学活动的中心,教师则是整个教学活动的设计者、决策者和引导者。在组织课堂教学的各个环节中,首先通过教师启发性的介绍和提问环节,让学生逐渐得以明晰,进而引申自己的想法,这也给了学生最大限度的自由。特别是在思维过程中,学生与教师的持续沟通,教师所回馈的建议不给以决定性评判标准,而以鼓励为主,用提示与询问的方式引导学生自发地找到方向。这样鼓励学生改变过去的思维习惯,化被动为主动,形成一种开放式的、促进师生交流的动态教学模式。

（三）教学形式丰富

开展讲授、课堂练习、讨论、采访与问卷调研、收集案例资料、小组合作、项目汇报等多样化教学形式。鼓励学生到讲台上来阐述观点，尊重学生思维的过程，重视讨论意见的记录汇总，建立小组内部的自我评价体系。此环节不仅可以提高学生的专业鉴赏能力，还能促进他们的思辨能力、善辩能力、归纳能力和发现问题、解决问题的能力，做到在评中教、在评中学，达到教学的平衡。学生在课堂上共同探讨和获取资料的过程，已反映出学生能够在积极的讨论中互动交流，互相启发，自觉地从应试思维向主动思维模式转换。整个教学活动中，学生们思想的相互碰撞、对思考过程中产生的困惑、矛盾、迷茫、冲突、坚持等态度与立场都在此过程中得以展现，所以思维过程将作为衡量教学质量的重点。

（四）课程创新架构

作为面向大一新生开设的基础课程，此课程结合了数字媒体艺术专业的创新模式，贯穿了哲学、美学、心理学、社会学、符号学、语言学等多学科领域，师生共同完成对课题的积极探索。同时对教师而言，自由发挥的思维性教学方法也提出了更高的研究目标，要求教师有更加广博的文化背景和跨学科的综合知识能力。

四、教学过程

（一）由问题开始

关于多语义式思维课程的整体构想，笔者通过授课过程发现，学生普遍关心的问题是课程最终是以哪种表现形式或手段展现，但是对于概念的挖掘与创新并不作为课程内容的首要条件。学生这种被动接纳命题要求的做法，忽略了设计类课程的核心内容。设计类课程不注重内容挖掘，而是单一地展现形式，将造成表象的空洞，思维的桎梏。因此在整个教学活动中，创意思维的过程才是关键内容，最终表现手段应以思辨准确、定位清晰的思维结点为前提。

（二）课程案例分析

首先将"思维导图"引入课程环节，利用思维的发散性和跨越性特点，通过发散式的联想过程将问题从一个中心点开始向四周辐射，辐射出来的每个词或图像又称为一个新的中心点，最后演变一个由中心向四周发展的无穷无尽的分支链。这类思维方式，既不框定范围，也不限制方向，最大化地衍生出各类问题的解决方案。2016年的第一学期，把课题名称定义为"95后"，对于"95后"的人群定位分析，每个人的理解与感受都是不同的。在思维过程中，首先通过"95后"与"00后""90后""80后"进行横向时间轴的类比，接着再通过纵向的人生观、价值观、爱情观等内容的组织分类，从而派生出众多包含时代特性又有多语义环境的新词汇。课程并非只是停留在了对于现有词汇的整合和梳理，最终的目的是通过自己对"95后"的个性认识和主观意念,挖掘出凌驾于此词汇之上的一个全新的创意点。

1. 案例1:"friend red"(图1)

经过了纵向思维、横向思维,再到发散思维,进而对原有概念进一步挖掘,通过小组无数次的讨论,想法的聚拢,推翻,反复,上升,最后得到的派生词为"friend red"。汉语直译为"朋友""红",这正是其中一位组员的名字——彭友红。从字面的意思,再引申到语义环境下的外延与内涵,给"friend red"赋予了全新的阐释。"friend red"代表了具有创造力、正能量,有一般男性不具备的敏感性和亲和力的一群人。这类人衣着时尚,紧跟潮流,不盲目追求名牌,内心阳光,具有感染力,并经常在人群中担当重要角色。首先在百度词条上新建"friend red"的定义,确定族群化(就是风格化),如果不能清晰地定义出族群,就很难维系忠诚度和建立持久的联系。通过对特征人群的定位分析,可执行的项目包括潮人社交分享平台,借鉴无印良品的生活形态提案店(Life Style Store),策划一场彩虹跑式的主题活动等。创造来自思想,思想出自精神。在艺术与设计中,让思想转化成视觉的真实,以设计概念海报、广告版面,制作宣传视频作为课题汇报的结论。整个创作过程的最终目的不仅局限于作品本身的展示,而更多的是表达一种主张或是展示一种文化理念,这种宣传、主张和展现实质上也表达出特定的人或人群所持的一种价值和价值观的认同感。

图1 "friend red"人群定义海报(城市、水乳交融、字母、彩色空间)

2. 案例2:"95后"(图2)

"95后",本身就是这批学生们自身的写照。"95后"真正需求的是获得独立、关注和认同感,力求实现个人价值。他们个性张扬,并有着对自我表达的强烈渴望。"95后"也是孤而不独的一代人,由于社交网络和娱乐方式的多元化,他们的社交圈也在不断地扩大。他们所感知的世界,通过一台网络终端而变得触手可及。在社交网络上表现出更高的依赖性,也更加主动。在虚拟空间中,他们期待安全独立的社交环境,可以打破教条,畅所欲言。

该小组以小见大,结合组员自身的想法,进行思维发散,通过最初的头脑风暴,中期的思维导图和最后的提炼归纳,得到了这一组词:"WU 感""交关""焦躁症""杂触"。以"95 后"为主题,展现了这代人敢想敢做的生活态度,以及多元化的行为习惯。

(1)"WU 感"。

WU,这个不定式,可以随着其发音有多个解释,也可以有多重意思。像是 WU 可以说成无、五、物、雾、悟、伍等多种意思。"WU 感"是一种多变的感受,涵盖生活中的许多感情色彩,是一个包容性的多语义词。

(2)"交关"。

"交关"一词出自广东石岐方言,可解释为非常厉害,是程度副词,在粤语中也有离谱的意思。95 后的年轻人中有着这么一群追求独立另类与众不同的"非主流"群体。另类张扬,追求与众不同的个性主义符合了 95 后的心理行为。

(3)"焦躁症"。

焦躁是"95 后"人群存在的一种症状。这种类型的人通常过于认真,常杞人忧天,无论干什么事都非干到底不罢休,对一点小事往往心存芥蒂,耿耿于怀。这类人的人际关系不佳,容易自我封闭起来,往往容易受他人的言行刺激。因此,在日常生活中容易紧张,承受精神疲劳之苦。

(4)"杂触"。

"杂触"是一个复合词,将尖锐的社会问题、内心的变化归纳来的一个词,它是表现我们所面对的复杂社会和内心杂乱又互相交织的一种内在感受,也从另一方面表现了我们不断地接收来自社会的压力,同时我们在这些压力中表现出的不屈服的态度与顽强的意志。

图 2 "95 后"海报(WU 感、交关、焦躁症、杂触)

五、结语

法国哲学家吉尔·德勒兹曾指出应该用语言性描述,来观察、认知和解读问题。在他的多元论哲学思想和非线性思维方式的研究中,就提出过此类观点。通过概念化的语言性解读转译生成视觉性形式语言,是本次课程设计的重点。语言是思想表达的工具,更是一种认知世界的媒介。人类以语言为媒介,依赖语言建立起人际间的交流,描绘出视觉化的图景。对于设计院校的教师和学生来说,需要塑造和提升的能力不仅是视觉形式,更是思想内涵。创意思维已成为当代和未来中国高等教育肩负的最具挑战性的课题之一。以多语义式的思维框架为设计方法创意思维课程,能够多手段、多层面、多角度地培养创新精神。通过此门课题形成的由内容到形式的一个小循环,在衔接后续其他课程之后,就可以形成整个课程体系的大循环,由这种循序渐进的方式能够有效地推进整个教学计划,这也是实现创新人才培养的重要途径,符合当代设计教育的要求。

(本文选自《无锡职业技术学院学报》2017年第2期)

"织物结构设计"课程教学软件的设计与应用

潘如如 王鸿博 高卫东

摘 要：在"织物结构设计"的课程教学中，由于缺少专用的教学软件，教师在课堂教学中效率低下，为了解决这一问题，以 Visual Basic 6.0 为工具开发了专用的课程教学软件。该软件不仅提供了组织图和上机图的电子绘制功能，还在软件中提供了录制模式、组织数据库、作业批改等多项具有实用性的教学功能。本论文结合软件的设计与应用对该课程教学软件进行了阐述，本教学软件的试用可以有效地提高"织物结构设计"课程的教学质量和效果。

关键词：织物结构设计；教学软件；组织数据库；组织图

一、"织物结构设计"课程教学软件开发的必要性

在纺织工程本科培养教学计划中，"织物结构设计"是纺织工程专业机织方向学生的专业必修课程之一。课程的学习效果直接决定了学生对本专业理论和实践知识的理解程度，同时该课程教学内容还与"机织学""纺织产品设计""机织工艺学""纺织CAD原理"等多门课程密切相关，本课程的学习直接影响到多门课程的教学效果。因此，进一步加强本课程的教学便捷性，增加教师和学生之间的互动，提升教学效果和学生的学习效率，显得尤为重要。

在"织物结构设计"的教学之中，经常需要进行织物组织图、上机图的绘制。在现有的纺织专业教学中，教师一般在上课前提前将组织图和上机图绘制好，或者将专用的格子黑板带入课堂。提前绘制不利于教师讲解，且学生难以直观地了解组织图和上机图的绘制过程。格子黑板又比较笨重，教师来回携带较为不便，而且使用时间长久以后，黑板上的格子线会逐渐模糊，也不利于学生观看，同样学生的作业也是采用普通的格子纸来进行，一方面容易模糊，不便于教师批改，另一方面也不利于学生保存以用于后期的进一步学习。总体来说，由于缺少先进的教学软件和工具，这种传统教学方法与纺织现代教学理念不相适应，尤其是多媒体教学模式应用越来越广泛，对"织物结构设计"课程教学软件的需求更为迫切。

虽然专用的纺织CAD/CAM软件中一般可以绘制组织图和上机图，但软件价格昂

贵,且带有加密狗,不便于教师进行课程教学,同样也难以普及给学生在学习中使用。专用的 CAD/CAM 软件具有一定的针对性,无法适应整个纺织专业课程的教学,软件功能也一般较为复杂,使用起来较为麻烦,不利于教师学生进行自行拓展。

为了适应纺织现代教学理念,尤其是多媒体教学,笔者在纺织 CAD 原理、纺织产品设计等相关课程的教学过程中,结合纺织高等教育教学的需要,结合前期研究中开发的格子型 ActiveX 控件,在"织物结构设计"的教学中进一步开发出了适用于本课程的教学软件。软件分为教师版和学生版,具有组织绘制、保存和读取的功能,支持图像打印等方法,同时增加数据库功能,建有专用的织物组织数据库。在软件中开发了纺织教学专用的教学模块,配有专用的教学演示功能,提供组织图和上机图的绘制步骤,以利于课堂教学,便于学生完成教师布置的课后作业。专用的教学数据交互文件的设计将为提高"织物结构设计"课程教学效果给予有力的支撑。

二、教学软件的设计

在"织物结构设计"课程教学软件设计前,笔者专门进行了软件需求的调查和设计。尤其在"织物结构设计"的教学过程中,对任课教师和学生分别进行软件需求调查,研究本教学软件的功能需求。调查采用了问卷调查的形式,对任课教师、已修过本门课程的学生和正在学习本课程的学生进行调查,充分采纳了教师和学生对软件需求的建议。结合对本课程任课教师和学生的调研报告,撰写"织物结构设计"的课程教学软件的工程报告。对本教学软件所需模块以及各个模块中的功能进行分析,并撰写软件设计文案。

(一)教学软件工程设计

通过对"织物结构设计"的课程教学的调研,研究了本课程教学软件所需要的功能,以便于课堂教学和师生交互为宗旨进行了教学软件的工程设计。研究了本课程教学软件的模块组成以及各个模块中包含的功能,撰写了专用软件工程计划书,以加快课程教学软件的开发进程,提高本课程教学软件的实用性。在调研时具有针对性,尤其注意了对正在进行"织物结构设计"课程教学的教师和学生的调查,使得本软件的功能能够满足本课程教学中教师和学生的需求。如采纳学生的建议,在软件开发时提供了织物结构设计录像功能,可以将教师绘制组织图的过程按步骤进行存储,便于学生课后复习时使用。根据教师的需求,软件中提供了作业批改功能,教师可以直接将学生的电子作业与参考答案进行比对,标明异同之处。

(二)织物组织模型的设计与应用

织物组织模型的设计是本教学软件开发的核心和关键,也是实现组织图绘制的基础。在织物组织模型的设计时,不仅要从数学模型的角度进行分析,同时要兼顾到组织图绘制和课堂教学的需求。设计出的织物组织模型符合当前教学以及纺织企业中组织图的绘制习惯,同时组织模型的设计充分考虑到教师课堂教学的需求,以便于教师在课堂上进行分步骤讲解和学生的理解。利用提出的织物组织模型能够对"织物结构设计"课程中涉及的大部分织物组织进行设计和自动绘制。

(三)织物组织数据库的设计与开发

教学软件中提供了织物组织数据库,其设计与开发旨在将常见的织物组织以数据库的形式保存在数据库软件之中,便于教师和学生检索与使用。织物组织数据库的设计与开发一方面方便了在本课程的教学过程中,教师能够展示更多的织物组织,另一方面也为织物组织的改进设计提供帮助。通过织物组织数据库,教师和学生能够快速地在基础组织上进行改进设计。同时织物组织数据库应具有进一步增添功能,可将教师或者学生设计的新型组织注册到数据库之中,进一步提高未来的教学效果。

(四)软件的编写与教学测试

在"织物结构设计"课程教学软件设计报告书的基础上,利用 Visual Basic 6.0 程序设计语言进行"织物结构设计"教学软件的编写,实现软件工程设计报告书中的模块化功能。在此基础上,通过教师和学生的实践教学测试,对开发的教学软件进行效果测试,根据实践教学的反馈,进一步调整和完善了软件的功能。

综合以上的设计要求,"织物结构设计"课程教学软件的界面如图 1 所示。

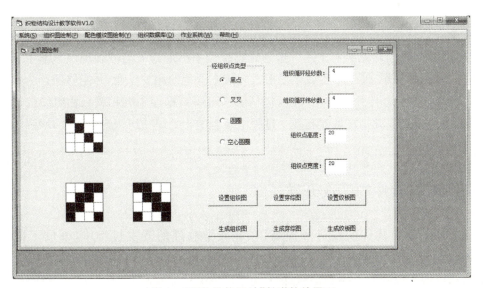

图 1 "织物结构设计"教学软件界面

三、教学软件的应用

开发的"织物结构设计"课程教学软件分为教师版和学生版,本文结合使用调查报告,阐述本教学软件的相关应用。

（一）教师版软件

"织物结构设计"教学老师在本软件使用过程中主要分为以下三个阶段：备课、教学和课后作业的批改。在备课阶段，教师能够利用本教学软件进行相关组织图、上机图的提前绘制，并能够保存为图像，在课件设计时可以使用。软件设计时采纳了一些教师的建议，提供了录制模式，能够将教师的绘制过程逐步或按区域进行保存，达到类似于视频的按帧播放功能，学生在课后复习时可以当作绘制标准使用，以强化教学效果。

在教学阶段，教师可以根据课程教学的需要，在课堂上进行织物组织图、上机图的绘制演示。本教学软件提供的格子大小可调，而格子线的颜色、绘制模式也提供了多种选择模式，同时能够将教师绘制的结果保存为软件可读数据或对应的织物组织图像，也可采用录制模式保存教师的绘制过程。教师还可利用软件中提供的织物组织数据库进行织物组织的改进设计。

在课后作业的批改阶段，教师版软件可以读取学生的绘制结果。由于软件可以调整格子大小，充分减轻了教师的视觉负担。软件系统中提供了专用的作业批改功能，能够将学生的作业与教师准备好的参考结果进行比对，显示两者的异同，便于教师实现学生作业的快速批阅。

（二）学生版软件

学生在使用本教学软件提供的学生版时，需要根据学号进行登录和标识，便于教师区分每个学生，同时也避免学生在课后作业完成过程中出现拷贝与抄袭现象。学生版软件中提供了专用的格子，便于学生以电子形式完成本课程的相关作业，并能够保存为数据和图像。学生版提供了专用的学习模块，包括织物组织数据库中的相关织物组织的标准绘制过程，也可以读取教师在备课和教学过程中录制的相关织物组织绘制方法，增强学生的学习效果。

四、教学软件的二次开发

为了便于教学软件的改进和提高，在此教学软件的开发过程中，开放了格子型ActiveX控件的接口，提供了GetMatrix、SetMatrix、GetPattern、SetPattern等一系列函数和方法以便于教师和学生在后续课程，包括"纺织CAD原理""纺织产品设计"的学习中，对此ActiveX控件进行二次开发，以增加软件的教学功能。在"织物结构设计"课程教学软件的试用过程中，就有程序设计基础较好的学生利用提供的格子型ActiveX控件，实现了双层织物的上机图的自动绘制。这种二次开发，一方面可以逐步增多课程教学软件能够提供的功能，另一方面也可以提高部分学生的程序设计能力，有效增强学生对织物组织模型的理解。

五、结语

本论文结合"织物结构设计"课程教学,对开发的课程教学软件的设计与应用进行了阐述。在软件的开发过程中,充分采纳了教师和学生的建议,使开发出的课程教学软件具有较好的适用功能,尤其适合现下的多媒体教学。同时软件提供的二次开发功能,也将使本课程教学软件未来在功能上得到进一步的完善和提高。

(本文选自《纺织服装教育》2015 年第 4 期)

物理教学可视化虚拟实验平台创建

苏宙平　郭　颖　张秀梅

摘　要： 开发一个可视化的虚拟实验平台，能够有效地帮助学生理解物理教学中的一些重点和难点知识。以牛顿环的教学为例，学生可以在这个平台界面中改变相关的参数，观察牛顿环装置产生的干涉条纹的变化，这样就更容易掌握该部分的内容了。

关键词： 物理教学；可视化；虚拟实验平台

一、引言

　　大学物理中的一些抽象的问题与一些繁琐的公式给学生们的学习带来了巨大的困难。如何能使抽象的问题通俗化，使学生能够通过繁琐的公式掌握物理学的规律，使物理学习变得更加有趣，这是一个非常值得探索的课题。实验无疑能够直观地演示物学的规律，然而实验需要大量的软、硬件投入，另外实验教学的课时也有限制，因此大学物理实验开设的数量通常非常有限，只能展示大学物理理论教学中的有限的知识点。借助于计算机辅助设计，创建虚拟实验平台，可以对大学物理中的难于理解的物理规律及物理概念进行形象直观的演示。虚拟实验平台可以是一个动态开放的平台，不仅老师可以开发平台的内容，有兴趣的同学也可以在老师的指导下开发相关的内容。学生通过开发相关的模块，能够加深对物理学规律和概念的理解，学会用计算机语言来构建物理模型，这些能力的提升对后续的课程学习以及以后工作能力的提升至关重要。虚拟实验平台的另外一个优点是学生可以不受时间、地点的限制。传统的实验只能在固定的实验室进行，并且由于实验资源有限，学生大多数情况下某个固定的实验只能有一次实验的机会，这样学生很难利用传统的实验平台反复进行某一部分内容的学习。利用虚拟的实验平台，学生可以在课后随时进行学习。这种虚拟实验平台不仅适用于大学物理学习，而且可以在其他课程的学习中创建类似的平台。以牛顿环的教学为例，学生可以在这个平台界面中改变相关的参数，观察牛顿环装置产生的干涉条纹的变化，这样就更容易掌握该部分的内容了。

二、光学虚拟实验平台界面制作

　　采用了MATALB的GUI模块制作了一个光学虚拟实验平台的界面如图1所示，界面非常简单，包括两个模块分别是衍射光学模块和干涉光学模块。这个界面上的模块是可以任意扩展的。当我们点击"衍射光学"这个按钮,可以显示衍射光学所有模块如图2所示。

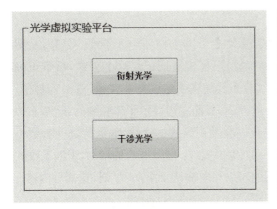

图1　光学虚拟实验平台界面　　　　图2　衍射光学虚拟实验平台界面图

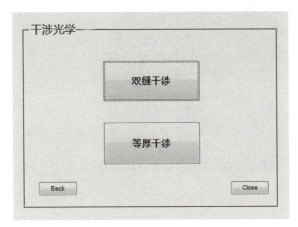

图3　干涉光学虚拟实验平台界面图

三、干涉光学虚拟实验模块功能在教学中的应用

我们通过使用几个模块来展示该虚拟实验平台在教学中的应用,首先我们来展示该模块在牛顿环教学中的一些应用。牛顿环装置是一种非常重要的测量装置,在光学加工中具有重要的应用,实验装置是用一个曲率半径很大的凸透镜的凸面和一玻璃板接触(图4),在光的照射下会出现一组明、暗相间的同心圆环,它们是由球面上和平面上反射的光线相互干涉而形成的干涉条纹。

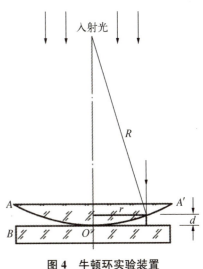

图4　牛顿环实验装置

在反射光中亮环的半径 r 与入射光的波长 λ 和曲率半径 R 的关系式为：

$$r = \sqrt{(2j+1)\frac{\lambda}{2}R} \, (j = 0, 1, 2\cdots) \quad (1)$$

从式(1)可以看出，入射光的波长 λ 和曲率半径 R 会影响牛顿环干涉条纹的分布，从图5的两组图中能够很明了地看出其影响。如果学生们只是机械地记忆这个公式，很难正确地记忆。如果我们能够直观地显示牛顿环的条纹分布及随各参量的变化关系，就很容易了。我们点击图3中的"等厚干涉"按钮可以产生图5的界面，界面左边显示了牛顿环的条纹，右边显示了参数输入框，当我们改变这些参数的时候我们会发现条纹的变化，如保持其他参数不变，波长从0.4微米变为0.55微米，我们观察图5(a)和(b)发现：随着波长的增加，干涉条纹间距变大了。通过这个平台更容易给学生一些直观的印象和理解，从而很好地掌握这部分内容。

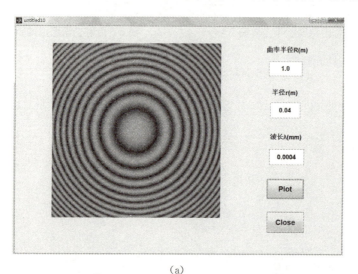

(a)

(b)

图5 牛顿环虚拟实验平台界面

四、结语

对于大学物理中一些抽象复杂的教学内容,采用传统的教学方法,学生理解起来非常困难,时间长了会导致学生产生对这门课程的厌学情绪。我们开发的物理教学可视化虚拟实验平台,可以将一些复杂的物理现象直观显示,通过交互式的界面,可以改变一些相关参数,研究这些参数对物理现象或规律的关系。通过这个平台可以很好地激发学生对物理学习的兴趣,也使物理学变得更加容易学习。

(本文选自《江苏第二师范学院学报(自然科学)》2015年第3期)

"文学概论"的教学改革与思考

杨 晖 罗兴萍

摘 要:"文学概论"在汉语言文学专业课程体系中占有非常重要的地位。当前已有的教学改革与实践取得了一定成绩,但也表现出诸多不足。为了进一步培养创新型人才,将以理论思维能力的培养为重点、以网络平台的引进为抓手,以及对学生成绩的合理评价等问题的思考与实践,推进课程的教学改革,以培养更多的具备可持续发展潜力的创新人才。

关键词:文学概论;教学改革;教学实践

"文学概论"为汉语言文学专业必修的平台课程。它通过对文学的本质和形态、文学创造活动的性质和过程、文学作品构成、类型和风格特征、文学接受的标准、规律等的阐述,学习分析和解读文学作品,培养理论思维,对知识结构和实践能力的提高起到非常重要的作用。积极推动"文学概论"的教学改革,将进一步推进课程教学的科学性和有效性,对培养复合型的创新人才具有重要的意义。

一、国内的研究现状与不足

在国内,本课程属基础理论课,一般都以课堂讲授为主,并通过学生的讨论、答疑等方式完成教学任务。课程已有的教学改革研究成果主要体现在:一是"文学概论"与多媒体教学,侧重讨论课程多媒体教学的运用,旨在思考多媒体教学手段对课程的影响;二是"文学概论"与教学实践,侧重思考课程实践内容的教学探索,旨在思考教学过程"如何教学"的问题;三是"文学概论"与教学方法,侧重在传统的教学方法内讲教学方法的改革,旨在思考教学方法与手段的诸多实践性问题。总之,已有的研究成果较为丰富,这不仅体现了该课程在课程体系中的重要性,而且也体现了教师对课程教学与改革的高度重视。

但仍然存在着诸多问题,表现在:一是研究多在传统教学方法内思考课程改革,如多媒体教学手段、教学中的对话与互动等等,难以实现较大突破;二是如何更好地引入网络平台,拓展学生视野,提高实践能力还没有得到足够的重视;三是没有针对"文学概论"开设时间节点的特殊性,已有的教学改革放到任何一门课都能解释,忽略了教学内容与教学时间点的特殊性。总之,各种现代化的教学方法与手段已进入课堂,但教学并没有根本性的改变,常把PPT当成大纲,当成教案,照本宣科,而真正把现代化的教学方法与手段运用到这门课程的教学当中,还有很多可探索的空间,因此,如何拓展视野,对课程的教学方法与手段进行改革,更大地提高这门课程教学的科学性与有效性,便是一个值得进一步探索的问题。

二、课程改革的理论思考

以全面提高学生的文学理论素养,促进学生可持续发展作为课程教学的基本理念,规划教学改革,确定教学目标,精选教学内容,优化教学方式;以调动学生的学习兴趣,拓展知识,激发学生学习的主动性、积极性为突破口,强化学生运用知识解决实际问题能力的培养。为达到这一教学目的,应该关注几个常被忽略的问题。

（一）理论思维能力的培养

通过"文学概论"的教学,帮助学生掌握理论思维的能力。这里的"掌握"不仅包括所谓的"知识点",而且还包括运用"知识点"有效阐释各种文学现象的能力。为此,思维能力的培养便成为这一课程的一个主要特色。思维是人脑对客观现实的反映,它通过分析、综合、概括、抽象、比较、具体化和系统化等一系列过程,来反映事物的本质和事物间规律性的联系。可以说,思维能力是学习能力的核心。而在汉语言文学专业中,突出理论思维能力的课程并不多,"文学概论"正是其中最重要的课程之一,因此,重视学生理论思维能力的培养,教师责无旁贷。

我们在课程的讲解中,不仅要重视概念的内涵与外延,而且还要重视知识的来源、推进与运用。如在讲到艺术与科学在反映社会生活方式上的不同,艺术通过形象、意境和情感,以审美的方式来掌握世界;而科学用概念、判断、推理、分析和综合,以抽象思维的形式掌握世界。学生记住固然重要,但更为重要的是它的来源,其逻辑的推理是如何进行的。如果我们忽视反映对象这一逻辑起点,过多分析如何反映,这"反映"便成为无源之水,无本之木,因此,反映对象的差异与特点必须清晰。正是因为有了不同的反映对象（或反映对象不同的侧重点）,才导致了反映方式的不同。反映对象的差异正是反映方式不同的前提,并以此来分析别林斯基那段有名的"哲学家用三段论说话,诗人则用形象和图画说话,然而,他们说的都是同一件事件。……一个是证明,另一个是显示,可是他们都是说服,所不同的只是一个用逻辑结论,另一个用图画而已"这一经典表述中的合理性与局限性。

又如文学的分类问题。在教学中可能会过多重视对各类别特色的讲解,忽略对分类标准的分析。其实,没有标准,哪儿来的分类呢? 从知识点来讲,分出的类别很重要,但就思维来讲,分类的条件更重要。没有分类的条件,就没有分类,正如没有"因",就没有"果"一样。文学分类的条件不能忽略。再如文学批评的前提是考问自己的立场与观念,即批评标准是什么。不同的文学立场与观念对同一文学现象可能作出不同的批评,其差异性不仅仅在批评对象本身,更多是由评价者的立场与观念造成的。就白居易《长恨歌》的主题,有说是歌颂了唐明皇与杨贵妃忠贞不渝的爱情,也有说揭露唐明皇与杨贵妃荒淫无耻的生活,两种相反的评价是主题多义的典型例子。在教学中,要让学生理性地认识到自己在何处,正在做什么,将要做什么,等等。而这些都是"文学概论"课程教学中常被忽略的,因此,理论思维的培养是这门课程的重要内容,提高学生文学素养中的思维能力,应该得到我们的高度重视。

(二)网络平台的合理运用

在当下的教学改革中,各高校都把网络平台的建设作为教学改革的重要内容。教育主管部门也积极推行网络平台,如视频公开课、MOOC等各种开放课程。网络平台的建设与利用,不仅利用网络截取知识,更重要的是将学生原有被动式的接受者转变成主动式的参与者,促进自主学习,是一种开放性的教学过程。网络平台的作用表现在:

1. 获取知识信息的重要途径

只要有网络覆盖之处,有手机,便能知天下事。这种快捷、便宜的知识与信息的获取方式,可以很好地为教学服务。为此,在教学过程中,可以通过各种方式,让学生分享网络带来的各种便捷与快乐。如课前将下一次的教学内容抛给学生,要求学生通过网络上的百度、中国知网、各种电子书籍寻找知识解决问题,上课时集中讨论学生搜集的各种答案。这种寻找解决问题的方式将有助于提高学生自主学习的能力,其价值并不低于告诉学生知识点的内容。

2. 寻找文学热点的重要利器

课程教学中可以运用网络寻找文学热点问题,如当下文学创作的热议、理论的争论、研究前沿及其他各种文学现象。从网络上获取的诸多文学热点,如果能很好地引入课堂,不仅能增加学生兴趣,将教学内容与现实紧密结合,而且还能激起学生学以致用,参与现实热点争论的满足感。积极参与现实问题的讨论,也能让学生看到理论学习的价值,自然会使课堂变得更加生动、形象、有趣,受到学生的普遍欢迎。

3. 提升甄别能力的试验场所

网络知识与信息的开放性与多元性,为学生学习提供了获取知识与信息的便捷,但也因这一特性,又使其知识与信息的正确性与真实性受到质疑。网络上为了各种利益的恶意炒作,虚假信息的无节制地传播,"水军""五毛党"的泛滥,等等,都应该得到重视。如果忽略对网络知识与信息的甄别,就可能会被伪知识与虚假信息所淹没。而运用网络资源本来就包含着对知识与信息的甄别能力。教师应该引导学生如何运用网络寻找所需要的知识与信息,强调对所需知识与信息的甄别。

4. 师生互动的重要教学平台

师生交互是借用网络平台,设置讨论区、视频讲解及问题反馈等方式实现课后的师生交流,把教学延伸到课堂之外的一种有效方法。在讨论区,教师可以设置讨论主题、引导讨论话题,并点评学生争论的问题;学生也会利用讨论区来追问以及回应教师。视频讲解是教师通过录制视频内容与学生交互,主要针对课程实施过程中出现的重点难点,通过录制短视频的形式答疑;学生也可对视频内容进行评论来实现反馈。问题反馈是指教师将课程中常见的问题进行归类整理,并一一作答以回应学生。如讲文学想象力问题前,要求学生以"井"为题材,完成一篇1 000字左右的创作,提示学生在传统社会中,井是家庭女性取水洗衣与传播是非之地,要求借助想象完成。学生传上讨论区的作业写得认真,形式多样,想象丰富,经教师一一评点后返回。有这样的艺术实践后,在课堂上讲文学的想象力问题,学生会有更深刻的体会。

除了讨论区、视频会议外,还可以有社交媒体、同伴互评等方式完成生生互动。在讨论区中,学生通过提问、发表观点、上传资料等方式进行互动;在视频会议上,学生利用视频会议软件来进行实时的视频、语音交互,实时交谈来快速解决问题;在社交媒体界面上,可能利用微信、知识社区(如知乎)、QQ等方式组织交互,并针对具体问题进行广泛深入的交流讨论;同伴互评中,学生评价同伴作业或作品,帮助学生更好地理解作业的评价标准。如上面提及的关于"井"的创作,就是借助网络平台实现生生互动的。

(三)学习效果的有效评价

学习效果评价主要指如何对学生的学习情况作出科学的判断。现在各高校都开始注重过程性的学习评价,要求平时成绩、期中成绩与期末成绩按一定的比例得出学生的最终成绩,体现了过程性考核的特征。对此,我们通过对课程的学习参与态度、获取知识能力和运用知识能力等三位一体的评价,以希望对学生有一个较为全面的评价。

1. 学习参与态度评价

学习参与态度评价主要包括课堂学习与课后学习。前者不仅要重视上课出勤率的高低,还要重视课堂学习是否积极参与,包括课堂上的师生互动,对问题的思考与争辩,提出问题与回答问题等方面;后者主要指网络平台上的学习,这是课堂学习的延伸。通过网络设置,可以统计学生上网时间、次数,以及在网络平台上参与的各种活动,自己的创作实践,生生间的互评等,从中看出学生对课程学习的参与度。

2. 获取知识能力评价

这属于学习能力的评价。当下网络的普及,如何寻找信息以及甄别信息的正确性,是我们培养学生学习能力的重要内容。就某一个知识点或热点问题,要考核学生是否学会了收搜集相关材料,并从中提炼出问题,再寻找相关知识解决问题。从学生递交的材料可以判断学生搜集材料的途径是否规范,访问的网站是否正确,搜集的过程是否科学等,以判断学生获取知识的能力。

3. 文学批评实践评价

文学实践能力包括学生的批评实践,即自己的创作与对别人的批评,这包括平时的创作、批评实践和期末考试两个方面。扩大学生运用知识解决问题的能力,是本科教学的重要内容。在每一个学期中一般有两次文学实践的作业,一是自己的创作实践,如写散文、小小说等;二是对某一文学热点(或某一作品、某一电影、某一文学热点等)的分析与评论。学生不仅要创作,自己写评论,还要借用网络平台,对同班同学的文学实践作出评价。网络平台的开放性,一方面促使学生认真完成作业,另一方面也使学生评价其他同学的作业,同时还能看到其他同学对自己文学实践的评价。教师可以通过设置,得出每个同学被其他同学评价的分数,作为学生互评的成绩,占总成绩的一部分。

最后的考试也采用实践性评价的方式。在当下网络时代,对于知识点记忆的重要性减弱,因此,能力培养显得更加重要。考查学期是一个运用知识点阐释某一文学热点问题,考试学期再加上相应的重点知识点的考核。这既考查了学生的知识储备,更是重点考核了学生的实践能力。因此我们要处理好知识与能力培养的关系,知识是能力的基础,能力是知识的运用。

三、课程教学改革的启示

"文学概论"是一门基础理论课,学习好这门课程将有利于后来对文学作品的分析,为文学史课程的学习打下良好的基础。为此,我们要处理好三个方面的关系:

(一)知识记忆与实践能力

就"文学概论"课而言,其能力的培养包括"知识记忆"与"实践能力"两个方面,缺一不可。如果只有"知识"而无"实践",那么知识是死的知识,失去了存在的意义,因为知识的价值正是在实践中得以体现;相反,无"知识"的"实践"也是无意义的"实践","知识"是"实践"的基础,没有"知识",就无从"实践"。另一方面,"知识"与"实践"又是相辅相成的,有了"知识"能促进"实践"能力的提高,而充分"实践"又能对"知识"进一步掌握起着推进作用。充分的知识积累与较高的实践能力是我们培养的目标,处理好两者的关系显得非常重要。

(二)课堂教学与课外延伸

课堂教学是教学的主要形式,但时间有限,而课堂外的学习时间是无限的,处理好有限的课堂与无限的课外之关系,将会有效地提高学生的学习效果。一些教师只注重课堂内的教学,忽略课堂外的教学,无形中压缩学生学习的时间与空间。网络上师生互动中的讨论区、视频讲解、问题反馈,生生互动中的社交媒体、同伴互评等为课堂外提供了很好的途径,因此,对教师来讲,不仅要设计好课堂的内容,还要有效地设计出课堂外的内容,鼓励学生充分利用网络平台,扩展教学内容。

(三)文学理论与其他课程

在当下高校的汉语言文学专业的培养方案中,对"文学概论"课的时间安排多在大学一年级,希望通过教学,增强学生的文学理论素养,提高理论思维能力,为后来(或同时)开设的诸多文学课,如中国古代文学、中国现当代文学、外国文学等提供理论支持。但对于刚入学的大一学生而言,他们还没有脱离中学的学习习惯,除了高考要求的"考点"外,很多数学生很难对诸多问题进行理论的思考与追问。如何培养学生的理论性思维,如何提高他们运用知识来阐释各种文学现象的能力,正是这门课面临的挑战。同时还要处理好与其他诸多文学课的关系,如在知识点的讲解与各种文学现象的分析当中,要有意识地运用文学课中的诸多文学现象,突出文学理论基础知识对文学现象阐释的有效性,处理好"文学概论"与其他文学课程的关系。

  课程的改革与实践是当前本科教学改革的重要内容,也是学科建设的重要内容。"文学概论"是汉语言文学专业众多专业基础课中的一门,因此,我们应该加大课程建设的力度。同时还要注意课程群的建设,争取在本专业中建立2—3个优秀课程群,促进学科的全面发展,提高专业的人才培养水平。课程的教学改革与实践是当下教学改革的热点,没有停止的时候,它永远在路上!

(本文选自《景德镇学院学报》2017年第4期)

美国机械工程专业本科教学课程设置分析

——以 Southern Methodist University 为例

纪小刚　李　楠　刘新佳

摘　要：在国内高校机械工程专业本科教学课程设置改革的大背景下，结合 Southern Methodist University(SMU)机械工程系机械工程专业本科教学课程的具体设置，分析研究了 SMU 机械工程专业本科教学课程设置的分类、课程性质、课程分布及其特点与优点，可为国内高校机械工程专业本科教学课程设置的改革与优化提供借鉴和依据。

关键词：机械工程；专业；本科教学课程设置；教学改革

胡锦涛总书记《在清华大学百年校庆大会上的重要讲话》和《国家中长期教育改革和发展规划纲要》都旗帜鲜明地提出：不断地提高教学质量是高等教育的生命线，高等院校要把高等教育质量作为教育改革发展最核心、最紧迫的任务，不断创新教育教学方法和强化实践教学环节，以加强大学生的创新精神和实践能力的培养。高等教育的教学效果和教学质量正在受到越来越多的重视，而最终的教学质量，在很大程度上取决于课程设置的合理性。

机械工程是以有关的自然科学和技术科学为理论基础，结合生产实践中的技术经验，研究和解决在开发、设计、制造、安装、运用和修理各种机械中的全部理论和实际问题的应用学科。现代机械工程教育的任务就是要在"实践性""综合性""创新性""人文化"等现代工程理念的指导下，培养大批能综合运用现代机械制造理论和技术手段，懂经营、会管理，兼备人文精神和科学精神的高素质的机械工程技术人才。目前，国内外高等院校在机械工程专业的培养目标、专业设置及课程体系等方面都发生了显著的变化。其主要特征是社会对高等院校培养人才的要求日益提高，高等院校的教育功能逐步扩大，这就要求高等院校必须改变过去专业面窄、课程设置散的状况。目前，机械工程类学生的培养已经从"专才"的培养模式向"通才"的培养模式进行转变，大机械工程的概念逐步形成。这种模式要求学生能够在教育培养过程中，打下更为宽广的机械工程基础，从而以不变应万变，更好地适应市场与企业不断变化的要求。

事实上，国外的本科教育已经注意到这一问题并开始进行改进。以美国为例，20世纪90年代以来，美国工程教育掀起了"回归工程"的浪潮，提出建立"大工程观"。这一理念主要是针对传统工程教育过分强调专业化、科学化从而割裂了工程本身这种现象提出来的,因此,所谓"回归工程",实际上就是回归工程的本来含义,这一含义不再是狭窄的科学与技术含义,而是建立在科学与技术之上的包括社会经济、文化、道德、环境等多因素的大工程含义。这对高等工程教育提出了新的要求,必须通过课程设置和教学改革来实现。机械工程专业的培养方案也是如此。

作者以在 SMU 从事访问学习为契机,对该校机械工程系的课程设置进行了深入的分析,并在此基础上展开研究。

一、课程设置

SMU 机械工程专业课程设置的目的是要使学生最终能够解决设计、制造、机器人、汽车和运输系统、能源生产与分配以及其他机械系统方面的实际问题。(The department offers degrees in mechanical engineering. Programs are focused on solutions to problems in design and manufacturing, robotics, automotive and transportation systems, energy production and distribution, as well as all other aspects of mechanical systems.)因此,从其定位来看,其对机械工程专业本科学生的培养还是以机械工程基础教学为重,侧重培养的不是某项技能,而是机械工程专业背景下的基础知识,使其最终能够通过在企业的锻炼与成长,转变成为符合企业实际要求的能够解决机械系统方面实际问题的工程师。其详细课程设置如表 1 所示。

二、课程设置分析

由表 1 可知,SMU 机械工程专业本科教学课程主要由 4 部分组成,分别为通识教育课程、专业课程、数理化课程、工程拓展课程,其中通识教育课程占 23 学分,专业课程比重较大,占 68 学分,数理化课程占 31 学分,工程拓展课程占 3 学分,共计 125 学分。与国内普通高校 170 左右的总学分相比,课时量明显偏少,减少了近 26.5%。各部分比重见图 1。由此可见:

第一,作为工科专业,仍然设有基于母语的写作课程,并且比重较大,有 6 个学分,反映出美国高校对本科教学文化素养的普遍重视。

第二,专业课程比重最大,超过了总学分的一半以上。注重总体把握,不再细分为专业基础课程、专业核心课程、专业选修课程。对基础理论的教学较为重视,特别是相关力学课程,所占比重极高,包括了静力学、动力学、热力学、固体力学、流体力学、振动、传热学等我国高校较少开设的课程,反映出美国高校对基础课程的重视,体现了"加强基础、拓宽专业"的总体思路。打通了本科教学与研究生教学的界限,学生可以并且必须选修 4 门研究生课程,共计 12 个学分。对于工程制图、CAD/CAM 等中国高等院校机械工程专业比较重视的基础课程,基本不涉及。SMU 机械工程系本科教学课程设置中专业课程的大体分类及相应比重如图 2 所示。

表1 SMU机械工程专业本科教学课程设置情况

课程性质		序号	课程名称	学分	课程性质		序号	课程名称	学分
通识教育课程		1	英语写作Ⅰ	3	专业课程		30	机械系统设计与控制	3
		2	英语写作Ⅱ	3			31	自动控制实验	1
	观点展示课程	3	艺术	2			32	机械设计基础	3
		4	文学	2			33	机械工程设计Ⅰ	3
		5	宗教和哲学思想	2			34	机械工程设计Ⅱ	3
		6	历史	2			35	振动	3
		7	政治和经济	2			36	高级专业选修课	3
		8	行为科学	1			37	高级专业选修课	3
	文化形成课程	9	课程Ⅰ	2			38	高级专业选修课	3
		10	课程Ⅱ	2			39	高级专业选修课	3
	人类多元化要求课程	11	健康教育Ⅰ	1	小计				68
		12	健康教育Ⅱ	1	数学与统计	数学	40	微积分与解析几何Ⅰ	3
小计				23			41	微积分与解析几何Ⅱ	3
专业课程		13	工程概论	2			42	微积分与解析几何Ⅲ	3
		14	工程概论实验	1			43	初等微分方程	3
		15	信息技术与社会	3			44	线性代数导论	3
		16	静力学	3		统计学	45	统计学基础	3
		17	动力学	3	小计				18
		18	热力学	3	理学课程	化学	46	普通化学Ⅰ	3
		19	热力学实验	1		物理	47	理学导论	3
		20	电路分析	3			48	电力磁力导论	3
		21	变形体力学	3			49	普通物理实验Ⅰ	1
		22	固体力学实验	1	小计				10
		23	流体力学	3	数学理学选修课		50	数学或理学选修课	3
		24	流体力学实验	1	小计				3
		25	传热传质	3	工程拓展课程（四选一）		51	工程管理	3
		26	传热传质实验	1				信息工程和全球视角	3
		27	工程材料	3				工程通信	3
		28	加工工艺	3				技术创业	3
		29	热力系统设计	3	小计				3
					总计				125

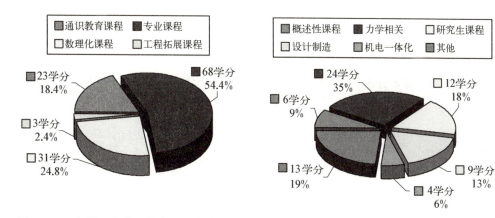

图 1 SMU 机械工程专业课程设置大类分布　　图 2 SMU 机械工程专业专业课程设置分类

第三,数理化课程设置中,数学部分与国内差别不大,包括了高等数学、线性代数和数理统计等课程。虽然也涉及物理课程,但是仅涉及国内大学物理的下册部分(电、磁部分),经典力学放到了专业课程中。仍然学习化学,而国内几乎所有的机械工程专业不再设置该课程。

第四,在注重专业课程教学的基础上,SMU 机械工程专业还开设有工程管理、技术创业等管理类课程,较好地体现了大工程机械的含义。

三、结语

根据上文分析,可以看出:第一,通识教育成为所有高等院校对本科生的最基本要求;第二,总体来看,SMU 机械工程专业的最低毕业学分要求较低,只要 125 学分;第三,SMU 机械工程专业对基础课程的设置较广泛;第四,力学相关课程占据了较大的比重;第五,打通了本科生课程与研究生课程之间的界限;第六,在机械工程专业中,仍然设置化学课程。

(本文选自《当代教育理论与实践》2015 年第 11 期)

基于研究型半导体光电类课程的教学探索

杨国锋　朱焯炜　张秀梅　阙立志　高淑梅

摘　要：半导体光电学科是理论性和实践性较强的新兴专业，针对专业的特点和半导体光电技术的发展需求，本文结合地域和学科的实际情况，提出了学科在课堂理论教学措施改善、协同实验平台建造以及校企合作模式建设的探索性思考。

关键词：半导体光电；研究型；实践；教学探索

近几年来，随着半导体电子产业和光学专业的快速发展，半导体光电正逐渐成为一门新兴的学科。半导体光电技术是集现代半导体技术、电子学技术和光学信息处理技术等学科于一体的综合性学科，要求学生具有扎实的半导体物理、光电子、数学和计算机等基础知识。该学科作为光、机、电、算、材一体的交叉学科，专科课程较多，涉及知识面较广，有其自身的课程特点：既要讲授半导体相关的专业知识，又要补充光电专业的知识，还要加强数理基础理论教学；既要围绕半导体光电专业核心，又要涉足其他专业领域；既要重视教学方法，提高教学质量，又要加强前沿知识的学习和科研，不断更新知识体系，将最新的行业信息灌输给学生。同时，随着近年来固态半导体LED照明技术、半导体激光、太阳能光伏和半导体探测器等高新行业的蓬勃发展，需要大量的具有创新研究能力的技术人才来从事半导体光电材料、器件以及系统的研究和开发。这就需要高校培养具有动手能力强，基础知识扎实，综合分析能力优秀的研究型人才。但是目前高校半导体光电学科的教学普遍停留在理论层面，缺乏实践性内容的提升。因而作为一门实用性很强的专业，应着重加强理论与实践相结合的全面教学，逐步开展研究性课程的教学探索，打破传统的教学理念，以形成学生在课程学习中主动思考探索并重视创新性交叉研究的积极教学模式，为半导体光电学科建立一个全新的培养方式。

一、理论教学中创设前沿性课题，引导学生进行探究性学习

在传统的教学模式中，专业课程的讲授主要依靠讲解概念，分析原理，推导公式，得出结论。而学生就是按部就班地记笔记，做习题，应付考试。课堂教学效果完全取决于教师的教学经验，最终学生所接受的知识也仅仅停留在课本的层面，这完全达不到迅猛发展的高新的半导体光电学科的培养要求。这就需要教师打破传统的教学理念，开展研究性的

教学方式。研究性教学以学生的探究性学习为基础，教师提出一些创新性的问题，以及与专业相关的一些前沿性科技专题报道，学生在创新性的问题中，借助课本提供的基础理论和教师提供的相关资料，借鉴科学研究的方法，或独立探索，或协作讨论，通过探究学习、合作学习、自主学习等方式最终找到解决问题的方案，甚至提出更具有创新性的思路。因此，在教学过程中，我们应尝试减少课堂讲授时间、增加课堂讨论时间，有意识地提出一些较深层次的问题：如提高太阳能电池的光电转换效率的方法、新型的半导体材料制作光电器件的优异性等，有针对性地组织专题讨论。考核方式以课程设计或者专题论文的形式进行，以培养学生的思考和创新研究能力。此外，要重视阶段性总结和检查工作，培养学生综合素质和能力。教师在注重教学方式改进的同时，也要重视学生学习效果的阶段性检查和总结。传统的课堂教学是以作业为考察标准，这种考察的弊端是给学生提供了抄袭作业的机会，学习效果不佳。因此应考虑采取多元化的检查方式，增加检查手段。可以让学生将多媒体课件与教材和参考书相结合，根据教师在课堂教学中指出的难点和重点，单独总结出学习笔记，并进行定期检查。布置给学生阶段性的专题任务，促使学生去使用网络和图书馆电子数据库资源，培养其主动查阅文献的习惯，鼓励学生在学有余力的同时参与研究生导师的一些科研课题的研究，并将研究结果撰写成研究论文，切实培养出具有探究能力的人才。

二、建立半导体专业与光电专业协同的教学环境

半导体光电从理论上来讲是研究半导体中光子与电子的相互作用、光能与电能相互转换的一门科学，涉及量子力学、固体物理、半导体物理等一些基础学科；从实践层面来讲，也关联着半导体光电材料、光电探测器、异质结光电器件及其相关系统的研究。因此，在理论上应鼓励教师根据教学情况，编写有针对性的，并且包含基础物理学、半导体电子学、光学和系统设计等具有交叉性理论的教材和讲义，提升学生在半导体光电交叉领域的理论基础。同时需要组织和调动各层次教师，建设教学研究中心。结合老教师的经验和青年教师的创意，共同进行教学改革探索。另外，实现半导体光电学科的教学探索，不仅需要专业教师改进和完善课堂教学措施，提升教学水平和质量，同时也需要专业的半导体光电材料生长、器件制备和检测设备，以及专业设计软件供教学和科研使用。该学科的性质决定了教学的内容不能仅仅局限于理论方面，还需要实验方面的补充和实践，从而可以从软件和硬件双方面实现协同的教学环境。在具体的操作过程中，以光谱分析为例，传统的光谱分析光源采用的是一些气体激光器，我们可以在教学中利用新型的半导体固体激光器来替代传统的气体激光器，将半导体光电器件和光学系统有机结合起来，提供两者协同的新型设备。指导学生在实验中分析新型的光谱系统和传统系统的优劣性，以及如何在现有的基础上改进系统，提高系统的使用性能，在教学中锻炼学生的协同学科的技能性训练。进一步可以引入显微镜成像技术，采用简易的一些光学元器件，在实验室内让学生动手搭建显微成像设备，并且可以提升传统设备的应用范围。这一系列交叉协同教学实

验的建立有利于打破教学和研究的界限,打破学科的界限,突出半导体光电学科的交叉性特点,促进学生知识的全面性掌握,为研究型的教学模式开辟新的途径。

三、建立前沿性半导体光电专业实验教学平台

半导体光电涉及的领域很广泛,单纯的理论教学不能满足学生对于高新的工程应用的直观认识,许多设备和器件只阐述其工作原理,概念比较抽象,学生不易理解。因而需要重视研究型实践教学。在条件允许的情况下,将半导体材料生长和器件制造设备引入课堂,让学生深刻掌握器件的制造流程。同时也可以引入先进的光电检测设备,让学生开展一些器件的检测实验,在实验过程中熟悉器件和光电系统的工作原理,可以起到事半功倍的作用。同时还可以让学生在实践中不断思考和探索一些前瞻性的科学研究问题。以半导体 LED 光电器件为例:由于 LED 材料和器件制造设备较为精密,价格昂贵,不易获取,在理论课程后,可以引用适当的 LED 材料生长设备 MOCVD 的一些生长过程的实物图片和视频,以及半导体器件制备的薄膜沉积、光刻制作和刻蚀工艺的流程图和视频,让学生尽可能地将抽象的理论与具体实践联系起来。此外,购置现成的 LED 器件和光电检测设备,利用光电测试设备对 LED 器件开展一些电学和光学性能的检测,在测试过程中让学生对 LED 光电转换基本原理和不同测试条件对器件光电性能影响的物理机制开展探索性研究。对于阻碍 LED 发展的一些前沿性难题进行深刻的思考和分析,提出合理的改进和解决方案。基于学科的科研实验条件,我们还可以提出项目教学法,把教学内容通过"实践项目"的形式进行教学,为了能够构建一个半导体和光电专业相协同的实验平台,可以设置一个系统的实验项目包含多门课程的知识。项目教学是在教师的指导下,将相对独立的教学内容相关的项目交由学生自己处理。信息的收集,方案的设计,项目实施及最终评价报告,都由学生负责完成,学生通过该项目的进行,了解并把握实验制造和检测的整个过程及每一个环节的基本要求,教师在整个过程中主要起引导作用。以此来培养学生的实践性、研究性学习能力,让学生扮演项目研究者的角色,在研究项目情景的刺激下及教师的指导下主动开展探究活动,并在探究过程中掌握知识和学习分析问题、解决问题的方法,从而达到提高分析问题、解决问题能力的目的。这样才具备一门前沿性的学科所应该达到的理想效果。

四、建立专业校企合作基地

半导体光电专业需结合地域经济发展特点,建立专业的校企合作基地。校企合作是高校培养高素质技能型人才的重要模式,是实现高校培养目标的基本途径。以江南大学为例,可以依据无锡当地工业的发展中心,与半导体光电类企业,如无锡尚德太阳能股份有限公司、江苏新广联 LED 器件制造企业、LED 照明企业实益达、万润光子等公司进行深入合作,建立企业实训创新基地及本科生、研究生工作站。定期组织学生去企业进行参

观,了解半导体光电类产品的产线制造过程。还可以安排有兴趣的学生在学有余力的同时进入企业进行实习,使学生能够将课堂的理论知识应用到实际的应用生产中,并且可以利用理论知识来解决实际生产中所遇到的一些问题,培养学生探究问题以及解决问题的能力。更为重要的是校企还可以合作开发新型的课程,课程开发可以兼顾教学与生产同步,实习与就业同步。以实际产线的需求分析为基础,结合理论教学的要求,建立以工作体系为基础的课程内容体系,实施综合化、一体化的课程内容,构建以合作为主题的新型课堂模式,做到教室、实验室和生产车间三者结合的教学场所。最终积累一定的合作经验后,校企可以合作开发教材,聘请行业专家和学校专业教师针对课程的特点,结合课堂基础和生产实践的要求,结合学生在相关企业实训实习的进展,编写出符合高校教学和企业生产需求的新型校企双用教材。

综上所述,要开展研究型半导体光电类课程的教学探索,首先要突破传统的理论教学模式,根据课堂教学需求,改善课堂教学措施,形成有创意、个性化的课堂特色,旨在培养学生的创新思维能力。同时还需要深入开展实验教学,建立新型的专业实验平台和校企合作模式,让学生在教学实验中进行研究性的学习,在企业实践中认识理论和实践相结合的重要性,提高解决实际专业问题的能力。

(本文选自《教育教学论坛》2015年第7期)

关于提升高校思想政治理论课学术性的对策建议

任 俊

摘 要：长期以来，高校思想政治理论课的学术性维度遭到忽视，教学过程中存在学术性不足的问题。提高教师的学术敏感性，构建相应的学术研究平台、开展专题式教学、设置能力导向的考核方式，是加强思想政治理论课学术性的主要途径。

关键词：思想政治理论课；学术性；意识形态教育

长期以来，人们认为高校思想政治理论课的任务就是意识形态灌输，强调从政治角度对它进行定位。这种观点一旦走向极端，就会遮蔽思想政治理论课应有的学术性，从而对这门课的教学效果乃至它在整个大学课程体系中的地位造成不利影响。因此，必须采取措施解决该课程学术性缺失的问题。

一、提升思想政治理论课教师的学术敏感性

教师是思想政治理论课教学的主体，是教学过程的设计者和组织者。思想政治理论课的学术性，首先取决于教师的学术素养，而要提升自身的学术素养，教师必须提高对学术研究重要性的认识。

思想政治理论课教师应该有敏锐的学术嗅觉，对需要深入研究的问题做到心中有数。思想政治理论课的研究空间广阔，大体包括以下几个方面：一是对马克思主义、马克思主义发展史、马克思主义中国化等重大理论问题的研究。这是思想政治理论课教学内容的核心，是学科建设的基础。思想政治理论课教师应该认真研读经典作家的原著，准确把握马克思主义的理论渊源、发展过程、思想内涵，同时跟踪学术前沿，了解本专业理论动态。二是对中国特色社会主义建设的现实问题的研究。理论联系实际是思想政治理论课教学的基本特征，教师必须能够运用马克思主义中国化的最新理论成果，对反腐败、依法治国、政治体制改革、社会主义核心价值观的建设等学生关注的现实热点问题进行回答和解释。三是对思想政治理论课教学法的研究。教学是一门艺术，也是学术研究的对象。当前，思想政治理论课的教学环境、教学对象都呈现出新的特征，这就要求教师不仅要在教学内容上精益求精，而且要在教学方法上推陈出新。

二、构建思想政治理论课的学术研究平台

加强思想政治理论课的学术性,除了需要一线教师的个人努力,还需要外部环境的有力支持,应该从学科建设、论文发表、课题申报、学术交流等方面为思想政治理论课教师搭建学术研究的平台。

在经过多年的探索之后,我国将原来隶属于政治学一级学科的马克思主义理论与思想政治教育二级学科取消,设立马克思主义理论一级学科。同时,将马克思主义基本原理和思想政治教育分列为这个一级学科下的两个二级学科。马克思主义理论一级学科的设立,为马克思主义理论的研究提供了更好的平台,对提升高校思想政治理论课的学术品位具有深远的历史意义。

为思想政治理论课设立专门的学术刊物、课题项目,也有利于提高教师从事学术研究的积极性。过去,思想政治理论课教师没有自己的学科平台,面临论文难发、课题难拿的窘境。由于缺乏有分量的学术成果,思想政治理论课教师在职称评审时缺乏竞争力。这一局面目前已得到改观。尤其值得一提的是,近年来教育部设置了思想政治理论课专项课题,为相关研究提供经费支持,极大地鼓舞了思想政治理论课教师从事本专业研究的热情。

做学问不能闭门造车,缺乏与同行的交流,就无法了解和把握学术研究的前沿动态。高校思想政治理论课教师本身就是一个学术共同体,为他们创造学术交流的条件十分必要。应该适当减少思想政治理论课教师的课时压力,提供参加各种培训、学习、学术会议的机会,使他们相互交流学术成果,实现资源共享,推动学术共同体整体水平的提高。

三、发展专题式的思想政治理论课教学模式

大部分教师都是按照教材体系,从基本概念到基本原理,面面俱到地讲授思想政治理论课。这种教学模式有明显不足:一是浮于表面,论证薄弱,很多问题讲不透,和高中思想政治课的教学内容有重复,不能显示深度之别;二是在有限的学时内,教材中的很多内容教不完,无法完成规定的教学任务。因而要加强思想政治理论课的学术性,就要跳出原有的教材框架,改革目前以教材为中心的教学模式。

学术之为学术有三个重要的特点:一是有鲜明的问题意识;二是有扎实的理论论证;三是有开放的讨论。专题式教学能够比较好地体现学术研究的这三个特点。

第一,专题式教学有强烈的问题意识,需要教师及时捕捉和教材知识点高度相关的热点问题,例如党和国家的最新理论和方针政策、社会普遍关注的重大现实问题、在大学生中流行的社会思潮等。第二,专题式教学强调通过说理得出可靠的结论,要求每一个论点的提出都言之有据、符合逻辑。教师在讲授过程中,一方面运用马克思主义理论解释现实问题,另一方面要对马克思主义的理论观点本身做出逻辑论证,并回应其他社会思潮对主

流意识形态的挑战。第三，专题式教学除了采取专题讲座的形式，还包括了专题讨论。在专题讨论过程中，教师先介绍相关背景材料引出话题，心平气和地展开辩论，在发挥学生主观能动性的同时，培养学生以理服人的学术态度。

四、设置以能力为导向的思想政治理论课考核方式

传统思想政治理论课的考核方式是以教材知识点为中心，客观题与主观题相结合的标准化测试。在这种考核模式中，绝大部分题目都有预先设定好的标准答案。学生对整理好的知识点加以背诵，即可获得高分。显然，这样的考核方式没有任何学术含量，毫无挑战性可言。所以思想政治理论课的学术性必须要在考核方式上也有所体现。就教学内容而言，思想政治理论课涉及哲学、伦理学、法学、政治学等学科。它不仅是意识形态教育，也是一种人文教育。作为人文教育的思想政治理论课，要培养学生相应的学术能力：理解经典文本、清晰地表述观点、为自己的观点提供论证、批判性思维等。这些能力即使对于那些不打算将来从事学术研究的学生也是重要的。

既然思想政治理论课的任务之一在于培养学生的某些学术能力，那么它的考核方式也应该以能力为导向。问题是，采取什么样的考核方式才能够衡量学生是否具备上述能力呢？我们也许可以从当代著名哲学家玛莎·努斯鲍姆那里获得启发。她指出："标准化考试无法衡量苏格拉底式能力。只有课堂互动的更细致的定性评估和学生作文，才能告诉我们学生掌握了多少批判性辩论的技能。"为了考查学生在独立思考、分析论证、批判性思维等方面的水平和能力，教师需要提高课堂互动和学期论文在课程成绩中的比重。

教师在组织专题讨论的过程中，应尽可能关注并记录每位学生的表现，看他们是否敢于表达自己的观点、观点和问题之间是否具有相关性、观点的阐述是否清晰、观点的背后是否有足够理据的支持等。同样的，论文也是学生各方面学术能力的综合体现。完成一篇好的论文，需要作者有明确的问题意识，准确把握文本材料，形成原创性的观点并做充分的论证，回应可能的反驳。论文的要求应与学生的知识水平相匹配。低年级学生的论文可以采取读书笔记的形式，由教师推荐阅读一批马列经典著作或中西思想史上的经典文本，学生选择自己感兴趣的文本来做评述。高年级学生的论文可以采取专题研究的形式，由学生结合课堂所学自主选题。教师根据观点新颖、表述清晰、论证严密的标准，对学生论文的质量给予评价。总之，通过引入这些非标准化的、具有挑战性的考核方式，可以加强思想政治理论课的学术性，检验学生掌握的学术能力，并使得教师对学生的课程评价更有区分度。

(本文选自《佳木斯职业学院学报》2015年第11期)

"食品感官评定"课程教学的改革与实践

陈茂深 李玥 徐菲菲 刘欢 钟芳

摘 要: "食品感官评定"是食品科学相关专业本科生获得专业技能的一门重要课程。本文阐述了"食品感官评定"课程教学中的"教材"和"教学内容",通过调整教学思路,对实验教学内容和教学方式进行了改革。实践表明,新的教学内容和方式极大地激发了学生的学习兴趣,明显地提高了教学效果。

关键词: 食品感官评定;改革;实践

食品感官评定就是凭借人体自身的感觉器官,如手、眼、鼻、口和牙等对食品的质量状况做出全面的评价,对食品的色、香、味和外观形态进行客观的鉴别以获得客观真实的数据,并在此基础上利用数理统计的手段,对食品的感官质量进行系统性评价的一门科学。食品感官评定对食品生产、加工、贮藏、运输和销售过程中的原料或最终产品的品质控制、工序检查、市场抽检以及产品评比和新产品开发调研等评优方面具有重要的应用价值,是食品专业中一门需要长期拓展实践的非常重要的课程。目前,这门课程属于江南大学食品科学与工程专业的专业选修课,食品质量与安全专业的专业必修课。如何提高教学效果,增强学生综合素质和创新能力,以及使学生掌握如何进行感官评价的过程,一直是教学者研究和探讨的问题。

一、"食品感官评定"的教材和教学内容

(一)"食品感官评定"教材的选择

"食品感官评定课程"作为食品科学与工程专业的专业选修课,食品质量与安全专业的专业必修课,教材的选择尤为重要。在教学过程中,好的教材既对授课老师起到指挥棒的作用,也对学生起到引领和指导的作用。食品感官评定课程已在全国多所院校开设多年,有众多的国内外教材可供选择,这些教材的编著各有特色,也各有自身的侧重点。江南大学食品学院本着自身的专业特点,本科教育强调"重基础、宽口径、偏应用、塑个性、求创新"的理念,十分重视本科教学质量。为此,选择了加州大学戴维斯分校的 Michael O'Mahony 教授撰写的教学手稿《Food Sensory Science and Advanced Food Sensory Science》作为主要教材,张晓鸣教授主编的《食品感官评定》为辅助教材,通过往届的教学

评价,取得了良好的教学效果。

(二)"食品感官评定"的主要教学内容

食品感官评定就是通过用身体的各个器官如耳朵、眼睛、鼻子、口和手的听、看、嗅、尝和触摸等,对食品的质量进行鉴别和评价。虽然感官评定鉴别的对象种类繁多,但是采用的评价方法和分析手段却非常有限。目前,人们对感官评定的基本知识了解甚少,更不清楚评价员的身体状态、外部环境条件及试验设计对感官评定的重要性,导致人们较难准确描述食品的感官属性,更无法保证评价结果的准确性和重复性。同时,在实验的处理过程中也存在着报告撰写不规范、评价用语不准确等情况,这些情况严重地影响着新产品的开发和品质保障,限制了食品企业的长效发展。为此,以企业需要为导向、专业人才培养为出发点,为食品科学与工程专业和食品质量与安全专业的本科生开设了此课程,该课程分基础理论和试验实践两大部分,基础理论16学时,试验实践32学时。其中,试验学时相对较多,目的是使学生能以理论指导实践,灵活运用食品感官评定的各种评价方法以及学会如何对结果进行统计分析。

基础理论授课内容包括:第一章绪论介绍感官评定的定义,感官评定的历史与发展,感官评定的类型和感官评定的发展趋势;第二章感觉的基本知识章节介绍的是味觉的基本知识、视觉的基本知识、嗅觉的基本知识以及大脑的信息处理方式;第三章感官评定试验的基本要求章节介绍的是外部环境、评价员与评价指导员、评价员的培训、样品准备;第四章常用感官评定试验方法介绍了差别检验、使用标度和类别检验、分析和描述性检验。试验授课内容包括:阈值实验,基本气味的辨别,基本滋味的辨别,三角实验,二、三检验,排序检验法,多样比较试验,成对比较试验,品质剖析(1)和品质剖析(2)。通过理论知识学习,使学生了解感官评定基本知识及重要性与有效性,通过试验部分的实践,使学生掌握食品质量感官鉴别的基本方法,并学会如何进行数据处理。

二、"食品感官评定"的教学改革

(一)更新教材内容,提高课程的前沿性

江南大学"食品感官评定"课程是1985年许时婴教授从美国加州大学戴维斯分校引进的。这门课开设时,国内尚无系统全面的感官评定参考教材,且感官科学领域在国内属于初始引入阶段,课程小组选用了由 Harry T. Lawless 和 Hildegarde Heymann 编著的经典教材《Sensory Evaluation of Food: Principles and Practices》,其内容主要覆盖基本的感官评定方法的使用。近年来,选用的教材改为由加州大学戴维斯分校 Michael O'Mahony 教授撰写的教学手稿《Food Sensory Science and Advanced Food Sensory Science》及张晓鸣教授编著的《食品感官评定》。国内其他一些学校,如中国农业大学和南京农业大学也都有自己编著的教材,但随着感官科学在国内的发展及教学改革的需求,我们对教材和PPT进行了重新编写。同时,在教学内容上,本课程一直紧跟感官科学领域

发展前沿,结合本课程小组自身研究成果及本学科领域内的最新研究进展,为学生提供最新、最丰富的知识来源,如在差别检验、消费者测试等方法的介绍里,我们引入新的概念和方法,并结合企业实践,剖析这些新的概念和方法的可行性和有效性。

(二)充分利用多媒体技术,提高教学内容的可视性

灵活多样的课堂教学对于提高学生学习积极性和学习效率具有十分重要的意义和作用。现代多媒体技术的发展与应用,使教学内容得到了极大地丰富,使培养内容更加直观形象,更容易让学生理解,在提高教学内容可视性的同时,给人以赏心悦目的享受。采用多种教学策略、教学方法和多媒体教学、网络教学等多种现代教育技术,精讲难点。在课堂教学中大量应用实物、图片等直观的方式讲解感官评定的基本知识、技巧和方法。采用案例教学,课堂实际演练讨论,用生动易懂的实例和通俗的语言讲解不同感官评定方法的应用,提高学生的学习兴趣,引导学生积极主动地探索感官评定在食品领域的地位和作用。将课堂互动教学和实践操作相结合,由原来的灌输式逐渐过渡到启发式、情景式、讨论式、实践式等多种类型,使学生成为教学的主体,培养学生自主学习的主观能动性,提高其创新思维能力。

(三)让学生参与实验,提高学生对理论知识的实践性

食品感官评定实验的前期准备工作量很大,每次实验前样品的制备、编号、分装、送样等工作量均较大,实验结束后还要进行大量的清洗和整理工作。而这些工作也是"食品感官评定"这门课所必须要掌握的内容。由于受到学时的限制,这些工作通常完全由任课教师全部负责,造成学生坐享其成,缺乏思考。而学生因缺乏这方面的锻炼,导致他们在日后的工作中无法独立开展感官评定实验。因此,我们让学生充分利用课外时间,积极参与到前期的实验的设计和样品准备过程中来。每次实验将学生分成2个小组,2个小组互相为对方准备评定所需的样品,在教师指导下,学生自己设计和准备不同类型的实验。这样不仅解决了教师人手不足的问题,还增加了学生动手操作的机会,让其把学到的理论知识和实际相结合,不仅有利于系统掌握食品感官评定实验方法和技能,还可以加深对所学理论知识的理解。同时,在实验数据处理过程中,教会学生如何使用如 SAS、SPSS、Panel Check、XLSTAT 等软件,引导学生入门。例如,在食品感官评定中,评价员培训后会考核他们的重复性、区分能力和一致性,通常数据分析使用的软件一般是 Panel Check,通过在实践中的学习,使学生未来可以独立完成实验数据的分析和处理。同时,鼓励有专长的学生逐步开发自己的软件,包括数据采集软件或网络版、APP 形式等,还有数据分析系统软件等。

(四)积极开展第二课堂,调动学生的积极性

通过课外辅导和师生共同组织的小型学习沙龙、兴趣小组等,使学生有更多机会将第一课堂上未能及时掌握的知识点进行消化,并且能够拓展学生的知识面。与此同时,与企

业合作,组建感官评定实践小组(包括差别检验小组、不同类别产品的描述性分析的专家评价小组)。除了本课程学生以外,有很多其他学院学生是该实践小组的成员,使得本课程的内容、形式更加丰富,学生知识面也得到很大程度地增扩。

此外,江南大学每两年都会邀请国外感官领域的著名教授及各大企业资深人士,举办感官评定与消费者测试研讨会。这样一方面扩大了知识在学生中的传播和受众;另一方面,这种面对面的沟通和交流也可以直接获悉企业和学术的反馈,帮助我们调整教学内容,使得学生学习氛围更浓郁。此外,通过现代化网络的教学手段,本课程小组提供给学生很多相关网址去查询感官领域的文献资料等,使得他们获取更多最新研究动向。

三、结束语

随着时代的发展,食品感官评定已经形成了一门独立而健全的课程。食品感官评定课程的教学改革与实践证明,学生学习的主动性和积极性被充分调动,教学效果得到改善,教学质量明显提高。由于笔者一直从事食品化学、食品感官相关的科研工作,因此在教学过程中能够较为出色地完成教学任务。但由于上课时间短,教学经验不足,仍有一些遗憾和不满意的地方。例如,授课语速较快,部分学生思维节奏跟不上,导致学生的接受能力降低。因此,在以后的授课过程中应注意控制速度。此外,在之后的教学中,作者会与其他教授该课程的老师们交流,学习他人的教学工作经验,在以后的教学工作中继续改善课程的教学效果,提高教学质量。

(本文选自《科教文汇》2017 年 3 月[下])

"电机与拖动基础"课程教学方法之探讨

方光辉 周睿 钱喆 李国丽

摘 要：在专业基础课"电机与拖动基础"课程的教学中，针对课程特点，通过对比教学、利用实物、板书、多媒体、实验教学、撰写小论文等多种教学形式和手段相结合，同时注重培养学生的创新能力和动手能力，及时将与课程相关的最新技术和应用介绍给学生，收到了很好的教学效果。

关键词：教学形式和手段；多元化；电机与拖动；教学改革

"电机与拖动基础"课程是大学电气工程及自动化和自动化专业的专业基础课程，在整个专业的学习中起着承上启下的作用，学好这门课程对后续专业课程的学习及今后的工作至关重要。但由于教学改革的要求，教学学时大大缩短，而这门课程概念多、公式多、电与磁及机械的交错，使得这门课程成为大学中为数不多的难教难学的课程之一。在校级精品课程的建设中，我们从教学内容、教学方法、教学手段、实验形式等多方面进行了改革和尝试：将科学素质教育和工程素质教育融入课堂教学和实验教学中，根据实际情况自编了先进的多媒体教学课件，采取灵活多样、生动活泼的授课方式，改革实验教学和考核方式，实现了教学形式和手段的多元化，逐步形成了该课程的教学特色，取得了很好的教学效果。

一、课堂教学中利用多种形式相结合，确保教学效果

"电机与拖动基础"课程具有理论较为抽象而对象又十分具体的双重性，针对课程特点，在课堂教学方面我们尝试利用多种形式和手段相结合，以确保最佳教学效果。主要有以下几方面：

（一）紧抓核心，扣牢主题

"电机与拖动基础"这门课其实可分为两大块：一块是电机学，另一块是电机拖动。比较难的是电机学这一块，它包括各种电机的结构、原理、方程式、等值电路及特性等。这一块的教学应紧抓十一个字：电生磁、磁变生电、电磁生力；分别对应这三个定律：安培全电流定律、法拉第电磁感应定律和电磁力定律。所有的电磁电机都可以从这方面来讲原

理。结构和方程式及等值电路等,此外还有铁磁材料的特性,包括高导磁性、磁滞性、饱和行及铁耗等。因此引起非线性和效率等相关问题。这样,在讲原理、结构时利用实物可以收到很好的教学效果。

电力拖动这一部分相比之下难度不大,便于理解。这一块的核心是电力拖动活动方程式、电机起动、电机调速和电机制动。

(二) 采用对比教学,帮助学生理解

不论是直流电机、变压器,还是交流异步及同步机,它们在某些方面有相似之处,在某些方面也有不同之处,采用对比教学可以帮助学生理解和掌握所学内容。如直流电机和交流电机在机械方面相似,都是旋转运动,而变压器是静止的。在基本方程式和等值电路及相量图方面,变压器又与交流异步机极其相似,所不同的是变压器是静止的、无气隙的,其等值电路上的负载可以是电阻、电抗和容抗,而异步机是转子式旋转的、有气隙的,其等值电路上的负载是一个与转速有关的电阻。诸如此类的比较可以贯穿在整个教与学的过程中。

(三) 采用板书教学和多媒体教学相结合的课堂教学方式

板书教学是传统的教学方式,多媒体教学是现代计算机技术的应用,再者各有其自己的优缺点。目前教改中比较流行的是多媒体教学,多媒体教学信息量大,可以展示大量的图片和动画,在电机结构的教学上效果显著。如将直流电机、变压器、交流异步电机、交流同步电机、伺服电机和步进电机等的实物图像制作成课件,包括整机和主要零部件,如定子、转子、铁芯、线圈、机座。再讲解电机原理时,利用这些图像将电机的工作原理通过动画形象地呈现出来,使学生增加感性认识。同时利用多媒体技术将各种电机的实用例子和最新动态及最新技术展示给学生,扩大学生的知识面。但大量的电机教学是从原理到方程式、等值电路等方面的内容,包含大量的公式和公式推导,这些内容用板书效果比多媒体好得多,学生的思维跟着教师的板书教学而动,便于对内容的理解和掌握。因此,在讲一些比较难,比较重要的知识和一些公式的推导时采用板书,可以将知识讲授得更清楚,使学生理解更深。其实,现在大学中大部分学生是喜欢教师用板书教学的,但板书教学对教师及学时设置的要求要高于多媒体教学,它不仅要求教师熟悉所教内容,能够前后贯通旁征博引,而且要求学时量充足,因为大量的板书容易耗去很多的讲课时间,在目前学时大量压缩的情况下比较难以实现。所以在经历了板书和多媒体课件两种单独教学方式的尝试后,我们选择了多媒体和板书教学相结合的方式。

二、将科学素质教育和工程素质教育融入课堂教学和实验教学中

科学素质教育的核心是培养学生的创新精神。传授科学精神、治学方法,培养提高学生的科学素质是根本。而工程素质教育的核心是培养学生对工程实际问题的分析、解决

和动手能力。工程是实践,是科学理论的具体应用。传授工程方法,培养、提高学生的工程素质是目的。"电机与拖动基础"是与工程实际、现实生活联系密切的课程,是为培养电气工程、自动化方面有关系统运行、工程设计、试验分析等领域的宽口径、复合型人才而服务的。尝试将科学素质教育和工程素质教育融入课堂和实验教学中,是培养学生科学研究方法和动手能力的一条有效途径。

(一) 引入工程教学思路,培养适应今后工作要求的人才

所谓工程教学思路是指在分析具体电机时抓住主要问题,忽略次要部分,找出相应的关系后,再将忽略部分的影响考虑进去,这就是各种电机方程实践里的方法。电机学与电工学不同,电工学中是将各种电器产品都抽象为电阻、电感和电容及电源的纯理论课程,而电机学是将具体的各类电机用电工学及相关的理论来分析,包括电、磁和机械等,最后建立相应的方程式和由电阻、电容、电感及电源组成的相应的电路,进行计算和性能分析。因而,为了培养学生的工程素质,我们在课堂教学和实验教学中引入工程教学思路,通过介绍各种电机的物理原理,来建立教学模型和求取方程式、等值电路,让同学了解科学研究的方法,了解继承与创新的关系以及理论知识如何在具体电机中的应用。帮助学生树立理论联系实际的科学观点和提高学生分析问题、解决问题和实际的动手能力。

(二) 充分利用实践环节,提高学生的动手能力

"电机与拖动基础"课程目前总学时是64学时,其中教学54学时,实验10学时,共需完成5个实验,包括直流电动机、变压器、交流电动机等。通过试验环节可以培养学生对实际问题的分析、解决和动手能力。但由于现在的实验装置几乎都是傻瓜式的,连接线是插头式的,电压表、电流表和瓦特表都是数字式的,这对学生接线和读数能力的培养并没多大帮助,所以在订制实验装置时我们要求将数字表换成指针表,事实证明这是很有用的。在每次试验前对学生的要求是充分预习,做好预习报告,并予以检查后方可动手做实验,这样才能保证大部分学生在2小时内安全顺利地完成实验。在实验过程中,老师只指出实验中的错误,让学生自己总结原因并纠正错误,这样的要求对学生帮助也很大。当找出问题并解决时,学生很有成就感。另外我们增加了一个实验考试,老师不作任何讲解,由学生自己接线、查线、解决问题,最后由教师验收结果和检查学生对仪表量程的选择、所有设备的归位等事项,并给出成绩。在实验时很多小组都遇到了一些小问题,通过同组同学的讨论,将问题逐个解决,最后都顺利地完成了实验。很多同学反映"电机与拖动实验"是大学几年中实验课做得最认真、收获最多的一门实验课,通过实验在培养学生动手能力的同时也培养了学生的团队合作精神。

三、建立电机与拖动兴趣小组,由学生写小论文

"兴趣是最好的老师",为培养学生的学习兴趣。老师经常从报纸杂志、电视网络以及

科研中收集一些与本课程相关的科技前沿知识、电机领域的最新技术和最新应用、电机在生活和工厂中应用的实例,如电动车、电梯、磁悬浮列车、变频空调、新能源发电等学生感兴趣的相关话题,在课堂授课时穿插着介绍给学生,既能激发学生的学习积极性,又扩大了学生的知识面。此外,教师要根据教学内容,帮助学生成立电机与拖动兴趣小组,围绕电机与拖动课程的基本规律和相关应用,拟定一些小课题,由学生相互讨论、查找资料、撰写小论文,并组织学生演讲和答辩。通过小论文的写作,培养了学生学习的主动性和积极性,拓宽了知识面,同时也培养了学生理论联系实际及自主学习的能力。

四、结束语

综上所述,"电机与拖动基础"的教学是传统方法与现代手段、工程方法与理论分析、理论教学与实践教学的紧密结合。多年的教学实践证明,采用上述多种方法结合后的这门原本非常难的课程竟然受到学生的喜爱。

(本文选自《分马力电机》2013 年第 4 期)

"现代控制理论"课程教学改革的思考与探索

姜 顺 张相胜 潘 丰

摘 要：以提高教学质量为目标，本文阐述了"现代控制理论"课程的教学改革问题。针对该课程理论性强、内容繁杂、较为抽象等特点，本文从教学内容的优化、教学方法的改进以及考核方式的完善等方面进行了探讨，以期提升教学质量。

关键词：现代控制理论；教学内容；教学方法；考核方式

现代控制理论是在20世纪50年代蓬勃兴起的航天技术推动下发展起来的，它是自动控制理论的重要组成部分。现代控制理论课程是自动化、电气工程等专业的核心课程，它主要研究线性系统状态的运动规律以及改变这种运动规律的可行性及方法，其目的在于建立和揭示隐藏在系统内部的结构、行为、参数及性能之间的定性或定量关系。从宏观而言，现代控制理论主要研究系统分析与系统综合两方面的问题，这门课程的特点是理论性强，用到较多的数理知识，运算量较大，抽象概念和结论较多，内容涉及多个学科的交叉。然而目前大多数理工科高校中该课程的教学学时压缩为32学时。所以在这有限的学时之内，如何甄选恰当的教学内容，改进传统的教学方法，提高教学质量已成为教学改革所面临的一个重要问题。为了有效地解决这一突出问题，我校自动化系控制理论课题组的教师，结合"现代控制理论"课程体系的特点，以创新培养模式和教育理念为指导，不断探索与总结教学经验，近几年在教学内容的优化、教学方法的改进以及考核方式的完善等方面做了一系列有益尝试与拓新，取得了令人满意的教学效果。

一、优化教学内容 突出教学重点

在仅有的32课时授课限制下，任课教师要想将教材内容完整无缺地、极其细致地灌输给学生，那是很难做到的。而且即便勉强能够把所有内容讲完，可能也会出现"欲速则不达"的后果。因此教师必须按照"高等学校自动化专业教学指导分委员会"制定的教学大纲要求，精选教学内容，强调基本理论，突出教学重点，才能达到预期的教学目的。针对"现代控制理论"课程体系的特点，我系教师在充分讨论和调研的基础上将教学内容划分为三大块，即系统建模、系统分析、系统综合，这种分块方法符合人们解决工程问题的一般程序。"现代控制理论"这门课程理论性、运算繁杂，学生容易对该课程产生恐惧心理和厌学情绪。这就需要任课教师在讲授这门课程的主体内容之前,认真准备一次内容充实、脉络清晰的绪论课。在绪论部分教师需要讲授现代控制理论的发展过程、研究内容、应用领域以及它与经典控制理论的联系,这样能够使学生对该课程的结构与内容有一个全局的把握,从而激发学生的学习兴趣。在讲授系统建模部分,教师需要对这一部分内容进行"削枝强干",重点讲解状态、状态空间、状态方程与输出方程几个概念。在理论方面重点讲述状态空间表达式的建立方法,三种建模方法当中根据机理建模和根据微分方程建模是讲解的重点。

为了体现现代控制理论课程的实用性,教师可以针对不同的专业选择不同的例子进行讲解。例如,如果授课对象是自动化专业的学生,教师可以选择车载倒立摆系统作为建模的例子进行讲解;如果学生是近电气类专业的学生,则可将机电系统作为建模的对象进行讲解。这主要是充分考虑到学生的专业特点和知识体系,尽量选择学生所熟悉的系统作为建模对象,这样一方面可以降低课程的难度、便于学生把握,另一方面也能够体现该课程的实用性,激发学生的学习热情。对于系统分析部分,它是现代控制理论课程的难点,这是由于该部分理论性强,用到较多的线性代数、微分/差分方程、矩阵论以及复变函数与积分变换等基础课的知识。为此教师在精简教学内容的同时,备课时必须要做好知识"回炉"的准备,有些复杂的数理基础知识要安排学生课下复习,讲课时可以以随时提问的方式引导学生思考。对于系统分析这一难点部分,可以按教材章节体系细化为运动方程求解、能控性与能观性、稳定性三个方面讲授。这一部分的讲述最好按照由特殊到一般的原则进行,例如在讲解运动方程的求解问题时,首先重点讲解连续时间线性定常齐次方程的求解,其核心放在矩阵指数函数计算这一问题上,齐次方程的求解方法掌握后,再逐步过渡到非齐次方程的求解;在讲解能控性与能观性判别问题时,也是先讲连续时间定常系统的判据,再过渡到离散时间系统的判据;稳定性问题先讲连续时间线性定常自治系统的稳定性判据,再过渡到一般线性系统的 Lya-punov 稳定性判据。

在授课内容的详略安排上,要将主要精力放到连续/离散时间线性定常系统的分析问题上,而对时变系统和非线性系统的分析方法则可以略讲。只有这样将理论性强的内容化整为零、各个击破,同时针对各部分内容抓大放小、突出重点,才能使学生更深刻、透彻地理解课本主体内容。从哲学的观点而言,系统分析属于系统认识的范畴,而系统综合则为改造系统的范畴。在讲授系统综合问题时一定要向学生强调系统分析与系统综合两者之间的"前呼后应"对照关系。对于系统综合问题的讲授重点应放在极配置、观测器设计以及线性二次型最优控制几个经典问题上,而对于系统解耦、渐近跟踪的问题则可略讲。总之,在优化教学内容的同时,教师必须抓住课程的重点,使学生掌握必要的基础知识和重点内容,学时的压缩不能以削弱教学内容为代价,而应该突出重点难点问题,使学生更为系统地掌握更多的基本知识和基本理论,从而为创造性思维的培养打下扎实的专业基础。

二、改进教学方法 提高教学质量

教学方法是任课教师为了完成教学任务,传授与学习教学内容所用的基本手段与途径,这其中包括教师讲授的方法和学生学习的方法。当教学内容和教学目标确定之后,教学方法是否得当,对教学效果起到举足轻重的作用。由于现代控制理论课程的概念较为抽象、内容极为丰富,所以对其教学方法有很高要求。改进教学方法,进而提高教学质量,是本课程改革的重中之重。我系控制理论课题组的教师在该课程的教学过程中,灵活选择流图法、案例法、讨论法等教学方法,努力提高教学质量。

(一)流图法教学

在讲授课程的绪论部分时,首先将"现代控制理论"课程各章之间的逻辑关系用一个框图罗列出来,并在图中用不同颜色的文字将各章的重点、难点以及学习的先后次序详细地标出来,这样有利于学生在大脑中建立起这门课程的大致框架,从而对课程的总体内容有一个粗线条的把握,有助于学生快速入门。

(二)案例法教学

这种教学方法是20世纪初美国哈佛大学工商管理学院提出的,它主要是通过对经典案例的分析进行教学的方法,在教学过程中通过组织学生讨论一些具有典型意义的案例,并针对案例提出有效的问题解决方法,从而使学生掌握有关的专业知识与基本理论。现代控制理论具有理论性与实践性并重的特点,它与工程实际问题和社会经济问题有着密切的联系。现实生活中有很多问题都可以借助现代控制理论的知识来解释,这些问题都可以作为教学案例。

(三)讨论法教学

讨论法又称为"辩论法",是授课教师引导学生围绕某一问题在课堂上或小组里各抒己见、互相争辩的教学方法。"现代控制理论"课程有很多抽象的概念,这些概念大多是以纯数学的方式引入的,很多时候老师需要引导学生去"咬文嚼字",并提出一些非常相近的概念,让学生参与讨论并分析这些概念的异同。

三、完善考核方式 调整评价体系

对学生学习成绩的评价,不仅可以作为检查学生是否掌握课程内容的手段,也可以作为任课老师教学效果的一种反馈机制。教师应该把课程考核当成调动教与学双方积极性的有效手段,而不能把它作为对学生施压的途径。采用合理的课程考核方法,不但有助于调动学生学习的主动性,而且也有利于老师及时改良教学方法,提高教学质量。"现代控制理论"是理论性较强的课程,因此书面命题应重点考查学生对基本概念的理解和基本理论的应用。同时该课程的许多知识点又颇具应用性,所以仅用试卷的方式考核难以全面准确地反映学生分析与解决问题的能力。因此,更为恰当的考核方式应该是将期末的书面考试与平时课堂表现、实验成绩以及创新性设计成绩相结合。为此,我系将最终总评成绩改革为"平时成绩+实验成绩+期末成绩+创新性设计考核"的模块化分级积分。该课程的考核总评成绩最高为100分,其中:平时成绩30分(出勤与课堂表现10分,课后作业20分);实验成绩20分(利用Matlab编程完成实验设计10分,实验报告10分);期末试卷考试成绩50分;在总评成绩不超过100分的情况下,利用现代控制理论进行创新性设计并撰写书面报告者可加创新成绩10分。

在过去的几年中,针对现代控制理论教学改革中教学内容的优化、教学方法的改进以及考核方式的完善等方面,我系控制理论课题组的教师进行了一系列的努力与探索。从教学效果来看,这些方面的改革激发了学生的学习热情,增强了学生自主学习的动力,培养了学生的实践能力与创新能力,教学质量得到了很大提升。但是在教学改革实践过程中,也遇到了很多新问题,这就要求我们任课教师要不断研究教学方法、探索教学规律,为持续提高教学质量贡献力量。

(本文选自《教育教学论坛》2015年第41期)

第二部分

教学模式与方法

开展"启拓教学" 提升思政课质量

徐玉生 蔡 瑶

摘 要:"启拓教学"以问题导向、学生互动、思想引领、组合优化为教学理念,实现思路突破攻坚。打造梯队式教学团队,实行"首席专家制—主讲教师制—责任助教制"的教学梯队模式。结合专题特点进行研究型备课和"刨根问底"是不断提高教学质量和水平的长效机制。

关键词:启拓教学;师资攻坚;教材攻坚;教法攻坚;机制攻坚

打赢提高高校思想政治理论课质量和水平的攻坚战,应从"思路、师资、教材、教法、机制"五个方面进行整体设计。江南大学开展思政课"启拓教学",以"问题导向、学生互动、思想引领、组合优化"为教学理念实现思路突破攻坚,以打造协同研究型教学团队实现师资优化攻坚,以整体性重构教学内容实现教材使用攻坚,以自主增能的立体化教学实现教法创新攻坚,以过程优化和项目支撑的教学管理实现机制保障攻坚。"启拓教学"有效提高了大学生对思政课的喜爱程度,是建设"学生喜爱、终生受益"思政课的成功探索。

"启拓教学"是江南大学在长期进行专题教学改革的基础上,基于整体性教学设计和教学理念创新,于2015年推行的一项教学改革,它汲取了专题教学已经取得的成果和经验,打破章节的束缚,把教学内容按照其内在关系组合成相互独立的专题进行授课;克服了专题教学中普遍存在"按章分工,教师轮换"的碎片化困境。"启拓"寓意启发和拓展学生自主学习的积极性和理性思考分析国情和社会现实问题的能力,目标是真正实现高校思想政治理论课教育"入脑入心"。江南大学在长期进行专题教学探索和研究的基础上推行"启拓教学"改革,选择"毛泽东思想和中国特色社会主义理论体系概论"(以下简称"概论")为试点课程,已经持续进行了两个学年,相关的教学改革实践为打赢"五大攻坚"战提供了有益借鉴。

一、思路攻坚:坚持以价值塑造和信仰培育为核心的整体性教学理念

高校思想政治理论课是思想政治教育的主阵地,既有一般性课程"知识传授"的功能,更有服务于"立德树人"的根本任务。因此,高校思想政治理论课的教学理念应立足于培养中国特色社会主义的合格建设者和可靠接班人,在教学内容中把握马克思主义最精华最精髓的立场、观点和方法,而不是在知识点上求全责备;在教学方法中要有效调动学生

的主体性,实现马克思主义立场、观点和方法内化于心、外化于行;在教师团队中要发挥协作优势,形成队伍优化的整体效应。通过这些整体性教学设计,最终实现价值塑造和信仰培育,增强大学生对中国特色社会主义的道路自信、理论自信、制度自信和文化自信。教学的整体性由马克思主义理论内在的整体性品格所决定,不仅体现为整个思想政治理论课程体系的完整和协调,也贯穿各门课程教学始终。整体性教学设计的关键在于坚持以价值塑造和信仰培育为核心的教学理念,进行"思路攻坚"。

首先,对教学内容进行整体性重构,实现教材体系向教学体系转化。教学本身就是一个教师对教材内容进行重构的过程,思政课教学的实质是将既定课程内容作为"法定知识",在保证思想性和政治性前提下转化为有效的"师定课程"。作为价值观载体的既定课程目标和内容如何切入课堂教学的实际过程,且嵌入学生内在观念结构,是实现思想政治理论课教学"内化于心,外化于形"的关键环节。众所周知,目前我国高校思想政治理论课程原则明确,主旨清晰,但结构复杂且内容较多,就教材内容和教学时间的配比而言,在实际教学中对教材所涉及的内容进行完全无漏的知识点讲授和传递几乎是不可能的,在教学实践中,应预先对教学内容进行整体性提炼、分解和整合,避免重构过程中关键知识和价值的遗漏和损耗,防止学生出现碎片式理解。

其次,对教学方法上进行整体性统筹,尊重学生主体性和调动学生自主性。学生的感知系统和认知系统在整个教育场域中的打开程度和接纳程度,取决于教师对整个场域时间和空间的立体把控。高校思政课是指向"知识—理论—能力—价值"多维度教学目标的理论课程,教学过程中对学生学习系统的调动也是"知—情—意"多方面的,其难度甚至高于其他专业课。专题教学作为总教学法解决了教材与教学的对接问题,但还需进行教学过程的整体统筹和教学方法的立体式组合,这往往也是专题教学中常常因为兼顾形式而被忽略的地方。通过将统筹教学方法贯穿教学过程,形成思政课教学的专业教育方法,带动学生的全程参与和主动思考,从学生排斥的教条式灌输转变为以针对性和亲和力为基础的内化自觉。

再次,对教师队伍进行整体性优化,实现师资团队的优势互补和整合效应。大学教师因不同学术背景和语言风格形成课堂教学的独特教育资源,但也由于术业专攻和思政课"通识"的矛盾,导致教学效果呈现"边际递减效应"。专题教学虽然一定程度上有利于将教师个性风格发挥到极致,但由于缺乏整体性的设计,让学生有"老师走场"的观感,使学生产生对思政课的理解碎片化。因此,教师队伍整体性优化关键在于将教师团队集体智慧和教师个体特点结合,既保证教学传递的原则性和统一性,又实现特色化教学,实现优势互补和整体效果最大化。

二、师资攻坚:打造协同创新和教研相长的教学团队

高校思政课程涉及学科众多、内容广泛,要求每位教师把涉及每个知识点的那桶水都装得满满的,显然不现实,术有专攻才能达至上乘。"启拓教学"打造梯队式教学团队,实行"首席专家制—主讲教师制—责任助教制"的教学梯队模式,具体形式如下:

课程首席专家对该课程的教学负全面责任,包括召开集体备课、梳理从学生中收集的反映和问题、对专题主讲教师的教案课件进行全面审核和协调等;专题主讲教师对本专题教学负责并组织本专题的教学研究,深入挖掘专题的理论和价值,负责班级授课;设置责任助教制度,助教常驻一个教学班,跟踪整个学期的学习纪律和作业反馈,从而分担教师的大班级授课管理事务和压力,提高教师备课和授课的效率,也将教学纪律管理常规化和制度化。整个教学团队形成按期集体备课的制度,加强团队教学信息的及时沟通,保证彼此授课内容的联系和课程衔接的自然。值得一提的是,教学资源的共享对于"启拓教学"也是十分重要的,"启拓教学"改革的初衷也是希望能够发挥教学团队优势的效果最优化。尽管每位教师深入研究的专题不尽相同,但可在不影响大家教学情况下加强互通和资源的共享。

教学与研究的结合是教师整体优化的关键,结合专题特点进行研究型备课和"刨根问底"是不断提高教学质量和水平的长效机制。教师在课堂上的"自信、自如、自由"来源于对教学内容的熟悉和把握,而高校思政理论课深入浅出的"理论思维"特点也要求教师首先对理论有学术功底。现在的学生有着强烈的求知欲,关键在于"理论只要说服人,就能掌握群众;而理论只要彻底,就能说服人"。教师通过加强自身的科研来加深对教学内容的理解,是能否把"一桶水"装满再浓缩成"一滴水"的决定要素,也是教师能否用理论本身的力量说服学生、教育学生的关键。"启拓教学"培育和鼓励相应的教学研究和专题研究,就是要求教师把那"一桶水"装得满满的,转化为"一滴水"的输出,授课中举重若轻,深入浅出,挥洒自如,时而如涌泉,时而似甘霖。

三、教材攻坚:以针对问题和切合实际为导向的整体性内容重构

"启拓教学"延续专题化形式,由若干位教师共同完成一门课程的教学任务,但对于教材内容的使用要预先进行整体性设计,把该课程的知识体系重新梳理,"既依据教材,又脱离教材,最后回归教材",以现实核心问题和理论关键点为线索,运用最鲜活的材料,抓住必要的和"管用的"知识点,回答最紧要的学生关切和理论困惑,再归纳整理为各个独立教学模块,并共同聚焦和回应理论精髓、核心价值和信仰体系。

从整体上进行内容设计,首先要提炼出根本的和原则性的"信仰体系",再指导教材体系向教学体系转化,最后实现教学体系向学生信仰体系的内化。而这两次转化的关键在于课程组对教学内容的整体设计和控制。就"概论"课而言,整体性设计的优势在于提炼和凝练出核心主题和主要内容,并进行分解和解答,实现"教材体系逻辑"向"教学问题逻辑"的转化,最终实现向"信仰体系"的内化。在"启拓教学"改革实践中,"概论"课在原有教材体系上重组为14个教学模块,每个模块并不与章节对应,而是由课程组共同讨论提炼每一模块要解决的核心问题。教学中,一方面教师要围绕核心问题提领理论要点、厘清教学思路、设计教学方案,另一方面要将核心问题在教学开始前就布置给学生,要求学生在相关模块授课前进行自主性学习,在深入思考的基础上完成小论文或小课件。授课教

师在课前浏览学生的解答以了解学生的视角和认识,这样就可以有针对性地对每个班级和不同专业的学生进行教学。

四、教法攻坚:以自主学习和思维拓展为基础的自主增能立体化教学

"启拓教学"将教学过程设计作为与教学内容设计并重的两个突破点,启发学生自主学习的意识和拓展学生主动思考的能力。"启拓教学"改革的"自主性"突破难点在于思政课如何改变学生"听讲"习惯,通过增强课堂教学的"在场感"和"带入感",让学生体验到真实的"获得感"和"升华感"。从"知—情—意—行"着手,各具风格的思政课专题教学也能形成高效且可推广的立体式教学方法。

在认知和思维层面,回应学生对现实问题的现有思考和疑问,辩证分析和看待历史人物和事件,通过设计多样的互动形式,让学生习得历史思维和逻辑思维相融合的思维习惯,开拓学生的思路和视角,把握国家宏观战略。在情感和意志层面,通过精选视频和其他资料,找到情感共鸣点,引导学生从情绪到情感再到情操的过渡,尤其是针对青年学生展开历史情境回溯,调动家国情怀和挖掘现实正能量,使信仰落实在认知和认同的基础上。在实践和行动层面,通过实践教学环节的多样化设计,如教师指导学生进行实地调查撰写调查报告、学生以小组形式完成微视频的录制,培养学生用自己的视角和话语表达对国家社会的关注。

如上所述,把握每个模块的"核心问题"是教材攻坚的关键。实际上也为教法攻坚奠定了基础,由核心问题引入,从而帮助学生从"是什么"的政治灌输式学习转化为回答学生最关切的"为什么"的问题,使学生从思维到观念不断增强对中国特色社会主义的道路自信、理论自信、制度自信和文化自信。总之,力求从每一个新颖的、能被学生乐于接受的场景、语言等载体为切入点,抓住学生的关切点和求知欲,谆谆诱导提升亲和力,层层深入增强"针对性",从而达至"学生喜爱、终生受益"的目标。

五、机制攻坚:以过程优化和项目支持为保障的教学管理

过程是结果的保证,"教学质量和水平提高"的结果是一定的教学过程的产物。"启拓教学"强调从排课、备课、授课、课后的全过程管理,江南大学给予全方位支持。在教务管理上,从学校至学院的各层教务部门,都优先对"启拓教学"班级进行排课,集中安排在每周的1—2天,对教师轮转授课予以便利。学校对教学过程进行全程录像,并将录像提供给教师本人和课程组首席专家,对教学过程进行剖析、优化。同时,注重开发和改进网络教学平台,为教学资源共享、互动答疑、无纸化考核和期末考评提供技术支持。

学校以"大思政"的方向,扩大"启拓教学"影响力和辐射力,通过跟进"微课"制作培育网络慕课,开发高校思政类校园脱口秀系列活动"宝哥说",拓展思政课的第二课堂。正是由于学校和学院层面的支持配合,才使得"启拓教学"对过程的控制真正转化为教学质量

的提高,即为了提高课程"含金量",把教师的"一桶水"装满。

　　江南大学长期支持课程组的教学改革和创新,以不间断的课题立项方式给予课程组研究经费支持,通过课题立项,实现教学团队和科研团队的结合,督促教学实践和科研成果的相互转化,推动课题升级和课题延展。

(本文选自《中国高等教育》2017 年第 17 期)

"慕课"视阈下思想政治理论课教学范式变革探究

侯 勇 饶启慧

摘 要："慕课"的广泛传播与应用给思想政治理论课教学范式变革带来了机遇：推进教学空间"线下在场"与"线上缺场"的有机结合；助推教学方式由传统单向灌输教化向新媒体交互式转变；彰显教学主体单位行动的意义建构；实现教学模式的个性化建构。但同时也面临着教学内容意识形态风险增加、教学活动实效受到减损、学习主体遭遇负面效应、教师主体角色扮演式微等现代性挑战。在分析"慕课"解构与重构的双重现代性作用基础上，提出"慕课"视阈下深化高校思想政治理论课教学改革的三点启示和四点具体对策建议。

关键词：慕课；思想政治理论课；教学范式

　　随着信息技术在教育领域的快速发展与应用，"慕课"（Massive Open Online Course）教学模式备受关注。特别是 2014 年在清华、复旦等高校推进示范及武汉大学等慕课课程上线，逐步在我国高校思想政治教育领域掀起一股"慕课"教学改革转型：教师主体知识传授者角色向"慕课"课堂学习指导者角色转变；学习主体由被动接受者向主动研究者转变；教学形式由课堂讲授形式向课前学习形式转变；教学理念由知识传授向问题探究转变；评价方式由传统纸质测试向多样化形式转变。在理论研究方面，对"慕课"的评价也引起了诸多讨论，主要存在三种态度：一种是以怀疑批判的抵触态度对待"慕课"；一种是等待观望的"骑墙"态度对待慕课；一种是以开放创新的态度对待慕课。2016 年在全国高校思想政治工作会议上，习总书记强调："要运用新媒体新技术使工作活起来，推动思想政治工作传统优势同信息技术高度融合，增强时代感和吸引力。"如何以理性客观的态度省思慕课对高校思想政治理论课教学范式带来的双重现代性后果，反思"慕课热"背景下高校思想政治理论课教学实效的逻辑进路与优化路径成为应有之义。

一、"慕课"深化思想政治理论课教学范式改革

　　范式是托马斯·库恩在《科学革命的结构》中用来描述科学共同体所认同和采用的研究范型和模式。思想政治理论课教学范式是教学共同体成员在思想政治理论课教学活动

中所认同和采用的涉及课程性质、教学目标、教学内容、教学方式、教学载体、教学关系等方面的共同的模式与范型。新媒体时代"慕课"的广泛传播与应用给高校思想政治理论课教学范式变革带来机遇。

（一）推进教学空间"线下在场"与"线上缺场"的有机结合

传统的思想政治理论课教学手段主要集中在教师课堂讲解及板书、幻灯片的播放，在师生实时共享、情感交互等问题上仍然有待进一步实现突破；在教学空间上思想政治理论课要实现网络化、国际化，必须要有与之相匹配的科学技术，而"慕课"为这些问题的解决提供了可能。互联网、人工智能、多媒体信息技术的快速发展，为大规模的思想政治理论课教学提供了可能。教学对象通过电脑、手机等互联网终端访问就可以随时随地参与"慕课"学习，加入课程讨论组和"微信"等新媒体平台，既继承了传统大学课堂教育的优势，又突破了网络教育的局限。授课教师可以通过在线教育，根据学生特点将知识点进行模块设计，通过观看教学视频、阶段测试、作业批改、师生交流、网络互动等模块，及时了解学生的思想状况、学习状况，对学生的疑惑点进行指导，根据学生的反馈对接下来的教学计划进行再调整，真正将"线下在场"教育与"网络缺场"教育有机结合，提高教学实效。

（二）助推教学方式由传统单向灌输教化向新媒体交互式转变

目前大学生思想政治理论课教学方式主要表现为传统的讲授式、大班制的课堂教学。在这样一种大规模授课模式下，仍然是教师单向教学、话语灌输和知识灌输，缺少师生、生生之间的交流互动。基于互联网、大数据以及多媒体信息技术处理的"慕课"教学，为实现教师与学生之间的交互提供了可能。教学主体之间可以通过分段式观看教学视频、阶段性小测验、即时网上辅导反馈、网上提交和批改作业、网上社区讨论等基本教学环节活动，实现从单向传播的教师主体为中心的学习模式到以建构主义、关联主义和移动学习为中心的学习模式的转变。"大学生在'自主学习、网络互动、进阶闯关、小组讨论、大课堂直播互动、课程征文、课程大赛、跨校师生大PK'等系列教学环节中，提升课程学习的主动性和积极性，从'要我学'转变为'我要学'。"慕课的交互式、个性化特点能够使以"学"为本的教学价值取向借助于信息化、网络化形式使师生之间、学生之间开放和自由的互动成为常态。思想政治理论课教师可以通过知识筛选和引导推送，通过微信公众平台、朋友圈、消息推送等功能快速发送语音、视频、图片和文字，渗透主流价值观教育，随时随地与教育对象进行互动，实现交互性教学，有利于提升教学针对性和实效性。

（三）彰显教学主体单位行动的意义建构

"单位行动"是帕森斯分析人类行动主客观因素及同社会结构复杂性关系时提出来的重要范畴，包括行动者、行动目标、行动情境、行动规范等要素结构。人的行动包含"意义"并把人在行动中所贯穿的"意义"当作解决行动本身问题的关键。当下高校思想政治理论课教学空间的主力军大都是刚入校几年的"青椒"群体，面临着站好讲台、发表论文、申请项目、职称评聘、建立家庭等多方面任务,在繁重的教学、科研、生活压力下存在着"教学一线蓝领"或"老黄牛式"自我调侃和自嘲。而资本逻辑、功利主义思潮影响下的大学生群体也因为课程设置、职业规划、个人偏好等因素导致存在"无奈、无用、无趣"的"三无"极化情绪。面对这样的教学空间主体性存在特点,基于建构主义理论基础上的"慕课"教学模式就从教育者与受教育者角度解决了主体互动和实现意义追求。从行动者角度来看,慕课强调学生是知识意义的主动建构者,教师是学生建构知识与价值观的积极帮助者和引导者,教材是学习者主动建构意义的对象。从行动情境来看,媒体是用来创设情境、协作互动的认知工具。建立在新媒体技术基础上的"慕课"教学模式使教学行动在系统内部变成组织化和结构化运作机制,通过象征性文字和媒介信息沟通,改变"教师难上,学生难受""教师教得辛苦,学生学得痛苦"的状态,推进思想政治理论课教学共同体构成从"行动"到"秩序"的连续体,有利于发挥"目标达成""适应""整合"和"潜在模式维持"的系统功能。

（四）实现教学模式的个性化建构

"慕课"的即时性、交互性、时空无阻化为个性化教学模式提供了可能。第一,"慕课"超越了时间和空间的限制,具有求知欲望的学生只要具备网络媒介条件,就可以根据自身需求自主选择课程,通过视频观看、自主阅读、专题练习、网上互动等方面完成教学与自我教育。第二,大学生也可以打破传统的教学环境,根据自己的爱好和能力自由选择学习进度,随时随地进行在线学习,特别是"慕课"平台实现"教"与"学"、"学"与"学"的网络即时互动,使学习者体验到学习的乐趣,更加自由自主有效率地开展学习活动,增强学习的主动性,提升教学实效性。第三,"慕课"实现"一对一"个性化教学变革。传统教学过程中,教师要照顾绝大多数学生水平与反应程度,因而事实上对优等生而言,教学内容中只有部分内容是值得听的,无形当中会浪费一部分人的时间。而"慕课"课程空间,教师可以全方位了解每个学生的学习情况,可以根据学生的特点、时间、地点等个性化特点进行针对性教学与互动,从而提升教学的主体性和实效性。

二、"慕课"致使高校思想政治理论课教学遭遇现代性挑战

（一）教学内容增加意识形态风险

一方面,"慕课"课程为西方文化渗透和价值观输出提供了良好的平台。"慕课"教学平台在商业资本运行的介入与推动下,西方政治、经济、法律、哲学、宗教等人文社科类在线课程通过有吸引力的内容、免费教育手段实行文化渗透,意识形态不确定性增加。以人文社科为例,国外"慕课"课程中的人文类课程所承载的西方价值观与我国教育倡导的价值观有冲突对立,容易消解国家主流意识形态和价值观念的自觉认同和道路自信。另一方面,警惕"慕课"带来的"信息茧房效应"。意识形态斗争新形势下,西方社会对大学生思想观念所造成的影响不再仅仅局限于通过掌握某一阵地来实现,而更多的是通过争夺话题议程设置的优先权来实现。"网络舆情是影响思想政治理论课的主要环境变量。它以网络政治领袖、名

人微博、网络论坛、人际传播和网络娱乐等方式直接影响思想政治理论课的四门主干课程的内容。"新媒体影响力不仅给高校思想政治理论课教学带来挑战，而且也使大学生意识形态安全成为自媒体时代的重要课题。大学生的人生阅历、社会关系以及思想状况存在多元化的特点，其心智、思想、为人处世的能力、思考问题的角度和深度相对较弱。当西方文化借助科技优势，信息传播呈现为碎片化语境，大学生在面对"慕课"带来的海量繁杂教学信息和知识材料时，倾向于根据自己的兴趣来选择知识信息，从而将自己束缚在蚕茧般的信息茧房中。特别是大学生在直面"慕课"所潜隐的意识形态话语体系侵袭时，容易产生解构主流意识形态话语正能量的后果，弱化社会主义核心价值观的传播与践行。

（二）教学活动实效受到减损

思想政治理论课教育教学是对大学生群体进行思想政治教育的主渠道、主战线和主阵地，思想政治理论课教学课堂成为信息化社会在高校场域的一个公共空间和存在方式。传统的思想政治理论课教学主要是以教师和实体课堂为主，实行大班授课，采取标准化、批量化、模式化的教学模式，大规模授课与个性化指导之间的矛盾、教师灌输与学生自主学习的冲突，影响教学实效。信息化社会中大学生可以借助博客、维基、开发资源软件等技术手段，充分实现信息聚合。"慕课"利用网络虚拟空间和信息移动技术实现即时性、交互性学习，解决了传统课堂组织形式的大规模学习与个性差异化矛盾，"翻转式"课堂将使"家里蹲"和"终身性"学习成为现实。但在"慕课"教学过程中教师主要承担指导者角色，是课程的引路人，对于教学内容则由学生在自主学习创新中来丰富，那么则很有可能出现教学路线与既定目标出现偏差的情况。特别是在当前大学生大都带着自己的利益目标去参与到课程内容的设计中，更加关注学分获取和就业成功，而少关注思想政治理论课的政治社会化、理性精神和政治认同等意义，教学内容很可能出现与思想政治理论课内容所传达的不相符合的世界观、人生观、价值观，很难实现思想政治理论课的育人初衷。

（三）学习主体遭遇负面效应

一是学习主体的浅层化学习。"慕课"所呈现的即时性、移动化、碎片化、开放性特点正在成为大学生新生代群体明显特征，他们将坐车、等人、休闲等零星时间利用起来，通过移动网络、智能终端获取知识信息，在很大程度上突破了原有的教育局限。学习者可以在短时间内根据自己的需求完成一定的课时，获得相应的学分、证书，十分方便快捷。但同时，也给学习主体带来"浅层化"学习、"碎片化"知识等不良后果。特别是思想政治理论课是一门育人课程，是一种长期性的潜移默化的课程，并不是说仅仅通过上课考核这样的可以量化的过程就可以达到育人目的。二是容易导致学习主体产生浮躁心态。"慕课"所传达的这种快节奏的学习方式很容易导致大学生浮躁的学习心态，不能静下心来认真读书。特别是"慕课"推出课程学分与就业紧密结合，对一些"实用主义"课程与市场经济紧密相连的课程青睐有加，而对培育世界观、人生观、价值观的思想政治理论课乃至人文社会科学课程带来严重后果，或者说有可能将实践性不强、不能收到立竿见影效果的课程打入冷宫。三是容易加剧"喧嚣的孤独"现象。大学生愈来愈热衷于微信、微博等新媒体平台进行交流、获取知识信息，不少人日渐依赖网络与手机，"在场"的面对面交流逐渐被"缺场"的人机互动所替代，缺乏彼此之间真正意义上的交流与互动，"读屏时代"喧嚣的孤独由此产生，交流障碍与网络成瘾得以流行与蔓延。四是加大学习主体的电子产品依赖症。大学生对于手机、平板等电子产品的依赖程度与日俱增，而"慕课"人机交互学习方式无疑会加剧这种电子依赖症，课堂上用手机玩游戏、看电影、微信聊天或者查资料等，"线上"用电脑、手机上网学习"慕课"内容，进一步加重了大学"低头族"现象，加剧电子产品依赖症。

（四）教师主体育人角色式微

在高校思想政治理论教学中，现代化技术的运用在一定程度上将教育教学活动变得更加立体，"现代性的降临，通过对'缺场'的各种其他要素的孕育，日益把空间从地点分离了出来，从位置上看，远离了任何给定的面对面的互动情势"，信息技术的过度依赖给教师对教学资源的创造性开发、课堂教学的协调等角色扮演带来一定程度的弱化。一是影响教师主体角色权威。"慕课"使教育场域从传统的"讲台空间"向"线下空间"变换，教师角色从思想理论讲授者角色向思想难题的"解疑释惑者"角色转换，教师不再是"俯视"而是以"平视"的角色对待学生。在传统的思想政治理论课教学中，教师扮演的课程组织者、讲授者是以课堂为中心、以教材为中心、以教师为中心的主体角色。而在"后喻文化"时代下，"慕课"教学中更加放大了师生教育者与受教育者角色关系的调整，教育者与受教育者之间不再是传统简单的教与学关系，而是教育者与受教育者之间教与学、学与学之间的"双主体"互动关系，教育者也要向受教育者学习，同时大部分教师需要从教育者角色向辅导者角色、学习者转变。二是教师群体内部形成"明星教师"和"普通教师"的分化。"'慕课'教学形式下，思政课的教学只是由少数'明星'教师担任主讲，其他的教师（包括教授、副教授、讲师、助教）都成为主讲教师的助手。这不仅对主讲教师来说会带来不必要的压力和麻烦，更不利于其他教师的正常发展和成长。"由于众多学生被吸引到"名师"的大课堂中，只需要少数明星老师就可以讲遍天下，而对那些长于科研、短于教学的教师无疑会带来"无学生可教、无学生可讲"的窘境，长此以往，学科队伍人才流失，学科发展后劲不足。三是对教师素养提出新要求。慕课是网络技术与多媒体相结合发展到较高程度的产物，从课程的开发到运行，教学内容从单向确定向多向不确定的状态转变，不仅需要教师具有相当扎实的专业知识和信息素养，而且需要有优秀的组织和协调能力。教师在进行教学设计的同时，还必须面对复杂的技术难题，还要根据社会发展热点难点问题进行现实回应与解题分析，否则会影响教师角色学习与角色扮演。

三、"慕课"对深化高校思想政治理论课教学改革的启示

（一）以问题逻辑为导向建构新型课堂教学体系

建构新型的课堂教学体系，关键在于从"教什么"到"怎么教"的教学观的转变，与新的

课程观相呼应,打破原有的教师主导式、书本知识灌输式教学,建立以问题逻辑为导向的教学体系。教师应不断夯实自己的理论基础,高度重视理论基础是学习和掌握高校思想政治理论课思想性、政治性的要求,并在此基础上形成教学逻辑体系,将书本知识点设置为层层递进具有逻辑性的问题。根据问题的设置将教材设计成若干部分或模块进行教学,通过问题的设置培养学生自主思考问题、提出问题的能力。以"慕课"化时代的"翻转课堂"为例,学生在课前通过各种途径完成自主学习,通过教师在课堂针对疑难点的启发与讲解,师生在课堂上将主要围绕学生自主学习过程中遇到的问题进行进一步的解答和探讨,突破了传统的填鸭式教学,实现了教师指导下以学生为中心的新型学习模式,学生实现了由被动的接受者向知识体系自主建构者的转变。

(二)以主体互动为关键构建主体间性教学体系

主体间性理论将教师和学生视为两个相互独立的主体,是共生共存的,缺少任何一方都形成不了主体间性关系。以往的思想政治理论课教学中,教师主体的话语霸权、教化形式会在潜意识地呈现出"灌输式""填鸭式"教学关系。而"慕课"教学模式强调建立主体间性教学的师生关系,教师与学生是站在同等地位上进行对话和交流。教师和学生就像是媒体设备的两端,教师不会试图操控学生,将自己的意志强加给学生,更多的是给学生以自由空间,尊重学生的主观能动性,了解学生的想法。学生不再处于被压制状态,从而在学习和生活中感受到自身存在的价值。这样一种建立在师生主体互动基础上的教学体系,更能让师生双方全身心地参与到教学活动中来。教师能够更加清楚地了解学生的行为习惯、思想特点,适当调整教材的选取,因材施教,最大化地发掘学生的优点,同时学生在自主思考、创新的同时也会给教师带来思想上的碰撞,在动态教学体系中,师生关系得以建构与发展。

(三)以资源开放共享为基础提升学生自主学习能力

思想政治教育者与受教育者之间交往活动经历"支配性的交互主体性、片面性的交互主体性和普遍性的交互主体性发展阶段",特别是在普遍性的交互主体活动发展状态下,教育者与教育对象都是公共空间交互活动的主体。"慕课"是一个在互联网空间可以免费学习大量课程的平台,涉及学生主体面广量大,学习者可以根据自己的需求和兴趣点选择相应的课程自主学习。"慕课"资源的开放共享给学习者提供了更多认识外界、积累知识的途径,其中的名校优质教学课程更是吸引众多学习者参与其中。将"慕课"资源的开放共享特点引入思想政治理论课教学中,要以资源开发共享为基础,通过建立网络教学资源库、新媒体互动平台和在线学习平台,推动师生之间知识传播、信息互动、思想交流的开放性。学生可以及时将自己的观点反馈给教师,教师同时可以接受其他学习者的评价,引领学生进入学习渠道,实现师生、生生之间的信息交流与学习互动,推动教育主体自主学习能力构建。这是互联网话语与公共交往的应有之义。

四、利用慕课提升高校思想政治理论课教学实效的逻辑进路

(一) 重塑教学结构关系实现教与学的动态平衡

一是辩证认知"教"与"学"的互动关系。长期以来,思想政治理论课教学改革存在着一种思维定式,即认为思想政治理论课教学改革基本围绕以教师的"教"为主或以学生的"学"为主两种模式,在处理这两者的关系时必然有重有轻。很显然,无论是教师的"教"还是学生的"学",这两者之间并不存在直接的对立关系,教学活动其本身就是教师和学生的双向互动的过程,对于教师的教法的探讨实际上是和学生的"学法"紧密联系在一起的,这是一个双向互动的过程。因而要充分尊重学生在教学中的中心地位,教师在教学设计与管理中的主体地位。二是构建"慕课"模块化补充学习资源库。遵循教学大纲的基本内容,将补充性的"慕课"课程模块化,上传到网络学习平台供学生自主学习,视频中的每一部分都是对日常课堂问题的解答、讨论以及必要的实践活动,包括教师课后内容的补充。因为教师也不可能在课堂上面面俱到,难免在某些地方讲解得不够清楚,这样的小视频可以很好地弥补这一点。考虑到大学生的自控性和自主能力并不是很强,教师可以通过面对面教学课程对学生进行检验,这样也会无形之中给学生一种压力,督促其学习与思考。同时,"慕课"小课程也可以很好地解决学生时间难协调、管理费力等问题。三是建构"慕课"教学交互空间。为避免教学信息失真、信息超载、主体学习容易疲乏等问题,应结合课程要求和受教育对象特点,将教材体系转化为具体的教学体系,提供相应的教学素材、教学案例、教学视频、教学文献等学习资源库资料体系,培养学习者的自主学习能力,并通过在线作业或测试对学习者进行自我检测和评价反馈,通过协作交互式机制来达到解疑释惑的目的。这样,教师的教和学生的学在一定程度上趋于平衡,实现两者的共同发展。

(二) 建构思想政治理论课立体化教学空间

一是建设"线下在场"课堂公共教学空间。网络化时代社会空间分化成为身体活动的"在场空间"与信息流动的"缺场空间"的并存,要加强用于课程目标、课程大纲、活动通知等信息发布的课程中心网站或网络教学平台建设,利用新媒体技术优势,提升"在场"面对面的课程教学的情境性和趣味性,激发学生的求知欲。通过创设叙事情景、活动情景和虚拟情景的教学方法,有别于日常枯燥乏味的课程,在一种轻松加愉快的氛围中感受学习的魅力与乐趣,让学生在情感上产生共鸣,增强教学的感染力,提升教学实效。二是建设"线上缺场"主体间虚拟社区互动学习空间。加强微信、微博等新媒体平台利用,通过课程公共邮箱上传课程相关课件、教学资料等学习资料建设;通过课程微信公众号、微信群等平台进行信息发布、信息沟通和课下互动,利用微信平台制作能在手机上使用的思想政治理论多媒体课件,及时发布相关教学内容资料;构建集资源、教学、学习、实践于一体的思政课网络教育教学平台和教学资源中心,建设虚拟教室和资源库,提供学生自主学习的辅导材料;通过编制课程讨论内容、更新课程内容、互动回应讨论疑难问题,通过推送课程案例

和课程辅助阅读内容及整合学生碎片化时间,提升学生自主学习水平,提升教学实效。

(三)占领新媒体阵地强化情感教育

思想政治理论课的魅力就在于其需要启蒙人的主体意识并建构人的个性情感世界,引导学生去积极探索并努力实践真善美。思想政治理论课不能仅仅局限于传授知识体系,更重要的是要在新的发展时期更加注重大学生的情感教育,帮助大学生群体建立自己相对成熟稳定的情感价值体系。要积极利用新媒体技术为大学生学习、生活提供服务,在教育和引导中拓展教育渠道和空间。在当前这样一种功利化的社会氛围里,大学生面临的不仅仅是学业上的压力,更有来自社会及家庭的压力,这就更需要思政课教师从情感、价值观等角度去关照大学生的内心世界。"慕课"教学模式的出现,为关注大学生道德情感人格的培养和道德实践体验提供了一个全新的视角和崭新的路径。"慕课"的在线沟通交流既是知识传递、信息沟通的过程,也是人际交往、情感交流的过程。正是因为有了在思想领域通过意识手段和教育形式展开的思想政治理论教化活动,才能引发学生的情感认同,发挥情感力量在知行转型过程中的积极作用。"慕课"应该很好地被应用于大学生心理情感教育,帮助大学生树立正确的情感态度价值观,引导他们的思想与生命的成长。如随机安排思想政治理论课老师和有需要的大学生进行在线沟通,给大学生提供匿名倾诉渠道,及时给予咨询学生以正确的指导,使得思想政治理论课在关注大学生政治社会化的同时,通过潜隐性的情感关怀和心理疏导形式,提升教学认同和教学实效。

(四)提升思想政治理论课的主体自觉

"现代性的最根本的前提是,一个社会的社会单位不是群体、行会、部落或城市,而是人。"思想政治理论课利用"慕课"开展教学,首先亟须提升任课教师的学术素养,组建一支优秀的教师队伍。需要做到以下几点:一是开阔视野,丰富学识。思想政治理论课教师应该定期了解学生的思想状况、兴趣与需求等实际问题,毕竟信息碎片化时代,学生的思想状况关注点每天都会发生变化,涉猎与之相关的知识与信息,同时将其融入教学内容中,在对社会现实展开分析的过程中逐步引导,增强教学对象的针对性,教学内容的现实性、说理性。二是熟练掌握和运用"慕课"技术。思想政治理论课教师应紧跟时代步伐,积极应对科学技术,学习"慕课"的相关知识与操作,掌握"慕课"授课的基本技能,明晰"慕课"运作过程中的利弊,趋利避害,充分发挥"慕课"在思想政治理论课中的优势。三是树立团队意识。思想政治理论课要成功开展"慕课"教学,并不是靠单个人就能够完成的,无论是教学内容设计与编排,还是教学视频的拍摄与制作,都需要教学团队的充分研讨与合作。因此,参与思想政治理论课"慕课"教学的教师亟须团队意识,充分发挥教师的主体作用,组建以辅导员、思政课老师和学生工作干部为主体的网络思政工作队伍,充分挖掘与发挥团队的智慧,实现思想政治理论课教学模式的创新。通过整合学习党建工作部门和学生工作部门主体力量,作为思想政治理论课教学主体的补充力量,达到多元主体力量的互动与整合,共同促进大学生思想政治教育取得实效。四是引导学生学会自我教育。为解决高等教育质量问题,教育主管部门和高等学校近些年从教师队伍、课堂教学、教材编写、学科设置、学术研究、宏观管理等方面采取了系列措施,虽取得了较好成效,但高等教育质量问题仍然较多,究其重要原因,就是学习者的主动性没有激发起来,而"慕课"教学给学生自主性学习提供了可能。将"慕课"运用到思想政治理论教学中去,并不是说只要完全的线上教学,而是线上与线下相结合。即便教师是授课的主导者,思想政治理论课的线上教学主要还是要依靠学生自身的自主性和自律性。要重视学生自主意识与自我学习的主动性及学习能力的培养,尊重学生主体地位,在疏导与教育中引导学生学会自我教育。

(本文选自《思想政治教育研究》2016年第6期)

基于项目驱动式分组教学的行动研究

——以"教育研究方法"课为例

于书娟

摘　要：基于高校培养具有创新精神和实践能力的人才培养目标，与研究方法类课程教学面临的困境出发，基于"做中学"的教学理念，采用项目驱动式分组教学的设计，依托国家大学生创新计划项目，开展行动研究，在大幅度提高学生大创项目的申报率与成功率的同时，也提高了研究方法类课程的实效性。

关键词：项目驱动式教学；分组教学；行动研究

一、研究背景

（一）高校人才培养目标与研究方法课程目标的要求

进入新世纪以来，提高高等教育人才培养质量，加强大学生创新精神与实践能力培养，要求大学必须高度重视人才培养模式的改革和创新。课堂教学作为人才培养的核心环节，自然应该成为高校人才培养模式改革的重中之重。而着眼于学生创新精神与研究能力提升的研究方法类课程，在转变大学生的思维方式、提升大学生的核心素养中的地位也越来越突出。

（二）研究方法类课程的现状与困境

当前，我国高校的课堂教学中，普遍面临着学生学习兴趣不高、学习效果较差的困境。作为一门理论性和实践性兼具的课程，研究方法类课程因学习难度大、学习任务重、效果较迟滞等特点，很难激发学生的学习兴趣。过多的理论讲授，导致学生"学了不会用"的尴尬，而过多的实践作业，又容易招致学生"作业量大"的抱怨，如何平衡理论教学和实践练习的时间，形成有效的学习激励机制，考验着教师的教学智慧。特别是如何通过与其他课程的衔接，让学生在其他课程的学习和作业中，保持着对科学研究道德和规范的自觉遵守，对科学研究方法的自觉而恰当的选用，不断在实践中提升自己的研究问题意识和实践创新能力，是研究方法类课程必须突破的重要课题。而这正是此次行动研究开展的重要背景。

二、基本概念界定

（一）项目驱动式教学

所谓项目驱动式教学，实际上是任务驱动教学法的一种，它以建构主义学习理论为基础，强调"做中学"，希望学生能够通过自主或协作学习，以完成预期任务的方式，习得相关的知识与技能。"项目式教学法尝试通过实施一系列完整的教学项目，将理论和实践有机地结合，它以任务为导向进行教学活动，以培养学生的专业技能为教学首要任务。"因此，在提倡自主学习、探究学习、合作学习的今天，项目驱动教学法，非常适合培养学生的创新精神、实践能力与合作意识。

（二）分组教学

分组教学，是一种传统的教学组织形式之一。20世纪70年代，随着合作学习的兴起，分组教学作为其中的一种主要方式，在世界各国普遍得到推崇和应用，被认为是近几十年来最重要和最成功的教学改革之一。在实际的课程教学中，根据学习任务和工作量的大小，大多数任务驱动式教学，都会采用分组教学的方式。甚至在某种意义上，分组的质量高低，会对任务驱动式教学的成败起到非常重要的作用。

（三）行动研究

行动研究是相对于理论研究而提出来的，它的主要特征就在于它是一种基于行动的研究和在行动中开展的研究。它并不指向理论的构建或阐释，而是基于实践中出现的问题，致力于实际问题的解决。因此，"行动研究贴近一线教育工作者的实践，有助于教学与研究的统合"，也是改进课程教学的最有效的研究方式之一。自20世纪70年代末开始，我国学者和中小学教师便开始研究和实施行动研究。

三、第一轮行动研究

行动研究，是一种基于问题的研究，它指向实践和改进，要求针对实践中的真问题，通过提出切实可行的解决问题的方案并在实践中加以尝试、改进。它突出系统和生成，重视过程和参与，符合高校课堂教学变革的需要，它本身也研究方法课的重要内容。因此，行动研究，关键在于针对实际教学问题，设计行动研究方案，在行动中改进教学，在任务完成中提升学生学习的积极性、主动性、参与度，加大学生之间的相互监督和合作，加强研究方法在其他课程中的应用与联系，促进学生更加科学合理地在树立科研道德的同时切实提高创新精神和实践能力。

（一）待解决的研究问题

在实际的教学中，教师发现，自己所教的小学教育专业的学生，在学习"教育研究方法"这门课时,大多存在着"会考不会用"的情况,知道了研究的步骤与要求,也熟悉各种研究方法,但就是不会应用,实际上并没有真正地学会。因此,本研究要解决的主要问题,首先是学生研究素养的提升,让学生真正地学会做研究,而不是仅仅被动地掌握一些有关研究方法的知识。

(二) 对研究问题的分析

为了很好地解决这个问题,课题组对相关专业的任课老师和学生进行了访谈,同时还走访了其他专业如中文、法律专业研究方法的任课教师。经过分析总结,发现主要的原因是:① 研究方法课本身有一定的难度,对教育理论知识和实践能力的要求较高;② 教师的教学设计有缺陷,把研究方法课当成了理论课,没有给学生适当的练习任务与机会;③ 学生缺乏学习兴趣,学习动机不高,对研究方法课也缺乏足够的认识。而在这三个原因中,教师及其教学是最为关键的,教师对于这门课的认识与把握,影响到教学设计,而不良的教学设计,又会降低学生的学习兴趣。

(三) 行动研究的思路与计划

根据课题组对于问题成因的分析,决定以改变教学设计为突破口,实施任务驱动式的分组教学。

1. 分组设计

分组教学虽然是比较常用的一种教学组织形式,但分组本身却可以有多种方式。不同的分组方式,对学生的学习也有不同的影响。比如,要采用同质分组,还是异质分组,小组的人数以多少为宜,小组负责人如何产生,等等。一开始,课题组为了避免主观的干扰,只是按照大学生创新项目的规定,要求每组成员为 4—5 人,而组员完全采取了学生自由组合的方式,组长也由各小组组员自己推选。

2. 任务设计

研究素养,是一种综合素养,需要学生具有敏锐的问题意识,能够提出适度的研究问题,能够进行文献资料的检索与阅读,能够选择恰当的研究方法与工具进行研究资料的搜集与处理,还要能够对研究结论进行一定的讨论与解释。因此,要通过研究方法这门课程来实现学生研究素养的全面提升,难度是非常大的。课题组决定,以国家大学生创新计划项目为依托,把对学生的教育与指导延伸到课外,做到课内与课外的结合。因此,课题组就把任务定为申请大学生创新计划项目作为本门课程的核心任务。

选定这一任务的好处是:第一,这个项目申请书中的项目,包括选题、检索与整理资料,进行文献综述,选择研究方法与工具,考虑研究的可行性与创新性,制定研究进度与任务分工,等等,除了最后的数据处理和成果撰写,基本上覆盖了研究素养所要求的全部内容,能够在很大程度上体现学生对研究的认识、理解及其研究能力。第二,这个项目包括国家级、省级、校级三个级别,尽管项目的评审有很多因素,但可以作为对学生任务完成情况检验的一个重要参照。第三,这个项目有不同额度的经费资助,既可以提升学生开展研究的兴趣，也可以通过项目本身的要求，保证学生在课程结束后坚持进行研究。而大学生创新项目作为本科生创新能力培养的有效载体，已经为许多研究所证实。

3. 任务分解

由于大学生创新计划项目本身内容较多，而且是在研究方法课程即将结束时开始申报。因此，课题组就把大学生创新计划项目中的各个内容分为学生的平时作业，让学生在整门课程的学习中能够不断地实践，有助于保证研究内容的连贯性。具体来说，主要包括五大作业：① 选题；② 文献检索与综述；③ 抽样与研究对象的选取；④ 研究问卷的编制与试测；⑤ 访谈提纲的拟定与实施。

（四）研究实施及其结果

为了更好地对学生的作业进行反馈和指导，课题组采用小班教学，从 J 大学小学教育专业 2014 级的两个自然班中，随机选取其中一个班作为实验班，采用行动研究方案，另一个班则作为对照班，以便比较行动方案的有效性。在实验班的课程教学过程中，每次任务作业布置以后，给同学们一定的时间完成，并进行相应的讲评，且允许各个小组多次修改完善。同时，为了更好地对各小组同学进行指导，课题组一方面利用清华大学开发的网络学习平台，提供课程相关资料、典型案例示范、网上交流讨论；另一方面，组织相关专业的指导老师，为每个小组配备 1—2 名指导老师，作为该小组申请大学生创新项目的导师。

经过一个学期的课程学习，结果发现，实验班的 35 名同学，平均分在 81.25 分，对照班的平均分为 80.18 分，相差并不大。但是，在申请大创项目的积极性、主动性与成功率上，实验班的同学则较为突出。35 名同学中，参与大创项目的人数有 21 人，占到全体同学的 60%，其中主持人有 8 名；而对照班的 35 名同学中，参与大创项目的人数只有 16 人，主持人也只有 5 名。

根据自编调查问卷和课后的访谈，从表 1 看，有 14 名同学认为课程学习，特别是平时作业对自己大创申请帮助比较大，认为帮助很大的也有 12 人，只有 1 名同学认为没有帮助。

表 1　关于教育研究方法课程学习与平时作业对申请大创项目有无帮助分布表（2016）

选项	小计	比例
A. 帮助很大	12	34.29%
B. 帮助比较大	14	40%
C. 有所帮助	8	22.85%
D. 没有帮助	1	2.86%
本题有效填写人数	35	

由表 2 可知，从同学们对作业工作量的认识来看，认为平时作业适量的同学有 24 人，占到了全体同学的 68.57%，同学们对任务驱动的教学普遍比较认可。不过，也有 10 位同学表示平时作业相对较多。

表 2　关于本门课程的作业布置量的调查结果

选项	小计	比例
A. 非常多	1	2.86%
B. 比较多	10	28.57%
C. 适量	24	68.57%
D. 偏少	0	0%
本题有效填写人数	35	

特别值得欣慰的是,在问到是否会将本课程学到的研究方法用于其他课程的学习和作业时,有 17 位同学明确肯定会,有 16 位同学表示可能会,两者合计占到了班级总人数的 94.28%,见表 3。

表 3　是否会尝试把本课程所学到的各种研究方法用于其他课程的学习和作业

选项	小计	比例
A. 肯定会	17	48.57%
B. 可能会	16	45.71%
C. 不太会	1	2.86%
D. 不会	1	2.86%
本题有效填写人数	35	

（五）行动研究后的新问题

进一步调查发现,之所以部分同学认为作业较多,其中一个主要的原因是由于分组带来的。虽然采用了自由分组的方式,但在完成平时作业的过程中,有个别同学存在搭便车的现象,导致组内同学之间的工作任务并不平衡。因此,如何调节评价机制,进一步提高学生完成学习和任务的积极性,就成为第二轮行动研究的重点。

四、第二轮行动研究

基于上一轮由于分组带来的各种问题,2017 年上半年,在进行新一轮的"教育研究方法"课程的教学时,课题组又对行动研究方案进行了优化和调整,主要是围绕分组和评价来展开。

（一）分组方案的调整

在上一轮的行动研究中,由于采用自由分组的方式,导致了两个问题:一个是组间差异较大,学习动机强、学习努力的同学更乐意组成一个小组,而学习动机较差,学习不够努力的同学也只能自己组织一起,更有个别同学,因为性格内向、与同学交往不多等原因,出现了没有小组的情况,最后需要老师出面协调加入到别的组;另一个是还存在着个别不努力的同学,靠良好的人际关系与利益互惠等方式,加入到一些努力用功的小组,这样就又带了一个搭便车的现象。

因此,在第二轮分组之际,课题组对分组原则进行了调整,根据学生以往的学习成绩、学习经验等,以老师指定优秀学生为组长、由组长与组员进行双向选择的方式进行分组。这样做,最主要就是避免过大的组间差异,保证每个小组都有一个优秀学生带领全组同学共同学习,同时,双向选择也在一定程度上保证了学生分组的自由。

(二)考核方案的调整

为了避免搭便车的现象,不让小组合作学习流于形式,课题组又对学生的成绩考核方案进行了调整。在平时成绩的考核中,不仅有小组成绩,还增加了对学生在组内贡献度的评价,通过个人自评、小组互评和教师评价相结合的方式,在以最终的作业和大创申请书为主要依据的同时,照顾到了学生合作学习的质量与个体在小组中的贡献。

(三)试验对象的扩大

第一轮行动研究的结果,无论是在课程考试的成绩上,还是在大创项目的申请上,采用行动研究的实验班的成绩都优于对照班。因此,为了更好地推动学生的学习,这次行动研究也同时扩大到两个班进行。

(四)实施结果

通过整门课程的学习,在新一轮的行动研究过程中,J大学2016级小学教育专业的同学一共60名,其中,参与问卷调查的有58名。从学业成绩看,两个班的平均分分别是81.39分和82.18分,和2015级同学相比相差不大。但是,从参与大创项目的人数来看,有了大幅度的提升,此次几乎所有小组都积极参与了大创项目的申报,最后60名同学中,成功申请到大创项目的同学有49人,占到了全部学生的81.6%,其中,作为项目主持人的有10人。值得注意的是,有56位同学认为,课程学习与作业对自己申请大创项目是有帮助的。

关于此次分组方式的调整,学生们基本上没有太大的意见。但在关于分组原则与方法的调查中,绝大多数学生认可多样的分组方法,希望能按能力、兴趣自由组合。但在实际的操作

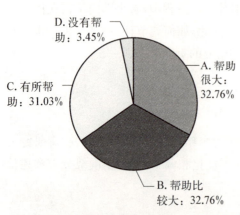

图1 关于教育研究方法课程学习与平时作业对申请大创项目有无帮助分布图(2017)

过程中,能力和兴趣这两个标准有的时候会存在一定的冲突,这恐怕是学生没有想到的。

对于此次评价的调整,由于学生们对于自评和同伴互评的标准把握不当,出现了离差较大的情况:有的同学,不顾客观情况,盲目给自己高分数,与小组其他成员给的分数相差悬殊;有的小组,为了保持组内和气,统一了所有组员的成绩,使得组内互评失去了参照的标准。因此,这次考核与评价改革经过几次反复,最终这两项成绩只能作为一个参考,而没有正式计入学生平时成绩的计算中,这不能不说是一种遗憾。当然这也有待于下一轮的行动研究重点改进。

五、总结与反思

经过两轮行动研究,课题组得出了如下结论。

一是任务驱动式分组教学,可以有效解决"教育研究方法"课程教学有理论无实践、学生掌握了研究知识却不会开展研究的问题。经过两轮行动研究,学生的学习成绩稳步提升,学生大创项目的申报率与成功率大幅度提升。

二是任务驱动式分组教学,最核心的是要做好教学设计,其关键点有三:第一,确定适当的学习任务;第二,进行合理的分组设计;第三,配合多样的教学评价。两轮的行动研究表明,大学生创新项目非常适合作为研究方法类课程的教学改革的任务驱动,但对学生的分组设计还需要进一步思考和完善,同时,还要更加注重对课程考核方式的改革,真正发挥考核机制的指挥、调节作用。

与此同时,随着第一轮行动研究中立项课题的结题,后续如何评估教育研究方法课程对学生研究素养的持续影响,如何加强对课程学习后学生课题完成过程的指导与帮助,如何让研究精神、创新精神、实践精神在学生的学习生活中生根发芽,还需要更多的研究和探索。

基于非指导性教学法的
程序设计课程教学方法研究

周 顿　盛歆漪　王 骏

摘　要：非指导性教学法以强调学生的思考自主权和行动选择权为重点，教师在其中只起到辅助和引导的作用。本文从实际教学出发，在教师自身对程序设计教学的理解以及非指导性教学方法在程序设计课程中的应用方式这两方面，对如何在程序设计类课程中引入非指导性教学法进行阐述和探讨。

关键词：程序设计；非指导性；教学

随着社会知识结构与内容的更新速度越来越快，保持自身良好社会综合竞争力的唯一方法就是不断顺应需求、更新自己的知识储备。这一点，对从事电子信息科技类工作的人员来说显得尤为重要。正如摩尔定律所说，信息科技领域的知识每隔一段时间基本就会进行一次彻底的更新。顺应这种市场的要求，现代本科教育中越来越强调自我学习能力的培养。在现在的大学教育过程中，与其说目的是教会学生某些具体的专业技能，不如说更核心的目的是帮助学生建立起正确的本专业思维方式，并培养出学生把握本专业信息、不断更新自身知识的能力。在这种大环境下，非指导性教学方式在教学过程中就显示出越来越重要的用处。

非指导性教学，是由人本主义代表人物罗杰斯所提出的"以教师和学生构成平等对话关系"为核心的一种重要教学方法。在这种教学方法中，教师被要求采取友好、真诚、开放的态度来对待学生。而学生则具有充分的思考自主权和行动选择权，在教师的帮助下建立起良好的自制力，明确自己的兴趣点，最终培养出自我探索的能力。这种方式在以强调实际动手能力著称的大学计算机及其相关专业的教学中显得尤为重要。

对于大学计算机及其相关专业来说，包括C、C++、Java、JavaScript、C#等在内的程序设计类课程等始终是教学中的一块重要内容，这些课程为大学计算机专业及相关专业的课程的展开打下了扎实的知识基础。从课程内容上讲，这类课程涉及复杂的语法知识，加之知识点琐碎、概念抽象，所以从某个方面上讲，这类课程具有文科类语言课程的特点（如需要花费较多的精力来讲授语法规则）。另一方面，这类课程注重学生的逻辑思维能力和动手编程能力，在教学过程中要求学生乐于动脑，勤于动手，具有典型的工科类课程的特点。目前从国内外同类课程的教学现状来看，现有的大多数教学方法多强调教师在课堂上对知识点的讲授,没有重视发挥学生的主观能动性,更没有强调学生的自我学习过程,因此给教师的教学实践提出了难题。

为了能够在高校的程序设计课程中更好地推广非指导性教学方法,笔者在实际教学工作中进行了尝试。我们认为,为了在这类课程中更好地使用非指导性教学方法以取得更好的教学效果,需要特别注意两个方面:一是要求授课教师对程序设计教学的内容和重要性有着更加透彻的理解;二是要很好地掌握非指导性教学方法在程序设计课程中的应用方式。

一、教师对编程语言教学的理解

程序设计的最终目的是要让计算机来解决实际问题,而解决问题的关键则取决于两个方面:采用何种方法步骤来解决问题,以及采用何种媒介(语言)让计算机知晓用户的意图并按设定的方法最终解决问题。前者指算法,后者指的就是各种编程语言。简单来说,程序设计语言就是人与计算机之间沟通的工具,而且这种工具的使用必须符合一定的规则,也就是各种程序设计语言中的语法结构和语法规则等。因此,对于程序设计的教学,可以理解为是一个将"人类思维"方式转变成清晰的、直接的、简洁的"机器思维"方式的过程。

目前国内许多高校在程序设计课程的教学中,都将主要精力放在某种具体语言的语法细节介绍上。这种教学方式在一定程度上脱离实际应用的需求,而且很容易造成学生对编程的兴趣缺失。笔者在教学实践中也发现了这一问题。有很多学生在学习初期对课程有着较为深厚的兴趣,他们也愿意向教师提出各种各样的问题。但是随着课程教学的深入和课程知识点难度的提高,他们的原先所具有的学习兴趣慢慢消失了。究其原因,我们认为,对于编程语言的学习,其侧重点不应该放在具体的语法细节上,而应该放在正确编程思想的建立上。因为学生未来学习工作过程中可能遇到的程序设计语言的种类和数量是无法预计到的,而不同的编程语言在语法细节上多多少少存在各种差异,唯一没有差异的就是隐藏在各种程序设计语言背后的编程思想。也就是程序中的数据必须以不同类型长度进行存储(数据类型)、现实中的任何问题都可以抽象为三种逻辑结构(选择、循环、直到)、为了问题的解决可将大问题拆分成若干小问题(函数)等等这些在任何程序设计语言中都通用的思维方式。因此,程序设计的教学,首先就要引导学生正确理解与体会到以下的编程思想并且建立必要的编程技能:

(一)分而治之的理念

为了清晰描述现实生活中的问题尤其是大而复杂的问题时,往往需要通过将大问题切分成小问题的方式来解决。将一个完整的大问题分割成若干个既独立又可以互通信息的小问题,是提高程序的编写效率与正确率的必要手段。实际上,分而治之的理念再往下延伸就是组件化与模块化。即通过编程课程的教学,要让学生养成清晰的编程习惯,要将各个功能相对独立的代码分开编写，而不能所有功能代码都混到一起，降低代码的可读性和复用率。而且从这个理念出发，还要学会用"搭积木"的方法来解决实际问题，即在自己的程序中调用现有的功能模块，站在前人的基础上提高问题解决的效率和正确率。

（二）三种逻辑结构解决任何问题的理念

程序设计语言中，顺序结构、选择结构、循环结构是三种基本的逻辑结构。虽然现实生活中的很多问题看上去千头万绪而且曲折复杂，但是这些复杂的流程都可以通过程序设计语言中的这三种基本逻辑结构的合理组合来表达出来。普通人群在解决这些问题时的思维方式往往带有一定的模糊性，并且缺乏严格的条理性。而编程课程则需要教会学生将模糊的"人类思维"转变成条理清晰、结构严谨的"机器思维"流程，从而将千头万绪的实际问题用这三种逻辑结构的组合抽象并描述出来。

（三）调试代码的能力

代码调试是程序设计中的一个重要环节，也是被一些程序设计初学者忽略的地方。在编程课程中，除了培养学生撰写可读性强、扩充性好、易于复用的优质代码的编程习惯以外，还有一个重要的任务就是培养查找程序中的错误、修改错误的调试能力。在以往的教学中经常可以发现学生面对程序错误束手无措，只会叫老师帮忙解决的现象。而对于一个合格的编程人员来说，修改程序中的语法错误、查找程序中的逻辑错误，都是必备的能力素质。因此引导学生自己调试程序也是编程课程中的一个重要环节。

（四）查找资料、甄别资料的能力

程序设计语言的发展具有速度快、种类多、更新迅速的特点，因此在学习编程的过程中不能闭门造车。尤其是在教学过程中建立了模块化程序设计的理念之后，需要具有查找并借鉴前人优秀资料及代码的能力。另外，除了知道去哪儿查资料、怎么查资料，还需要培养学生鉴别资料的能力，即在众多良莠不齐的文献中，能迅速找到自己所需要的高质量的资料。这些基本技能的培养不仅有助于学生综合素质的提高，而且也是学生以后进入职场的必备。

二、非指导性教学方法在程序设计课程中的应用方式

非指导性教学具有一些基本的特征和原则：一是极大地依赖于个体的自身成长，需要通过自身的努力，克服各种障碍。不以直接教授为主要手段，而应该通过某些方法使学生的学习得以容易地开展，比如诱导学生独立思考、澄清问题、帮助总结讨论后的结论等。但整个过程中应该让学生处于主要位置，教师只起到辅助作用。二是学生是以维持自己的构造或是强化自己的构造心理来学习的，因此要注意在真诚、理解、接受的气氛中用"同化"来影响学习的过程。三是教师不应该主要教学生怎样学，而应该提供学习的资源和手

段,创造学习的气氛,然后由学生自己决定怎样学。也就是说,在非指导性教学方法中,教师并不是指导者,而是顾问。

落实到程序设计课程中,非指导性的教学方式就可具体化为以下几种方式:

(一)开放性的命题

用编程手段解决某一个具体工程问题,一般来说,其方法本身就是不唯一的。也就是说,同样是解决这一个问题,不同的人写出的程序都不会完全相同。因此,教师在编程课程中应该多使用"这些处理方案不唯一",也就是"开放性"的命题来让学生解决,鼓励学生百花齐放,采用不同的方案。

(二)以团队为单位解决问题

除了前期的一些基础简单问题,到了程序设计课程的后期,应该特别强调团队合作解决问题的方式。这首先是因为当学生进入社会后会发现几乎所有的软件的开发工作都不可能是由某一个人独立完成的,而是由一个团队来进行的,所以极有必要在校期间就培养学生如何进行团队合作、了解团队不同分工之间的沟通方式等。其次,以团队为单位解决问题也有利于创造互相学习的氛围,激励学生的自主与互助,符合非指导性教学方式的原则与初衷。

(三)比较式的评价

当学生就开放性的命题提出各种不同的编程解决方案后,教师应该组织引导学生通过对比来认识各种编程方法和解决方案的优劣,而不能简单地以"对"和"不对"来进行评价。对于程序来说,效率高、复用率高、移植性好、扩展性好等等特点往往是不能兼得的,而且不同的应用场合对这些程序特点的侧重需求往往也是不同的。因此可以将学生写出的这些程序进行一定范围内的比较,引导他们认识哪种应用场合应该采取哪种解决方案。而且在对比和评价的过程中,应该让学生不受束缚、毫无顾忌地发表观点进行讨论,就算讨论没有结论也不重要,因为探索的过程本身就已经让学生进行了创造性的学习和研究。

三、结束语

本文从实际教学的经验出发,针对目前国内在程序设计课程中存在一些问题,从教师自身对程序设计教学的理解以及非指导性教学方法在程序设计课程中的应用方式这两方面,对如何在程序设计类课程中引入非指导性教学法进行阐述和探讨,对实际教学及相关方面的理论研究均有重要的参考价值。

(本文选自《无锡职业技术学院学报》2014年第2期)

PBL 模式在护理学本科医学免疫学教学中的实践

陈 伟 申延琴 华 东 俞亚芬 葛文娥 程建青

摘 要：将免疫学基础理论与临床病例资料相结合进行 PBL 讨论式教学，能较好地激发学生的学习兴趣和主动性，使学生将理论知识与临床实际应用紧密相连，提高临床循证分析能力，同时促进学生对基础医学其他课程相关知识的学习和综合应用。

关键词：PBL 模式；医学免疫学；教学方法

医学免疫学是护理学专业必修的医学基础课程之一，一方面其内容具有理论抽象、逻辑性强、专业术语多、基础理论和应用技术与临床实践紧密相连等特点。另一方面，免疫学作为现代生命科学的前沿学科之一，其基础理论和应用技术发展迅速，尤其免疫学检测分析的新技术和方法层出不穷，广泛应用于临床上对疾病的诊断、治疗、预防等各个方面。

PBL(Problem Based Learning)教学模式是以问题为导向的学习方式，由加拿大的麦克玛斯特大学医学院于 20 世纪 60 年代末开始试行，目前已成为国内外较流行的教学方法之一。PBL 模式教学的基本理念是把学习的主动权交给学生，让学生成为学习的主体，旨在培养学生独立思考和处理问题的能力。PBL 模式的教学过程是以临床问题为基础，由学生围绕问题查阅资料、分析思考和展开讨论，教师在此过程中进行引导和重点答疑，使学生达到既定的学习目标。

我们教研室以本科护理学专业用的卫生部"十二五"规划教材《医学免疫学》为主要教学内容，结合网络教学平台的基础，对 2012 级护理学专业本科生的医学免疫学课程开展了 PBL 模式的教学实践，在此将教学案例设计及教学实践探索总结如下。

一、基础免疫学的讨论设计与教学过程

基础免疫学部分包括绪论、免疫器官组成及主要作用、抗原、各类免疫分子的结构与功能、固有免疫细胞和适应性免疫细胞、固有免疫应答和适应性免疫应答等，内容非常丰富，尤其免疫分子种类繁多而且功能复杂，易学但又难记；而免疫应答的机理和动态的应答反应过程则更为抽象，难学又难懂。针对这部分教学内容和护理学的专业特点，教研室

重点选择了绪论、免疫器官、补体系统三个章节分别提炼出重点讨论问题和案例，由学生通过课外查阅资料、分组讨论、集中答辩、教师辅导答疑等过程达到深入学习的目的，对其余章节的课外讨论和答疑，主要通过网络教学平台进行。

（一）绪论与免疫器官的组成

绪论作为医学免疫学的开篇，要求学生重点掌握现代"免疫"的概念以及免疫的主要功能。因此，在讲授了免疫的概念后，即提出问题："在日常生活中所熟悉的或观察到的哪些生命现象与免疫有关并举例说明？"在讲授了免疫的主要功能后，进一步提出讨论问题："从所熟悉或观察到的与免疫有关的生命现象或表现来阐述免疫的三大功能。"通过问题讨论的学习方式，使学生运用免疫学基础理论来阐明日常生活中所熟悉的免疫现象和免疫功能，从感性认识上升到理性认识。

在免疫器官及其主要作用章节，选择1例先天性胸腺发育不良的住院患儿的病例资料，将其病史、症状与体征、体检和实验室各项检查结果、病理检查报告、住院经过及转归等整理为讨论案例，在课前交给学生预习。课后由各学习小组查阅资料和相关课程内容，对该临床案例展开讨论，要求学生以小组为单位归纳讨论结果并回答讨论问题：① 该病的病因是什么？② 胸腺在免疫器官中的地位和作用是什么？通过案例讨论将免疫学基础理论与临床应用相结合，提高了学生的学习兴趣和主动性，同时也促进了学生对相关课程知识的学习。

（二）抗原及各类免疫分子

抗原作为激发机体免疫系统产生应答反应的始动因素，在整个课程的授课过程中都会涉及，因此不设计单独的案例讨论问题，只是给学生布置有关抗原基本特性、表位与抗原特异性、医学上重要抗原种类等的课外练习和重点复习内容。

针对各类免疫分子，经过分析比较各章节内容，选择了固有免疫系统发挥重要作用的补体系统，结合1例临床典型的系统性红斑狼疮（SLE）伴狼疮性肾炎患者的临床资料，整理为讨论案例给学生进行分析讨论，要求学生针对该病例的临床特点和实验室检查结果回答下列问题：① 该病例补体C3、C4降低的原因以及狼疮性肾炎的发生机理。② 结合该病例简述补体的生物学作用。

针对免疫球蛋白章节的内容，结合在临床免疫学的免疫缺陷病案例中设计讨论问题，细胞因子以及CD分子和HLA等章节也不设计单独的案例讨论问题，只是布置课外练习和重点复习内容。

（三）免疫细胞及免疫应答

这部分教学内容中，将适应性免疫T细胞及NK细胞的功能放在肿瘤免疫等章节的案例中设计讨论问题，B细胞的免疫功能结合在免疫缺陷病的案例中设计讨论问题，对固有免疫细胞的模式识别、APC对抗原的加工和提呈、适应性免疫应答过程的特异性识别和分子作用机理等内容,不设计单独的讨论案例。

二、临床免疫学 PBL 教学的案例设计与教学过程

从附属医院收集超敏反应疾病(过敏性休克、过敏性哮喘)、自身免疫性疾病(RA、SLE)、免疫缺陷病、肿瘤 CIK 治疗等典型病例的临床资料,针对不同病例的典型症状、体征、免疫学相关检测结果等结合护理学临床实践分别提出问题。教师对每个案例的特点给予适当的启发和引导,由学生分组对病例涉及的问题结合免疫学原理进行思考和分析、查阅资料、展开讨论,对病例拟订出治疗和护理措施。然后在课堂上由学生以 PPT 形式报告本组拟订的方案以及对论题的回答,其余各组学生对该组报告的内容进行提问、辩论以及补充和完善,最后由教师进行归纳和总结。通过以临床实际病例资料为基础进行案例讨论式的教学,使学生将所学免疫学理论知识与临床实践紧密相连。

(一)超敏反应

超敏反应中以 I 型超敏反应在临床较为常见,尤其是抗生素类药物引起的过敏性休克属于临床危急重症,需紧急救治处理。临床上对过敏性休克的紧急处理往往是护理人员首当其冲,因此护士必须熟练掌握过敏性休克的应急处置措施,面对过敏性休克的发生才不会手足无措。为此,教研室选择了 1 例青霉素过敏性休克的病例资料,将其临床经过整理为讨论案例,除了要求学生应用免疫学原理阐明该病例过敏性休克的发生机理之外,重点要求学生针对其症状和体征拟订出紧急救治方案,同时阐述治疗措施及所用药物的作用机制,促使学生不仅将免疫学理论与临床实践相联系,还要查阅学习内科护理学、药理学和健康评估(或诊断学)等课程相关章节的内容,从而提高综合分析和应用能力。

(二)自身免疫性疾病

对该类疾病选择了 1 例系统性红斑狼疮和 1 例类风湿关节炎的病例资料整理为讨论案例。由于自身免疫性疾病具有病程长、症状轻重不一、病情易反复等临床特点,而患者在缓解期或症状轻微时可遵医嘱进行服药治疗。因此,讨论题中不仅要求学生结合各病例的临床特点来阐述其疾病发生的免疫学机理以及免疫复合物的致病作用,还要求学生按各病例的特点拟订疾病知识教育、用药指导和心理干预方案。

(三)免疫缺陷病

该类疾病中,原发性免疫缺陷病种较多,而且各有遗传缺陷特点,经综合分析选择了 X-连锁低丙种球蛋白血症患儿的临床资料作为讨论案例。要求学生针对病例常患各种感染性疾病的临床特点,阐述该病的发病原因以及 B 细胞和免疫球蛋白的生物学功能,并拟订针对患儿父母的相关疾病知识教育、用药指导和心理干预方案。对于继发性免疫缺陷病,以获得性免疫缺陷综合征为教学重点,但不设计单独的案例讨论问题,只是布置课

外练习和重点复习内容。

（四）肿瘤免疫

近年来，肿瘤免疫治疗已成为手术、化疗、放疗之外的一种新治疗方法，尤其是 CIK（Cytokine-Induced Killer）细胞治疗目前在临床上应用得较多。因此，选择 1 例经手术和化疗后采用 CIK 细胞治疗的胃癌病例资料，要求学生结合 CIK 细胞疗法来阐述 NK 细胞及效应 T 细胞的杀伤作用机制，同时要求学生针对 CIK 细胞治疗的全过程，拟订出对患者采血过程和 CIK 细胞回输过程的注意事项、CIK 细胞回输后的护理措施等。通过该案例的讨论式学习，使学生熟悉免疫学治疗技术在临床抗肿瘤应用方面的新进展。

三、PBL 教学的体会

近年来，国内不少医学院校相继开展了 PBL 模式的教学实践，并获得了比传统教学模式更好的教学效果。本文将教研室实施案例讨论式教学的实践体会总结如下。

第一，PBL 模式教学使学习目的更明确，从而有效地激发了学生的学习兴趣和主动性。在讲授基础理论的教学过程中，通过引入临床病例的具体资料，引导学生针对病例的临床问题进行分析和展开讨论。学生在此过程中通过查阅资料和自主学习而获得问题的答案，做到学以致用。因此大多数学生反映良好，感到在讨论的氛围中自己的学习兴趣明显提高，在查阅资料获取问题答案的同时加深了对基础理论知识的理解和掌握。

第二，通过案例讨论将基础理论与临床实践紧密结合，促进基础理论课教师与临床医护工作密切联系。在案例讨论教学过程中，教师必须根据教学的要求，恰当地选择临床病例资料进行整理和设计讨论问题，能熟练地分析讲解各病例的临床特点，从而引导学生针对案例所涉及的问题进行自主学习和展开讨论。因此，案例讨论式教学不仅促进学生的学习，也对教师提出了更高的要求。针对临床病例资料选择和讨论问题设计，基础课教师需要与医院相应科室的临床及护理教师共同商讨，根据不同病种的临床病例资料，提炼和设计将免疫学基础理论与临床应用紧密相连的案例讨论问题。在此过程中，相应地促进了教师自身的不断学习和教学能力的提高。

第三，通过对临床案例的分析讨论，提高学生的综合分析和应用能力。作为案例教学的临床病例资料，其内容包括患者一般情况、既往史、症状、体征、各项体格检查及实验室检查结果、诊断、住院经过及转归等，而且不同病种的病例资料各有其临床特点，因此涉及的医学课程和知识面较广。学生在针对各案例的问题进行分析讨论时，需要充分利用课余时间查阅资料和学习或复习其他课程相关章节的内容，才能较好地阐述案例涉及的问题和制订合理的护理措施。通过带着问题进行学习和分析思考，促进学生将基础医学各课程的理论知识综合应用于临床实践，从而提高学生的综合分析和应用能力。

（本文选自《基础医学教育》2013 年第 12 期）

打造立体化教学 实现"教"与"学"的良性互动

——"概论"教学改革与创新探索

徐礼红

摘 要：针对当前"毛泽东思想与中国特色社会主义理论体系概论"课程的教学中普遍存在的问题，新形势下要提高该课程的总体教学效果，就要以创新精神积极探索这门课的教学改革，努力突破传统和改变僵化、单一的教学模式，树立开拓启迪、关注人文素质和能力培养的新型教学理念；通过灵活运用案例教学、讨论教学、专题教学、实践教学等多种教学方法，结合智慧教室和网络平台资源，打造立体化教学，实现"教"与"学"的良性互动。

关键词：课堂教学；网络学习；社会实践；良性互动

近年来，关于探索如何改革"毛泽东思想与中国特色社会主义理论体系概论"（简称"概论"）课的教学方法、提高教学实效等问题，已经越来越受到各方重视。

一、"概论"课目前的教学状况和主要存在的问题

从目前"概论"课程的教学状况看，主要存在着以下几个方面的问题。

（一）从"学"的角度而言，目前学生对于"概论"课的学习明显不够主动和积极

由于"概论"课程的性质决定了其教学内容必须紧跟时代、针对现实，因而对其现实性和针对性的要求都很高，但在我们现有的教学中由于存在教学方式和方法的简单刻板，学生的主体作用在课堂上并未得到充分有效调动，导致课堂互动效果不佳，教学内容也显得枯燥乏味，同时在学生中普遍存在着注重专业技能而轻视思想政治理论教育等原因，部分学生对"概论"课的重要性认识明显不足，逃课和课堂上看手机、睡大觉、玩游戏等现象屡见不鲜，学习的主动性、积极性明显缺乏。

（二）从"教"的角度而言，"概论"课的教学内容时效性不够，教学方法和手段创新不够

目前我们课堂教学上所采用的"概论"课教材是很具有代表性和权威性的，可以在课

堂上发挥其理论的指导作用。但当前处于互联网时代,信息技术飞速发展,年轻学子们获取信息的渠道非常便捷和广阔,更新速度又非常迅捷,如果我们教师不能够及时对当今世界形势、重大时事事件及学生们普遍关心的热点问题展开足够充分阐述和释疑的话,那么课程的教学内容就会显得缺乏时效性和针对性,缺少说服力和吸引力,从而大大影响课堂的实际效果。

我们知道,课堂的教学方法和手段是我们教学改革的关键因素,在现有的"概论"课教学上,有些老师总是照本宣科、"单边灌输",有些教学方法单调乏味,有些课堂上虽然采用了多媒体教学方式,但也仅仅是用 PowerPoint 代替了粉笔,其实质并没有得到根本的改观,再加上我们日常教学中社会实践经费投入不足的问题普遍存在,因而,我们的教学总体上还是偏重于课堂,偏重于教师单边讲授,而相对缺少学习和实践的双向互动。

(三)现有"概论"课程的考核方式不够灵活,没有充分调动起学生们的学习积极性

目前"概论"课程在考核中主要是侧重于书本上现有知识的考查,一般都是采用闭卷、开卷等考核方式,同时结合平时课堂上的考勤情况进行成绩的综合评定,目前这种考核方式比较死板,没有将学生平时学习的主动性和积极性充分体现出来,学生们学习过程中的综合素质也没有通过考评体现出来。总之,没有将学生的学习热情调动起来。

二、"概论"课实现"教"与"学"良性互动的创新路径

时代在变化,理论在更新,人们的思想观念也在不断地转变,这给我们"概论"课的教学探索提出了许多新的课题,增加了新的难度,我们必须直面这些挑战,更新观念,努力创新,深化教育教学改革,寻找和探索"概论"课程教学中"教"与"学"良性互动的路径。

(一)教学理念的创新与改革

在当前的"概论"课堂上,教师不能仅仅满足于向学生传输一些基本概念和原理,更需要向学生们传播理性思维方法和培养政治素养,学会观察,思考当今世界和当今中国的基本立场、观点和方法,这需要从教学理念着手实现根本性的转变,努力寻求突破传统和改变僵化、单一的教学模式,树立开拓启迪、关注人文素质和能力培养的新型教学理念。新型教学理念要突出体现以下几个方面:第一,要突出思想性,以"知识、能力、素质三位一体"的教学理念为指导,使"概论"课成为对当代大学生成长中最有帮助、最有魅力的课程;第二,要突出人文性,树立以学生为本的教学理念,注重人文关怀和心理引导,倾听并尊重学生情感,从知、情、意、行等多方面培养和提高学生综合素养;第三,要突出实践性,本课程主要讲授的是党对中国革命和建设实践的深刻思考,与社会现实紧密相连,因而需要强化实践环节,让学生在亲身参与的实践中具备更加深刻的体会与认知,从而培养他们的使命感和责任感;第四,要突出应用性,通过多种教学方法和教学手段的综合应用,使教学立

体化，让学生们更多参与进来，锻炼和提高他们思考、分析、探讨、研究等多方面的能力。

（二）教学环节的创新和改革

一直以来，"概论"课程就具有系统性和开放性、思想性和知识性、理论性和实践性融为一体的性质，所以在教学过程中要将这些特点紧密结合起来、统一起来，进而启发同学们的创新思维，提高同学们的学习兴趣，促进学生们的参与意识，增强学生们的社会责任感。所以，我们对以往传统的教学环节进行了富有成效的改革，通过重新梳理各个教学环节、综合运用多种教学方法的来发挥该课程的整体效能：首先发生的转变是书上的理论观点由原来教师的"单向灌输"转变为由师生共同研究得出。教师和学生共同研究的过程正是各种观点交汇贯通的过程，思想上的相互碰撞才能产生闪光点，这样可以培养学生依据理论知识，在现实状况的层面上认真思索，进而得出观点和结论；其次发生的转变是教学过程由原来教师的简单传授转向师生共同探讨。传授知识只是我们教学的一个方面，更重要的是要注重对学生能力的培养和提升，在课堂上根据不同专业、不同年级学生的特点，充分挖掘来自学生自主探索的内在动力，营造如沐春风的课堂氛围，通过民主探讨和共同交流，引导学生们深入分析问题和解决问题，使其能力能在课堂上得到切实提高；再次发生的转变是将教学方式由原来单一的课堂讲授向立体化教学转变。课堂讲授是我们教学中不可或缺的方式，但应该不是唯一的教学方式，我们完全可以建立多形式、立体化的教学方式与课堂讲授环节完美配合，使教学手段和教学方式更加饱满丰富，以体现更佳的教学效果。

（三）教学手段的创新和改革

在当前互联网时代下，可以综合利用智慧教室和网络平台的特点和优势，充分调动学生的视觉和听觉器官，打造立体化教学情境和交互式教学活动。要在新教材统一、教学大纲和教学进度统一的基础上，以"教学特色"和"教学实效"为核心，努力做到理论传授、实践育人、体验参与和自主学习四位一体，构筑"教"与"学"的互动式三大平台：① 通过理论教学平台，同学们可以系统全面有重点地学习毛泽东思想和中国特色社会主义理论体系以及习总书记一系列重要讲话、十八大以来的重要观点与论述等，增强理论教学的时代性和针对性；② 通过实践教学平台，对实践方案的精心设计，老师们的悉心指导与同学们的全程参与，让同学们通过社会实践活动培养深刻的社会体验，进一步增强感性认识，强化认知，提高社会责任感；③ 通过网络学习平台，为学生提供教案、课件、案例、参考书目以及视频资料，让学生可以自主学习，同时可以在网络平台进行答疑、课堂讨论以及网络测试，切实构筑起"教"与"学"的互动性平台。

三、新形势下"概论"课教学改革的具体对策与措施

（一）围绕教学大纲，不断创新教学内容

首先，作为高校思想政治理论课程的教师，一方面要认真研读马克思主义的经典理

论,认真学习我国社会主义各时期制定的路线、方针、政策,认真学习党的各项会议决议,奠定扎实的理论素养,具备坚定的政治信仰,树立正确的价值观,只有这样,讲课时才能做到有理有据底气十足,才能准确把握好方向;另一方面又要将党的最新理论和政策及时融入日常教学,如"十三五"规划、党的十八届五中、六中全会的精神,特别是习近平主席的一系列重要讲话精神、"一带一路"倡议等,在深刻领会的基础上精心备课,及时将有关精神有机地融合到相关教学内容中,减少教材在理论指导上的客观滞后性,带给学生全新的视野和先进的理论知识。其次,教学内容要保鲜,要在及时关注了解、调查研究的基础上,持续紧密跟踪社会热点,针对社会热点问题,比如我国经济发展新常态,大众创业万众创新、英国脱欧、难民问题、恐怖主义等,结合教材整合成相应的教学内容,结合相关视频等资料进行讲解,设计课堂讨论,引导学生课后思考,这样新鲜的资讯和具有热度的问题探讨,一方面有助于提高学生学习兴趣,另一方面又可以培养学生运用现有的理论知识来分析问题和解决问题,提升认知能力。再次,要将学生普遍关心的问题纳入教学内容中。我们教师的职责是既要教书又要育人,所以一方面要在"概论"课教学中,将抽象的理论进行充分梳理整合,即深入浅出地讲解,便于学生理解;另一方面,又有许多学生在思想认识上存在着一定的困惑,对当今社会的一些负面现象如环境污染、官僚腐败、收入差距等问题的认识上存在误区甚至可能产生偏激的情绪,这需要我们教师在"概论"课上通过教学内容相应地进行耐心理性的引导,帮助年轻学子们客观冷静地对待和分析这些社会现象及问题。此外,与学生切身利益紧密相关的一些问题如恋爱、人生挫折以及实习就业等一系列现实问题,也可以在教学的过程中获得老师们合理的帮助,真正实现教书与育人的和谐统一。

(二)创新教学方式和手段,努力提升学生综合能力

为了进一步提升学生们的思考能力、实践能力以及创新能力等,培养学生强烈的社会责任感和良好的道德品质,我们需要借助灵活多样的教学手段和教学方法,让学生参与到教学的各个环节中去,将所学知识转化为正确的思想和理念并付诸具体的行动。在教学手段和方式的改革创新过程中,我们可以综合运用校内外的各类资源,始终注重体现学生们的主体地位,从而最终达到提升学生综合素质的目的。现代化的教学技术手段,可以使用智慧教室进行多媒体教学,制作精良的多媒体课件能够为学生们提供比较丰富的图片和音频视频资料,通过设疑思辨和创设的动感情境来形象生动地展示给学生,可以很好地调动学生们的学习兴趣,一定程度上消减学习疲劳,增加对课堂内容的理解和记忆。与此同时,身处互联网时代的今天,还可以通过引导学生利用现有的网络学习平台来方便快捷地拓展学习新路径,达到"自主学习"的新目的。在江南大学目前所使用的"概论"课网络教学平台上,主要体现了教学向学生主体地位倾斜的尝试,如采取案例教学、专题教学和情境教学等方式方法,老师与学生进行互动,共同制定学习目标、设计方案及具体实施,引导学生全程参与、体验和效果评估。此外,近年来很多高校的实践教学也搞得有声有色,这其实也是一种很好的教学方式,它能帮助学生进一步开阔眼界,体验现实生活,学会冷静观察问题,提高解决现实问题的能力。目前这种大学生实践教学总体上分为校内和校

外实践两种形式,校内实践比较方便,可以使用校内现有的各类资源组织专题讨论或辩论赛,利用微信和QQ平台建立经典作品读书小组,聘请知名专家进行专题讲座,组织热点、焦点评析栏目等,如江南大学马克思主义学院唐忠宝博士的脱口秀"宝哥说"不仅在校园内人气颇高,而且还通过无锡电视台的报道影响拓展到校外,拥有众多学生粉丝,成为引导青年学子建立正确的价值观、传播正能量的有效路径。校外实践则是通过老师利用休息日和假期带领学生深入社会进行实地参观调研,选择一些有针对性的问题进行深入考察和访谈,从中培育学生们探究问题的热情和勇气,进一步调动学生们学习的积极性、主动性,提升他们的思考能力和实践能力,增强其社会责任感和培育其勇于创新的精神。

(三)创新考核机制,提高学生学习的主动性

"概论"课考核的目的就是要促进学生学习的主动性,培养并提升他们的能力。只有真正激发了学生们学习的积极性,才能使其具备学习的内在动力,只有培养和提升了学生的能力,才能真正实现教学的根本目的。为此,我们需要制定科学严谨的考核机制,设计合理的评分比例,把理论考试之外的因素也纳入考核机制,把与本课程相关的学生参与的各类校内外实践活动,如辩论大赛、读书活动、社会公益项目以及实践调研活动等与理论考试有机结合综合评估,只有这样才可扭转学生被动学习、"突击"考试的局面,将学生们的兴趣和精力更多地集中到提高自身素质上来。

"概论"课考试不仅需要考查学生们对基本理论的掌握程度,还需要考核学生们理论联系实际的运用能力、逻辑思维和表达的能力,真正体现学生们的综合素质,因而考核方法应该体现多样性,学生们的平时表现也要得到应有体现,如平时出勤、课堂发言、社会实践考察、品德修养等多个方面。以目前江南大学"概论"课为例,目前本课程的考核是分两个学期进行的,第一学期"概论"教学进度为第一章至第七章的内容,属于考查课程,教学计划32课时,实际讲课30课时,学期的第13周至14周左右进行网络测试,学生可在此期间自主选择时间进行网络测试,电脑自动生成成绩。第16周进行随堂考查,考核的总评成绩由以下三部分:平时成绩占30%,网络测试成绩占30%,期末成绩占40%;第二学期"概论"教学进度为第八章至第十二章的内容,属于考试课程,采用学期初先交暑期社会实践报告,学期末全校进行统一闭卷考试的方式,总成绩由平时成绩、社会实践与期末考试成绩三部分共同组成,其在总分中的比例分别为30%、20%、50%。平时成绩是在综合考虑学生平时出勤、课上学习态度和课堂回答问题的有效性以及课后作业完成情况综合得出的。这种考核方式,可以使学生们一定程度上变得主动,课上认真听讲,发言积极主动,参与校内外各类实践活动的热情提升,逐渐形成一种不是为考试及格而学的理念,从根本上提高学习的主动性。

(四)创新教学实践环节,强化实践基地建设

创新"概论"课教学实践环节,要从校园实践和校外实践两个方面同时着手:一是校园内的社会实践活动。校园的实践活动可以借助校园已有资源、微信、QQ平台等创新具

体的形式和内容,这包括聘请知名专家进行专题讲座、设计主题辩论赛、举办纪念日活动或公益项目,组织热点焦点问题探讨专题会等有意义、参与性很强各类校园活动,使同学们以极大的热情投身其中,在良好氛围中接受正能量的教育和熏陶,潜移默化地形成自我管理机制,养成积极向上、乐于创新的健康、阳光的精神风貌。二是校外的社会实践活动。"概论"课学科组可以拟订科学合理的社会实践计划,周密安排好各项准备工作,指导学生利用周末或寒暑假等时间,深入基层,探寻"三农"问题的根源、考察关系老百姓切身利益的国计民生事件,如环境、教育、医疗、住房等,关注改革动向,到基层宣讲党的各项方针政策、提供边区支教实践服务及岗位实习等。未来一段时间要继续加强学生社会实践基地的建设,通过高校平台不断开拓创新社会实践基地,如红色爱国主义教育基地、国企民企实习基地、典型社区服务和有代表性的农村调研等,形成长期稳定的合作关系,同时要继续巩固"概论"课程原有的教学实践基地,让学生们定期进行各类社会实践,丰富其实践形式,充实其实践内涵,通过丰富多彩的各类实践活动使学生们能够更好地解读理论观点、理解改革开放以来党和国家的方针政策,深刻认识我国国情,成为中国特色社会主义可靠接班人。

(五)创新教改激励机制,促进教研水平的不断提升

要提升目前"概论"课的教学水平就必须不断进行教学改革的探索与创新,这要求我们的教学始终要紧扣现实的脉搏,紧跟时代的步伐,只有这样才能真正培养出具有社会责任感和良好道德品质、能力出色的学生。为此,要根据课程的性质和特点建立起相应的激励机制和管理机制,创新强化教学研究和探讨,通过物质和精神两个层面来不断激励教师们参与教改的积极性和主动性,在研究和探讨的过程中不断提升教师的教学素养和教学水平,从而形成一支强大的教学研究团队,共同促进"概论"课的教学与研究成果的整体提升。

(本文选自《教育教学论坛》2017年第11期)

高校"中外服装史"的教学改革与探讨

——以明代成人礼情境教学为例

牛 犁

摘 要：从"中外服装史"教学存在的问题入手，提出了教学改革的策略。并以明代成人礼为案例，依据服装历史准备服装和剧本，通过具体实践表演完成教学任务，让学生在实践的过程中全面认识和了解明代的服装制度、款式、纹样、色彩等，更深刻地领会中华民族文化礼仪习俗。

关键词：服装史教学；课程改革；情景教学；明代成人礼

一、"中外服装史"课程教学的现状

"中外服装史"是高校服装设计专业必修的基础课程，它不仅可以使学生了解中国服装史的辉煌灿烂，而且对于学生理解中国汉族民众的服饰文化，更好地指导服装设计，有着非常重要的作用。然而，长期以来，国内服装院校服装史教学仅仅停留在教师单方灌输、学生被动接受的状态，教学质量不高，学生对课程接受也有困难。以江南大学纺织服装学院为例，"中外服装史"是本科二年级服装系学生必修课程，教学时间为1个学期，共36课时。在教学过程中，主要存在着以下问题：一是学生对历史缺乏了解，理解吃力。服装历史内容体系庞大，学生掌握具有一定的困难。二是服装史距今时代久远，难以感同身受。任何时代的服装文化都与当时的政治、思想、文化息息相关，而且古代服饰与当代服饰有很大区别，学生很难直观地了解和领略其中的文化意义和深层内涵。三是服装史教学往往以理论灌输为主，内容较为单一、枯燥，易使学生产生厌烦心理，丧失学习的兴趣。

针对以上问题，为了贯彻"中外服装史"课程互动式教学和实践型考核，笔者以情境教学为方式，生动形象地借助情景将授课内容表演出来，把学生"带入"历史，激起学生学习的情趣，从而加深学生对课堂内容的理解与掌握，弥补课堂教学的欠缺。

二、"中外服装史"课程改革的策略与实践

学生作为教学的主体，对教学过程的参与程度直接影响了教学水平的高低。针对这一现状，笔者选择中国明代服饰作为实验和改革的切入点，要求学生以明代服装为基础，

就当时的服饰文化、社会发展背景以及礼仪习俗等方面做一个全面而深入的了解。此次教学实践与改革主要分为两个方面,即课堂讲解、课后拓展与实践,具体环节如下:

(一)改革策略与思路

在课堂讲解方面,转变原来教师为主导的一贯模式,转为以学生为主导、教师为辅导的教学方式,调动学生的参与积极性,增加学生的学习乐趣。首先对明代的政治、经济、文化等各个方面的发展状况,以及社会变迁的种种因素用1课时进行讲解、梳理。第二课时,主要讲解明代的各种服饰制度、各种流行服装款式,以及男装和女装在明代历史中的变迁。在此基础上,给学生布置作业:以明代成人礼为研究对象,要求学生围绕"江南士大夫家庭成人礼"这一礼仪习俗,了解明代社会发展水平和文化礼仪习俗等方面的内容。准备时间为4周,最终成果在全校师生面前呈现,以演出汇报的方式展示冠(笄)礼的全过程。

冠(笄)之礼是我国汉民族传统的成人仪礼。在中国古代,男子满20岁、女子满15岁,家族中将为其举办一场盛大的"成人礼"仪式,男称"冠礼",女为"笄礼"。举行"成人礼"标志着从此步入成人之列,它标志着一个人的成年和社会的责任、义务、地位等的确立。它是汉民族重要的人文遗产,在历史上对个体成长具有莫大的激励和鼓舞作用。

展演明代成人礼,一方面使学生在拓展实践的过程中了解中国传统礼仪文化,另一方面通过形象再现,能够使学生对中国传统服饰文化有进一步的了解,从而达到热爱传统文化、弘扬民族文明、振奋民族精神的目的。

(二)具体实施

要求学生进行分组训练,并指定一名同学为总负责,组织剧组内所有创作人员、技术人员和演出人员,发挥他们的才能。其他同学分为6组:编剧组(10人)、导演组(5人)、道具组(5人)、服装组(30人)、化妆组(5人)、演员组(10人),并根据各自的性质和职责进行具体分工。

服装组人数最多,任务也最艰巨。因为服装是完成这项礼仪活动的关键,也是本次课程改革中最重要的因素,因此特别强调服装组学生必须明确这一礼仪活动中各式人物不同的身份背景、地位,搞清楚人物应该穿戴什么样的服饰,才符合明代服饰的标准。在明确明代服饰形制、色彩、纹样等服饰文化之后,要求服装组学生独立设计服装,并且制作完成。

作为大二的学生,已经掌握了如何绘制效果图、款式图和制作衣服等技术,这也是对学生综合运用能力的一次考验,当然主要考量的是他们对明代服装的理解和把握。在此基础上,聘请服装工艺课老师、江南大学汉风社和江南大学纺织服装学院学生会进行联合指导,以期最终完成的服饰符合明朝这一时代背景、符合各式人物的身份要求。

(三)实验完成情况

编剧组和导演组确定"成人礼"中所需要的人员为:家长——父亲和母亲;受礼的孩

子——女儿和儿子；观礼的嘉宾 8 人，其中包括男主宾和女主宾各 1 人，他们是年纪较长且在家族中具有权威地位的人；丫鬟 2 人。需服装 15 套（女儿在笄礼之后要换 1 套成年女装）。在款式方面，由于背景是明代江南士大夫家庭，男主人和男宾客的服装主要以直裰和道袍为主，女主人和女宾客的服装以长款袄裙和褙子为主，女儿在笄礼之前及丫鬟服装以短袄长裙为主。服装组根据不同的身份、地位，不同的年龄等，选择丝绸、锦缎、棉麻等不同材质为剧中人物制装。

图 1　展演现场图

演员皆由学校师生担任，其中扮演父母的是服装专业的老师和辅导员，扮演男主宾和女主宾的是年纪稍长并在学生中具有较高威望的老师，观礼嘉宾由大四学生担任，受礼者由大一学弟、学妹担任。

本次呈现的笄礼（冠礼），共分为迎宾、主宾就位、开礼、笄（冠）者就位、宾盥、初加、醮子、字笄（冠）者、聆训、揖谢、礼成等 11 个步骤。

经过近 1 个月的准备，"中外服装史"情境教学实验——"明代成人礼"于 2016 年 4 月 30 日晚 5:30 时在江南大学北区商业街向全校师生展演，并获得圆满成功（图 1）。无锡多家媒体对此进行了报道。

三、"中外服装史"课程改革的思考与总结

此次课程改革实验，不仅使学生对明代服装形制、纹样、色彩等有了全面的认识和了解，同时也使其对相关的文化礼仪习俗等方面有了很深的理解和认识。

大二学生刚刚进入成年阶段，他们即将从学校走向社会，我们希望通过这一活动对学生尤其是对参与的同学们起到激励和鼓舞的作用，使其能够更加成熟地面对社会的挑战，加深对社会责任和历史使命的认知。同时，通过举办汉服成人礼，我们也希望能够提高同学们对民族文化的认识，弘扬传统文化，传承华夏文明，让同学们能够近距离接触并重新认识中国传统文化，感受传统文化的魅力，并且践行中国的传统礼仪文化。

随着我国综合国力不断提高，一些人开始重新审视自己民族的优秀传统文化，汉服文化就是其中之一。弘扬汉服文化已经成为一种潜流，不少服装设计师已经在巧妙地利用汉服元素，设计出一款款优秀作品。为此，希望通过此次教学改革，激发学生对传统服饰文化的重视，加深对中国传统服饰文化的理解与认识，并能够在继承和借鉴的基础上对中国传统服饰文化进行创新，将现代时尚与传统服饰艺术有机地结合起来。

（本文选自《浙江纺织服装职业技术学院学报》2016 年第 3 期）

基于"食品安全"课程翻转课堂的初步教学改革及探索

谢云飞　郭亚辉　姚卫蓉

摘　要：本论文针对"食品安全"课程的主要内容，采用"翻转课堂"的教学方式对课程教学进行初步改革探索。在食品专业教学中引入"翻转课堂"的教学模式，进行改革，分析该模式在"食品安全"课程教学中面临的问题和挑战，以期为该课程教学探索新思路和新方法。

关键词：食品安全；翻转课堂；教学改革

一、翻转课堂的理念

"食品安全"是针对食品科学与工程专业的学生开设的专业核心课程，主要以食品安全科学理论、管理法规和控制措施为指导思想，以食品加工过程和供应链为主线，针对从农田到餐桌的全过程，内容包括食品原料的安全、食品生产及加工过程的安全、食品包装的安全性、食品流通领域的安全性、食品安全性评价、食品安全与卫生的法律法规及食品安全的监管机构和制度等。根据目前课程设置上案例繁多、教学内容比较枯燥、学生自主学习能力不强、对学习缺乏兴趣、学习效率低等问题，拟进行教学方式方法改革，因此如何提高学生的学习热情，促进学生的自主学习一直是教学研究的热点。

"翻转课堂"(Flipping Classroom)近年来成为全球教育界关注的热点，2011年还被加拿大《环球邮报》评为"影响课堂教学的重大技术变革"。翻转课堂的实质是在移动设备与网络终端逐渐普及化的现代社会，将"课堂传道授业，课后完成作业"的教学模式进行翻转，事先提供精心准备的一段教学视频，让学生在上课前完成目标知识的学习，然后在课堂上更好地进行知识的吸收和掌握的一种新型教学模式。该模式是教师提供教学视频，让学生在课前就完成对目标知识的学习，在课堂上通过师生角色互换、交流、课堂讨论以及完成作业达到对知识的吸收与理解。在翻转课堂中，课堂互动实践与课内讨论等由学生亲自参与，课堂讲授由课堂内完成转变为由学生在课余时间进行，其形式也从原来单一的教师与学生面对面讲授转变为以视频、多媒体资料等其他媒介完成，这种形式更有利于学生对于所学知识的消化理解，并且可以有效调节课堂气氛。

本论文拟针对"食品安全"课程教学过程中存在的案例繁多、教学内容比较枯燥、学生自主学习能力不强、对学习缺乏兴趣、学习效率低等问题,利用"翻转课堂"的教学模式改革,有效分解教学目标、设计教学过程、合理安排教学内容等。

二、"翻转课堂"教学改革在"食品安全"课程教学中的应用

(一)翻转课堂四阶段模型

图1是杰姬·格斯丁构建的翻转课堂四阶段模型。他将翻转课堂分为体验接触、概念探索、意义建构与示范应用四阶段模型。杰姬·格斯丁认为翻转课堂是从学生的亲身体验和参与作为第一阶段,只有学生亲自体验参与过之后才能更好地理解课上老师教授的具体内容。学生的亲自体验活动包括视频学习、PPT制作、实验活动和手工实践等。学生可以通过各种实践参与到所要学习的内容中去,并可以更好地理解学习对象的形式与内容。然后第二阶段通过观看与课程相关的微课和其他教学视频,浏览相关的知识网站或者参与组织的线上讨论等方式,进一步发掘学习内容的概念属性,进一步建立自己对教学内容的深层理解。第三个阶段是意义建构的阶段,主要是学生通过一些方式方法比如进行小测验、亲自制作与课程内容相关视频、写报告综述等方式,形成学生对课程内容的认识,完成对课程意义的建构。最后阶段是展示与应用阶段,也就是学生将学习成果通过各种方式表达出来,其中包括特色的汇报、制作个性视频、有针对性的小组项目等,并且得到合理的应用。杰姬·格斯丁正是利用这四个阶段描述出学生参与课程改革,即投入到翻转课堂的过程,这也是针对翻转课堂每个过程具体行为的阐述,成为该模型的典型诠释。

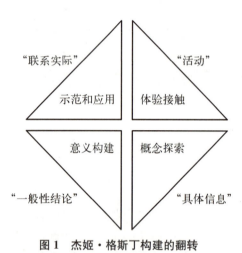

图1 杰姬·格斯丁构建的翻转课堂四阶段模型

(二)基于"食品安全"课程的翻转课堂的设计

"食品安全"某些章节的设置上案例繁多,教学内容比较枯燥,常常导致学生在课堂上缺乏学习兴趣、学习效率不高等问题,如何能有效提高学生的课堂学习热情,促进其主动学习已经成为该课程教学研究热点的内容。利用翻转课堂进行教学改革的尝试,主要集中在三个关键步骤:第一是要在观看视频之前进行学习,即针对要学习内容进行讨论,根据讨论情况提出问题;第二是观看教学视频,即带着第一步骤提出的问题,通过视频的学习寻找出相应的答案;第三是如何应用及解决问题,即学生在观看教学视频之后需要对提出的问题进行深入探究思考,利用新知识解决问题。

该教学改革的模型包括上课前、课堂中、课后时间三个阶段,具体情况如图2所示。

任课教师与学生需要做的事情都包含在这模型的三个阶段中,保证其顺利实施的重要条件就是现代化信息技术及实践活动练习。具体来说,个性化、有针对性、互动好的课堂学习环境的培养,离不开精心设计的课堂实践活动,以及足以支撑上课前、课堂中以及课后时间的教学改革。

(1) 上课前。首先,教师做好对于学生和教学内容的分析与设计,使学生明确了解教学目标。其次,需要准备与课程相关的微课视频、演讲稿、课堂小测验、分组方式等,该过程至关重要,作为翻转课堂的基础,直接影响了翻转课堂能否顺利有效地进行和完成。再次,学生观看相关资料之后,要求对资料中的感悟及问题进行整理以便巩固学习内容,发现学习中的疑难之处。

(2) 课堂中。教学内容在上课前传递给学生后,在课堂上对学生的学习效果进行快速简洁测评。根据测评的结果,教师应当解答学生在知识掌握中的困惑,更好地完成教学任务。教师应当根据学生在观看微课视频中的疑问,总结出一些富有共性且具有价值的问题,引导课堂教学并积极鼓励学生思考解决问题,使其快速消化理解课堂所学知识。本阶段,教师引导学生通过自测练习、观看微课视频等教学资源进行自学,并通过查找各种网络教育资源、参加网络课程的在线学习等方式,完成对课程内容的深层理解记忆。该种教学改革,颠覆了以往的教学模式,不再是老师在讲台前的一味讲授,转变为师生互动,这样的课堂教学好比开了一场研讨会或者辩论会,参与其中的每个学生都会获得不同程度的收获。更重要的是,每个人都对知识进行了更深层次更主动的掌握。

(3) 课后巩固。下课后,应当使学生更加容易地完成对所学知识的理解和记忆,进而有利于对知识的分析,然后消化、吸收、理解并运用。在这个阶段,教师可以凭借新网络媒体平台及现代化信息交流手段与学生进行交流沟通,了解学生的问题和收获,通过学生对课程改革内容的反馈评价进一步完善翻转课堂的形式和内容,以便为今后"食品安全"课程的顺利进行打好基础。

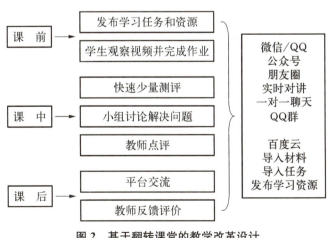

图 2　基于翻转课堂的教学改革设计

三、翻转课堂教学改革的意义

从翻转课堂理念提出至今,以慕课为基础的翻转课堂的教学改革效果优势日趋显著:优秀教学资源大规模公开,国际知名优秀教师的积极参与保证了教学改革的质量。作者经过亲身实践验证,在高校"食品安全"课堂应用翻转课堂有三个优势:第一,有利于建立以学习者为中心的新型教育理念,开展主动探索式学习,使学生掌握的知识比较扎实,自学能力显著增强;第二,有利于学生预习、自测和做作业;第三,有利于实现教学内容微课化、结构化,通过安排10分钟左右的微课视频,利用简短的内容、设计就可以针对想要强调的一两个知识点,帮助学生更好地消化理解课堂内容,使其达到融会贯通的状态。

(本文选自《教育教学论坛》2017年第5期)

工科类专业试验设计方法教学实践探索

高 洁

摘 要：以试验设计方法教学为例,通过案例教学分析该课程在教学和科研方面如何有机结合,促进教学与科学研究的紧密结合,调动学生的学习兴趣,提高学生的创造能力,从而提高课程教学质量,培养学生科研能力与创新兴趣。

关键词：工科类专业;试验设计方法;教学

一、试验设计方法

在生产和科研中,为了研制新产品,改革生产工艺,寻找优良的生产条件,需要做大量多因素的试验。因而选用正确的试验设计方法则尤其重要。目前通常的试验设计方法有配对设计、完全随机化、均衡设计、正交设计等。实践证明,正交试验设计法就是研究与处理多因素试验的一种科学有效的方法。这种方法的优点是能通过代表性很强的少数次试验,摸清各个因素对试验指标的影响情况,确定因素的主次顺序,找出较好的生产条件或最优参数组合。

二、试验设计方法在工科类专业中的教学实践

(一)色纺纱生产工艺改进案例

1. 问题提出

色纺纱可以实现多种成分纤维的混合和利用,并可获得独特的混色效果与产品风格,故具有一定的科技含量,符合当前社会节能环保的需求,因此具有较好的市场发展前景。但是对纤维染色后,棉纤维表层棉蜡熔化,加上染料分子的渗透会导致纤维发涩、弹性较差、容易扭结在一起,纤维单强有所下降,纤维间抱合力减弱,可纺性能明显下降。采用赛络纺的工艺对进行纺纱,在纺纱过程中,纤维会经过两次包缠,因此减少纤维在纱体上的外露,从而达到降低毛羽、提高单纱强力、改善纱线条干 CV 值等目的。目前色纺是纺织业中的朝阳产业,所以对优选生产赛络涤棉色纺纱的细纱工艺,找出最合适的生产工艺,具有一定的实际意义。

2. 试验条件

赛络 A 纱的粗纱定量为 3.1 g/10 m,赛络 B 纱为纯棉精梳纱,粗纱定量分别为

3.6 g/10 m,4.0 g/10 m,4.6 g/10 m。纺纱时温度 25℃,湿度 76%,涤棉实际回潮率 6.5%。

3. 试验方案

在采用相同成分的原料、相同的锭速,试验采用 $L_9(3^4)$ 正交设计,为粗纱定量(A)、粗纱中心距(B)和细纱捻系数(C)三因素三水平正交试验。其中赛络 B 纱粗纱定量因素三水平:A_1(3.6 g/10 m),A_2(4.0 g/10 m),A_3(4.6 g/10 m);粗纱中心距因素三水平:B_1(6 mm),B_2(8 mm),B_3(10 mm);细纱捻系数因素水平:C_1(330),C_2(350),C_3(370)。

当选用的赛络 B 纱粗纱定量为 3.6 g/10 m 时,则赛络纺粗纱总定量和为 6.7 g/10 m,所以选用细纱机的机械牵伸倍数为 23.39 倍;当选用的赛络 B 纱粗纱定量为 4.0 g/10 m 时,则赛络纺粗纱总定量和为 7.1 g/10 m,所以选用细纱机的机械牵伸倍数为 24.48 倍;当选用的赛络 B 纱粗纱定量为 4.6 g/10 m 时,则赛络纺粗纱总定量和为 7.7 g/10 m,所以选用细纱机的机械牵伸倍数为 28.30 倍。

纱线的性能测试是在标准的恒温恒湿实验室进行的,所有的纱线实验在温度 22℃、相对湿度 62% 的环境下进行测试。单纱的断裂强力和断裂伸长率等性能测试采用 YG068C 全自动单纱强力仪,上下夹持 50 cm,拉伸速度为 0.5 m/min,测试次数为 10 次,取其平均值。测试指标:单纱断裂强力、断裂强度、断裂伸长率、断裂功。单纱的条干均匀度测试采用 Uster Tester 5 条干测试仪,测试速度为 400 mm/min,测试时间为 0.5 min,测试次数为 3 次,取其平均值。选择条干均匀度变异系数、细节-50%、粗节+50%及棉结+200%作为评价指标。采用 YG172A 型纱线毛羽测试仪测试纱线毛羽,测试速度为 30 m/min,取 10 个片段,每个片段的长度为 10 m,测 10 组。

4. 结果分析

纱线断裂强力和断裂伸长率在试验 2 时明显最好,其他试验号波动较小且远远低于试验 2;纱线条干 CV 值波动较大,试验 1,2,3,5 条干低于 12% 较好,而实验 4,6 条干过差;3 mm 以上有害毛羽数量除试验 1 过大外其他试验变化较小,试验 2 有害毛羽数最少。整体看来,试验 2 各项纱线性能较好,试验 1 纱线毛羽较多,试验 4,6 断裂强力和伸长率较小且纱线条干较差,各项纱线性能较差。

各因素对 20^s 赛络涤棉色纱纱线断裂强力影响程度排序为 A>C>B,粗纱定量为显著影响最大,细纱捻度次之,粗纱中心距影响最小。由于各因素对单纱断裂强力影响使得其越大越好,则断裂强力之和大为较好水平,因此对于 20^s 赛络涤棉色纱其较优工艺方案为 $A_1B_2C_3$。各因素对 20^s 赛络涤棉色纱纱线断裂伸长率影响程度排序为 C>A>B,细纱捻系数显著影响因素,粗纱定量次之,粗纱中心距影响较小。由于各因素对单纱断裂伸长率影响使得其越大越好,则断裂伸长率之和大为较好水平,对于 20^s 赛络涤棉色纱其较优工艺方案为 $A_1B_2C_3$。

对于 20^s 赛络涤棉色纱,粗纱定量对纱线强力、伸长、CV 等各项性能有较大的影响,且选用较小的粗纱定量有利于提高纱线强力、降低纱线毛羽等性能;粗纱中心距对纱线毛羽影响较大,对其他纱线性能影响较小;细纱捻系数对于纱线强力、伸长、毛羽等各项性能有较大的影响且选用较大的细纱捻系数提高纱线强力、毛羽等性能。较小的粗纱定量、适中的粗纱间距和较大的细纱捻系数有利于提高赛络涤棉色纱的纱线性能。

通过采用正交实验纺制 20^s 纱线，可以知道纺制 20^s 赛络涤棉色纱，粗纱定量是影响纱线强力和纱线条干的主要影响因素，适当降低粗纱定量有助于提高纱线强力和纱线条干；粗纱中心距时 3 mm 以上有害纱疵的主要影响因素，适当提高粗纱中心距有助于降低 3 mm 以上有害毛羽；对纱线伸长率影响最大的是细纱捻系数，较大的细纱捻系数有助于提高纱线伸长率。

（二）零件改进设计案例

1. 问题提出

研究导套的外径、过渡圆角、底板壁厚对零件破损处（即过渡圆角处）应力集中的影响。

2. 试验方案

选用三个可变因素——导套外径 A(mm)、过渡圆角 B(mm)、底板壁厚 C(mm)。每个因素分别取三个水平数。特安排了三因素三水平的正交试验，水平尺寸的选取充分考虑到了零件在部件中的允许空间尺寸。选用 $L_9(3^4)$ 正交表进行试验设计，这样仅需要进行 9 次不同的计算。

3. 结果分析

导套外径 203 mm 时圆角处应力最小，总体而言该因素影响不大；随着过渡圆角半径的增大，圆角处应力呈显著的减小趋势；底板厚度为 32 mm 时圆角处应力最小，总体而言该因素影响也不大，加大厚度并不能有效减小过渡圆角处的应力。综合上述三点，这是一个应力集中的问题，最有效的解决办法就是增大圆角半径，降低应力集中程度。

综合起来 A=203，B=15，C=32 最好，这与极差分析得出的结论一致。而上述 9 次试验并未出现该方案，故需追加试验。试验的结果是 69 MPa，这比前面 9 次试验所得的结果都小，且明显小于许用应力。

经过试验得出该零件破损的主要原因是过渡圆角半径过小引起较大的应力集中，进而找出了应力集中最小的解决方案，按所确定的尺寸制成的零件在使用中未出现任何问题。

（三）废水处理改进案例

1. 问题提出

纳米 TiO_2 光催化-SBR 工艺处理印染废水的研究。

2. 试验方案

采用偶联剂法将纳米 TiO_2 附于聚丙烯多面小球上制备出小球填料，运用自行设计的"TiO_2 光催化-SBR"联合工艺对实际印染废水进行处理。假设：① 在正交试验中光源强度和反应时间两个因素都选取了由单因素试验确定的最佳水平进行试验操作。光源强度为 4＊30 W，光照时间为 120 min。② 进水水质稳定，SBR 系统的水利负荷较低，短周期运行，则微生物数量和性能、溶解氧都相对恒定。③ 纳米 TiO_2 光催化小球膜层相对均匀，不易脱落。④ 两者其他条件相同，光催化试验设计只考虑催化剂添加量、pH、溶解氧浓度三个因素，SBR 工艺的试验设计只考虑曝气时间和沉淀时间对试验结果的影响。

试验分为两个部分的设计，一个是光催化实验设计，另一个是 SBR 工艺的实验设计。在光催化试验设计中由于光催化的影响因素较多，最终选取了催化剂添加量、pH、溶解氧浓度三个因素为正交实验的因素，故本试验采用正交法 $L_9(3^4)$ 进行试验设计，以确定印染废水光催化预处理工艺的最佳工艺条件。

3. 结果分析

催化剂投加量、pH、溶解氧浓度为因素，因素有三个水平，文中计算出了 K 值、极差，最后作出了最有水平的组合及主要影响因素。在 SBR 工艺处理试验结果的数据中，由于只有两个因素，试验指标只有一个，因此没有做正交实验，只做了线性相关实验，可以较明显地看到两个因素对降解效果的影响。本试验进行了单独工艺的处理研究，然后再进行了联合工艺的研究，印染废水通过光催化处理后色度得到了大量的去除，同时 B/C 的值也得到了提高，表明光催化反应器提高了废水的可生化性能，为后续的生物反应器的处理效果奠定了基础；同时因为一部分 COD_{Cr} 和 BOD_5 得到去除，使得后续的 SBR 工艺的进水负荷得到降低，大大提高了后续工艺的处理效果，使得整个工艺脱色率达到 90%，COD_{Cr} 去除率达到 85%，其处理效果比单独使用光催化或 SBR 均显著，保证了出水的达标排放。

三、结论

通过案例教学，教学与科研相辅相成、相互促进，两者实现了双向互动，这对于培养新世纪研究型专业人才有很大的作用。

(本文选自《教育教学论坛》2016 年第 36 期)

大学物理教学改革实践与探索

——"兴趣驱动、问题引领、案例辅助、能力评价"的改革思路

张子越　何跃娟

摘　要：针对当前大学物理教学过程的现状，结合国家对高等教育提出的要求，引入了以"兴趣驱动、问题引领、案例辅助、能力评价"为思路的大学物理教学改革并予以实践和探索。本文对大学物理改革的思路进行了详细的阐述和分析，并介绍了在实践中的实施情况及遇到的困难。

关键词：大学物理教学改革；兴趣驱动；问题引领；案例

一、大学物理教学改革的必要性和重要性

当前，全球新技术革命迅猛发展，知识经济在国民经济中的比重日益加重，社会对人才的需求扩大，并且对创新型人才更加渴望。党的十八届五中全会也明确指出："要坚持创新发展，必须把创新摆在国家发展全局的核心位置，不断推进理论创新、科技创新、文化创新等各方面创新。"而教育尤其是高等教育在培养创新人才方面起着至关重要的作用。教育部印发的《教育信息化"十三五"规划》中提出高等教育要创新人才培养、科学研究、社会服务、文化传承和管理模式，提高人才培养质量和办学水平。在这种国家建设需求和国际发展潮流之下，全面提高高等教育质量从而培养创新性人才，成为我国高等教育发展的核心问题。

创新要打破旧的教学思路和教育模式，即要改革。作为高等教育中一门重要的公共基础课，大学物理对于培养学生的科学素养、探索精神和创新潜能具有重要作用，它在人才培养中的地位不可替代。然而学生们并没有认识到大学物理课程的重要性，反而认为物理学而无用又毫无乐趣。这样的想法是由大学物理教学体系的落后造成的。首先，物理课程教学内容缺乏针对性，不能满足不同层次和专业学生的需求。其次，相对单一而固化的课堂传授式教学模式和一纸试卷的考评方式，无法调动学生的学习兴趣和主动性。这些问题在高校物理教学过程中普遍存在，也是创新人才培养所面临的问题在基础课程中的具体表现。因此，大学物理教学改革势在必行也迫在眉睫。为此我们提出了"兴趣驱动、问题引领、案例辅助、能力评价"的改革思路，并基于此思路在物理教学中逐步探索新的教学方法、建立新的考评机制，更好地发挥大学物理教学在创新

发展中的作用。

二、大学物理教学改革的探索与实践

以"兴趣驱动、问题引领、案例辅助、能力评价"为思路的大学物理教学改革是一项全方位的改革,在课前预习、课堂教学、课后复习以及考试评价等各个教学环节都要打破原有的模式而建立新的教学体系。这是因为教学的每个环节都是相辅相成不可分割的,仅在一个环节进行改革,其他环节难以与之匹配,势必达不到好的效果,甚至起到反作用。图1所示为这种改革思路在大学物理教学的各个环节的具体体现和实施方案。

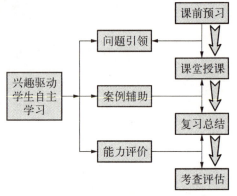

图1 以"兴趣驱动、问题引领、案例辅助、能力评价"为思路的大学物理教学改革的实施方案

(一) 实现兴趣驱动下的自主学习是大学物理教学改革的目标

心理学认为,兴趣是人们力求认识事物和探求知识的心理倾向。《论语》中"知之者不如好之者,好之者不如乐之者"就一言道出兴趣的重要性,它可以激发学习者的激情、力量和智慧。因此,教学过程必须让学生对所要学习的知识感兴趣,才能使他们积极主动地参与到教学过程中,从而达到获取新知识的最佳状态,这也是大学物理教学改革的根本目的。

其实,物理学本为一门以实验和观察为基础的自然科学,其中的各种规律时刻发生在我们周围。所以物理教学很自然地也要善用周围的一切现象或事物来引发学生的兴趣,使其实在地感受物理的魅力。以兴趣驱动学习应该贯穿于物理教学的各个环节,从预习到课堂到复习,都要时刻注意激发学生的兴趣。具体措施可以概括为几点:① 利用学生的好奇心激发求知欲。例如在刚体转动章节,可以先提出问题:质量一样的两个圆筒,一个实心的一个空心的,沿着同一个斜坡滚下,哪个先到底端?然后让学生先自主研究给出答案。接着通过实验验证答案,再分析原因。这样的教学环节可以大大激发学生的求知欲,求知欲越高,兴趣越浓,探索精神也就越强。② 让学生在现实情境中学习物理。物理知识本身就是要为科学和生活实践服务的,所以在物理教学中就创设符合实际的情境,有利于调动学生学习的积极性,并切身地感受到物理规律的重要作用。例如,可以播放斯诺克比赛的视频,然后让学生代入角色,分析一下如果自己作为比赛选手该怎样出杆、击球的哪个部位等等,从而让学生在现实的情境中掌握力学方面的多个知识点。由于理解了这些物理规律可以直接指导学生的实践,学生的学习兴趣就会被调动。③ 加强直观认识,增加动手操作。物理的基础课程教学和物理的实验教学是相辅相成的,不应该孤立开来。在掌握了某个知识点的基本内涵之后,只有通过直观的演示实验或者自己动手实验才能深化学生的认知,解决物理知识的抽象性和学生思维的形象性之间的矛盾。这里的物理实验不单单局限于实验课程要求的物理实验,还包括生活中可以做到的各种实验。例如可以让学生通过调节两个墨镜镜片的位置来学习偏振的知识等等。

总之,教学中教师要创设条件,采用多种手段,通过多种渠道激发学生的学习兴趣,最大限度地调动学生的积极性和主动性。实现了兴趣驱动下的自主学习,大学物理的教学改革才能成功。

(二)使用问题引领学生自发探索

问题引领式的教学非常符合认知心理学说的代表人奥苏伯尔提出的"先行组织者"教学策略。所谓"先行组织者"就是先于学习任务本身呈现的一种引导性材料,与认知结构中原有的观念和新的学习任务相关联,为新的学习任务提供观念上的固着点,增加新旧知识间的可辨别性,以促进学习的迁移。这里教师要提出的问题就是"先行组织者",它可以是一个需要解决的难题,可以是具有引导性或背景性的阅读材料,可以是与知识有关系的现象、视频、实验等等。总之这个"问题"必须能够最大限度地激发学生求知欲望且具有一定的难度,这对教师在选取这个引导性问题时提出了较高的要求。一般来说,在设计这个问题时,应先分析学生的已有认知结构和新旧知识间的联系,根据不同专业学生对物理课程的诉求来选取问题。当然这个问题可以是作为每一章的引导,也可以是某一个小的知识点的提炼,只要在预习和课堂环节注意适时地提出问题,调动学生学习的积极性,那么问题引领式的教学就是成功的。

在如今的大学物理课堂上,许多教师也常常采用先提出问题再予以解答的方式讲授一些知识点,但这与我们提出的问题引领式的教学还有一些差别。传统意义上的提问往往是针对某个接下来的知识点提出的很有局限性的问题,它更像一个例题,只要教会学生如何解题,他们就可以解决这个问题。而问题本身是否有趣、是否是学生关心的等等并没有过多考虑。而这里所谓的问题,是要教师在深入钻研教材的基础上精心设计的,能够将最容易与新知识建立联系的观念以学生易于接受的方式嵌入学生已有的认知结构中,让学生在探索这个问题解决途径的过程中掌握知识。以下列举两例笔者在教学中运用较为成功的引领式问题。

例1:在讲述"狭义相对论"章节之前,安排学生自主观影《星际穿越》,并要求回答关于太空时间的一系列问题。课上学生讨论非常热烈,大部分学生已经自发地学习了动钟变缓的理论,对于洛伦兹变换等基本公式已经不需要在课堂上推导,他们在学习这个理论的过程中已经掌握。教师在课堂上只要简单地总结归纳,点出学生没有注意到的细节,并将速度与时间的关系再加以延伸就可以了。最后很难理解的相对论知识,不用再枯燥无味地讲述,而是通过学生自发地学习牢牢印在了他们的脑海里。这里一部电影就是一个优秀的"先行组织者"。

例2:在讲述"角动量"这个知识点之前,发给学生一份关于双旋翼直升机的阅读材料,要求学生解释为什么双旋翼需要反向转动。课堂上将学生分成几个小组,组内讨论解决这个问题,然后再每组派一个代表上来讲述。结果大部分学生都可以通过自发地学习理解角动量的概念,理解角动量守恒原理。通过多位同学多次地讲解这一个知识点,更加深化了学生对此的认识和理解。这里一份资料就是一个优秀的"先行组织者"。

总之,在预习和讲授环节善用问题引领学生思考,并留给学生充足的时间讨论和学习,可以极大地调动学生的积极性,使他们变成学习的主人。

(三)利用案例辅助学生内化基础知识和提高应用能力

在学生对每一章节基础知识基本掌握之后,最需要的就是内化这些知识并将其应用到实际中。传统教学中教师往往通过列举例题和上习题课的方式完成这一过程,但是由于这些题目往往是人为编造的,并没有实际价值,无法引起学生的兴趣,反而使学生沦为解题的机器,拿到题目就按部就班套用公式,根本无法内化知识以致应用。采用案例教学法则是改变这一现状的一项重要举措。所谓"案例教学法"就是教师根据一定的教学目的,将案例作为基本的教学材料,把学生引入教学实践情境中,通过生生之间的研讨和对话、师生之间的互动等方式,来提高学生的决策能力和行动能力。我们认为案例教学法对于提高教学质量具有重要作用,可以拓展学生视野,符合理论联系实际的教学要求。但是如果在基础知识还未掌握时就抛出一个个案例,并不符合循序渐进的教学原则,会大大挫败学生的自信心。所以案例教学只能是辅助,在每一章节或某一块知识教授完毕之后,再辅以实际的案例,培养学生分析问题和解决问题的能力,加深学生对基本原理和概念的理解,这对开发学生的创新精神和实际解决问题的能力将大有助益。

采用案例辅助教学的过程有三个需要解决的问题。

(1)如何选择案例?首要的是案例本身必须服务于教学,与大学物理课程相差太多的案例是不合适的;然而案例又不能拘泥于教学,不然就变得与课后习题差别不大了。这就要求教师选取案例时注意它的科学性、趣味性和可操作性。选择学生感兴趣想知道的问题作为切入点,同时这些问题又是需要通过所学知识推理求解才能得到结果的,最后通过所得的结论还能够将所学知识加以延伸和扩展,这样的案例才是适合作为教学之用的。能符合以上要求的案例可选择的余地并不大,因此案例的编写和甄选是一项非常具有挑战性的工作,需要花费大量的精力。目前我们的案例库仍在不断地建设和完善中,其中有不少案例已经投入教学过程中,并收到了不错的成效。

(2)如何组织教学?根据以上分析的案例辅助教学的思路,我们一般在某章或某块知识结束的时候进行一次案例分析课,取代以往的习题课。案例在课前就发给每个学生,并提前分好小组,需要每个小组的成员之间分工协作,利用课下的时间完成对资料的调查、分析、求解和拓展等工作。课上主要是每个小组的讲解和展示时间,小组代表会通过多媒体或者演示实验等手段将案例的解决过程呈现给大家,最后各组之间讨论交流。教师在课堂上的主要工作是纠正解决方案中的错误、积极促成交流和引导学生打开思路进一步延伸应用。

(3)如何评估?在每次案例讨论课结束之后,教师需要对每位学生的表现给出分数,并计入最终的考核成绩中。这个案例讨论课的考核成绩分为三部分：第一部分是小组协作的分数,根据小组完成案例解决方案的优化程度和最终展示的 PPT 给整个小组里的每一位成员一个同样的分数。第二部分是根据课堂中学生参与讨论的积极程度和交流时表达出的个人对基础知识的理解深度给出分数。第三部分是案例讨论课作业的分数。这是指在讨论课结束后每个学生需要交一份纸质的总结材料,主要表述个人对这个案例的理解,表明自己在小组协作中所起到的作用以及发表自己对讨论课的感悟。教师可以根据这个作业大致了解每位学生对该部分知识的掌握程度,从而给出相应的分数。更重要的是教师也可以通过学生的感悟反馈出讨论课中存在的问题并予以改进。

（四）重视对学生的能力评价,建立新的考核体系

在课堂教学的各个环节都做出相应改革的同时,对于旧的考核体系也必须相应地调整,以适应新的教学模式。根据教育部"培养创新性人才"的目的,我们提出要突出对学生能力的评价而不是对知识掌握程度的评价。其实这两者并不矛盾,只有熟练掌握了基础知识才有可能具备应用和创新的能力,所以重视能力评价是更高层次的要求。目前我们还并未改变期末统考的考核方式,只是在两个方面做出调整：首先是期末试卷的试题类型,由原来的选择、填空、解答三大题模式变得更加多元化和开放化,会在保留一些基本习题的基础上,大大增加需要主观阐述的开放性试题的比例。其次是期末和平时成绩所占的比例上也逐渐调整,更加重视平时课堂表现和案例讨论课的评估结果。这些改变都可以使最终的考评成绩更加突出学生在运用知识方面的能力。我们还在探索考评机制的更大变革,例如彻底放弃统考的形式,而采用面试、大论文乃至设计新的物理实验等。

三、大学物理教学改革之路的困难与坚持

大学物理的教学改革必须舍得抛弃旧的观念和方法,舍得花大的精力和时间逐渐建立一整套完备的教学体系,在这个过程中势必会遇到重重困难和阻碍。第一,大学物理课程的学时被不断压缩,而教学内容又很难一再缩减,既要保证教学内容的完整又要留下较多的时间给学生独立思考和讨论交流,这两者之间的矛盾是改革进行的一个较大阻碍。第二,多数学生在中学阶段习惯于被动式接受学习,并没有养成自主学习的习惯,所以在改革中有些学生的观念无法转变更无法适应新的教学模式,会产生一些消极和抱怨的声音。第三,甄选引领性问题和案例都是很花费精力的工作,教师在繁重的科研压力之下还要抽出大量时间投入到这项工作中是非常不容易的。第四,现有的大班教学状态,每次上课都有 100 人左右,面对众多的学生,要完成分组讨论交流等工作常常显得时间不够,也无形中增加了任课教师的工作量。

总之,改革的道路总是充满艰辛和困难的,但是改革的步伐不能停止也不应该停

止,只有坚持才能有收获。大学物理教学的改革不能一蹴而就,要循序渐进,逐步扩大改革范围和加强改革力度,让教师和学生都能逐渐适应,最终建立一个新的物理教学体系。

(本文选自《内蒙古科技》2017 年第 1 期)

兴趣驱动的高校计算机
程序设计实践教学法

狄 岚 张 军 赵 燕

摘 要：针对高校计算机程序设计课程教学中普遍存在的被动学习问题，以提高学生学习程序设计的效率为目标，分析了计算机程序设计课程的特点，提出并实践了兴趣驱动的计算机程序设计教学方法。该方法主要包括：比喻法教学，培养兴趣；多媒体课件与黑板相结合，引导兴趣；针对学生能力分类布置作业，激发兴趣。通过教学案例，阐述了在兴趣驱动的教学过程程序设计讲授方法，并列举出了三年来兴趣驱动教学方法的教学效果，为计算机程序设计语言教学提供了有价值的参考。

关键词：兴趣驱动；程序设计；教学法；比喻法教学

21世纪是中国高等教育快速发展的时代，中国高等教育也进入了大众化教育时期。大众化教育时期招收的学生比精英教育时期招收的学生质量总体上要低。因此，在新形势下如何应用当今信息化技术提高教学效率，保证学生最终质量，是需要教育工作者重点研究和实践的课题。另外，随着网络教育尤其是MOOC（Massive Open Online Courses）的出现，教育资源共享是当前高等教育的趋势，为广大受教育者提供了更加开放的学习途径。学生可以更加自由地选择学生方式和安排自己的学习计划。相应地高校教师的角色也在发生着改变，从以过去讲台为主的教师主导课堂授课，到internet时代的网络远程授课，再到目前广为推崇的MOOC翻转式教学，大学教师从课程的教授者变为一个教学的服务者，甚至是MOOC剧本的编辑或演员。在这种形式下，好的教师能够更加广泛地分享他们的教学成果，同门课程授课的老师之间的竞争更加透明化，缺乏经验的教师具备了更多的上升空间；学生也能够具有更多的选择机会，他们能够选择更好的老师授课，大大节省了学习的时间，提高了学习的效率。因此，如何在新的教学形式下，扮演好教师的角色是一个值得研究的课题。

一、计算机程序设计课程的特点及存在的问题

计算机程序设计课程是高等教育中的一门重要基础课程，对计算机专业的学生而言，它是许多后续专业课程的基础；对非计算机专业的学生，它是信息技术知识的基本课程。

其特点是概念多、涉及面广、难度大、抽象性高,同时有很强的实践性和应用性。

计算机程序设计课程中有许多概念,从描述方式来看有通过例子描述、利用其他概念阐明、用抽象定义描述等,从种类来看有语法概念、编程概念等;部分概念难度大,需要多种内容混合描述。程序设计还涉及编程,基本概念清晰,描述问题的算法清楚,编程就简单了。但是描述问题的算法相当复杂,这也是程序设计课程的关键和难点。在许多应用问题中,就是因为算法描述不好使问题的解决困难重重。而且,解决同一个问题的算法并不唯一,算法的效率问题就成为程序设计的难点。要求学生能够独立编制程序,完成相应的任务,需要理论和实践相结合。

为了让学生分析问题,解决实际问题的能力得到很好的训练,就必须合理安排计算机程序设计课程的教学计划和内容,本研究就是为达到该目的,根据作者多年来在该课程的教学中遇见的问题,列举如下:

(1) 课程内容枯燥。计算机程序设计课程普遍被认为是比较难学的课程,这是因为课程内容偏于理论、语法较复杂、概念抽象不易理解等特点,思维要求较高。再有,学生在调试程序的过程中缺乏耐心,导致学生在学习时不容易获得立竿见影的学习效果。因此,大部分学生对计算机程序设计课程都感到枯燥乏味,缺乏兴趣。

(2) 教学手段简单。近几年,多媒体教学手段已经广泛被使用,多媒体授课是当前计算机程序设计课堂教学的主要形式,多媒体教学有助于形象概念的解释和难点的解剖,对复杂问题的形象描述起到有效作用;好的多媒体教学课件还能提高教学效率和学生的学习质量。但是,过分依赖于多媒体教学,由于授课速度控制上的难度,会使得很多学生上课时难以跟上课堂节奏,影响课堂授课效果。

(3) 学生群体差异大。程序设计课程在高校的授课阶段一般是放在大一的第一学期,随着高校的扩招,新入学的学生起点不同,生源质量参差不齐。在授课过程中,学生的接受能力不同,导致授课进度也不一样。一部分学生在高中就学过程序课,参加过建模比赛,具备一定的计算机程序设计能力,基础相对较好;另一部分学生,高中时从未接触过程序设计,学习目标与实践知识水平存在很大差异,这差异给教学的组织实施带来了很大困难。

(4) 学习不是为了应用。程序设计是一门应用性很强的课程,程序设计的目的就像学习一门外语,学习的目的如果是为了学分,这门外语很难学好。很多同学大学四年学习程序设计的目的就是为了这个学分,死记硬背考过这门课程,然后忘得一干二净。这门课程的学习过程自然也很痛苦,根本没有印象用程序设计解决了哪些问题,只是记忆语法和句法。这样的程序设计课程自然就没有人喜欢。

二、兴趣驱动学习的教学法

学生的兴趣是学习关键,只有有兴趣才能真正自主地投入到探索、研究中去。心理学研究表明,当学生的心理处于压抑、不满、失去信心时将直接阻碍、削弱甚至中断智力活动,破坏学习的向心力,当然也谈不上学习效率。学生对学习的内在兴趣,是学习的强大动力。孔子曾说过:"知之者不如好之者,好之者不如乐之者。"爱因斯坦说:"兴趣是最好老师,它永远胜过责任感。"有兴趣才能产生爱好,爱好它就要去实践它,达到乐在其中,有兴趣才会形成学习的主动性和积极性。在大学教学中,我们把这种从自发的感性的乐趣出发上升为自觉的理性的"认识"过程,这自然会变为立志学好程序设计、成为计算机程序学习的成功者。

兴趣对学生的学习有着神奇的内驱动作用,能变无效为有效,化低效为高效。兴趣驱动学习方法的关键是兴趣,教师通过多种形式的沟通、交流、展示等方式,将学生的兴趣引发出来即可。通过多年的教学实践,我们总结了以下兴趣驱动教学法。

(一)比喻法教学,培养兴趣

计算机学科中,有些教学内容比较抽象,不容易被学生接受和理解,作为教师应有能力化繁为简,将深奥的理论讲得通俗易懂,这需要教师多钻研教材教法。在教学中巧用生活中的实例,形象比喻的方法最容易为学生接受。

如 C 语言的教学中,主函数和子函数间的数据传递,是学生学习时不容易理解的。可以用生活中的例子:将主函数和子函数的关系比喻为父亲和儿子的关系,在主函数中调用子函数比喻为父亲叫儿子做事,实参和形参间的参数值传递过程看成是父亲给儿子传递数据,返回值的传递比喻为儿子把计算的结果告诉父亲。这样不照本宣读,学生很容易理解,也培养了对程序设计学习的兴趣。

(二)多媒体课件与黑板相结合,引导兴趣

利用多媒体课件教学能够方便、快捷、直观、形象地传授教学内容,一定程度上减轻了教师授课的负担,同时也能够使得课堂更加生动、有趣,从而使课堂气氛更加活跃。但也存在着一些负面影响。如信息量过大,会使得学生缺乏一定的思考过程,也会使教学重点、难点不突出或突出不够。另外,如果一节课过多地依赖多媒体课件,会失去课堂的师生互动环节,很难发挥学生的主动性等。

无论是多媒体还是传统的黑板板书教学方式,其基本要求依然是引导动机,同步思维,结构严谨、说理深刻,虚实结合、表述生动,注意反馈、及时调整。如何发挥多媒体教学在计算机程序设计课程教学中的优点,我们在教学中结合计算机程序设计课的特点,作了一些调整,将多媒体课件与黑板板书相结合。例如,针对多媒体承载的内容过多而不容易记忆,我们将重要内容书写在黑板上便于学生参考记忆;在讲解一个大程序前,先把整个程序的框架写在黑板上,预留一些空白部分,和学生们一起讨论如何填写,甚至直接让学生到黑板上来填写,然后把完整的程序用多媒体课件呈现出来,作对比,最后在多媒体上运行程序,看结果。这样一来,引导学生有了思考问题的过程和解决问题的兴趣,加深了对这个程序的理解,课后举一反三,得到事半功倍的效果。

(三) 分类布置作业,激发兴趣

由于新入学的学生,群体差异大,对课程的接受能力有所不同,我们就把学生进行了分类。对于在高中就学过程序课的学生,他们具备一定的计算机程序设计能力,基础相对较好,分为高段学生;对于高中时从未接触过程序设计,甚至计算机课都没有上过的学生,基础相对差一些,分为低段;剩余的学生,高中时接触过计算机,对程序设计有个大概的了解,这样的学生占大多数,分为中段。

在讲课过程中,求精不求多,尽可能让大部分的学生听懂。让中段、低段的学生上课时回答问题。布置作业时,出两个档次的作业:基本题是根据课堂上讲的例题可以举一反三、类推出来的,每个同学都能完成;提高题是要用还没有讲到的知识点,有一定的自学能力才能完成的。习题课时,老师主要讲解基本题;提高题让高段学生上讲台讲解,主要讲自己的思考过程。

如,在课堂上讲十进制数与二进制、八进制、十六进制等特殊进制数之间的相互转换时,老师先在黑板上详细讲解"十进制数转二进制数"的数学运算过程,然后在黑板上给出程序的基本框架:

```
void  my10to2 (int  x) /*  x 是"父亲传过来的"十进制数  */
{  int y[10], i;           /*  y[ ]是"儿子"生成的二进制数  */
   i=0;
   while (…)         /*  这个循环要实现 x 对 2 的短除过程,余数存放在 y[ ]中  */
   {  …
      i++;
   }
   i--;
   while (…)      /*  这个循环要实现 y[ ]中余数逆序输出过程  */
      …
}
```

当把这个框架在黑板上写完后,挑选一个在讲解的过程中认真听讲的中段或低段的同学,让他在黑板上写出这段程序。当这个学生最后完成了这个程序后,不管结果如何,老师带领全班同学热烈鼓掌,增加他的自信心,然后和大家一起分析程序。

在布置课后作业时,老师给出两类题:基本题:编写子函数 my10to8(int x)完成十进制数转为八进制数、子函数 my10to16(int x)完成十进制数转为十六进制数,在主函数中输入十进制数。提高题:编写子函数 my D to10 (char x[ ],int d)完成特殊进制数转为十进制数,在主函数中输入特殊进制数以及特殊进制(2,8 或 16)。

经过几周的作业的练习,中段、低段的学生,有一些也逐步跟了上来,也开始尝试做提高题了。到了期中测试时,大部分同学已经跟上了教学进度,对每一节课的新的内容也充满了求知的欲望,激发了对知识的学习兴趣。

三、兴趣驱动学习法效果与评价

从 2012 年开始,我们对数字媒体学院的数字媒体技术专业学生实施了兴趣驱动实验教学法的对比教学实验。学院每年这个专业招生 4 个班,两个班实施兴趣驱动教学(称为实验甲班),另外两个班用非兴趣驱动的教学(称为实验乙班)。经过 3 年的对比实验教学,甲、乙两批学生分别在上课出勤率、作业完成率、期末考试及格率以及全国计算机二级(C 语言)考试通过率等方面都发生了变化,对比数据如表 1。

表 1 兴趣驱动教学与非兴趣驱动教学的对比

班级 参数	班级人数(人)	上课出勤率(%)	作业完成率(%)	期末考试及格率(%)	全国计算机二级考试通过率(%)
2012 级甲班	64	96.88	95.31	93.75	68.75
2012 级乙班	65	84.62	83.08	87.69	32.31
2013 级甲班	66	96.97	95.45	93.94	72.73
2013 级乙班	65	86.15	84.62	89.23	30.77
2014 级甲班	65	98.46	96.92	93.85	78.46
2014 级乙班	66	83.33	84.85	86.36	33.33

从表 1 中的统计数据可以看出,通过兴趣驱动教学法,学生的计算机语言课程的学习效率和效果都有明显的提高,尤其是全国计算机二级考试的通过率大幅度提升。这表明兴趣驱动的教学法具有较好的推广效果,为计算机语言课程的教学探索提供了很有价值的参考。

四、结语

由于兴趣驱动学习,不仅突破了程序设计的知识难点,而且让学生在解决问题的过程中感受到了程序设计的乐趣,深化了对于程序设计这门课的深刻理解。为了进一步深化兴趣驱动的教学法,课题组正在借助 MOOC 平台,在计算机语言教学方面投入一个教学团队,争取尽早实现一个适合本单位计算机语言教学的 MOOC 教学系统。

(本文选自《教育教学论坛》2015 年第 45 期)

西方经济学课程多元化
教学方法改革与思考

周五七

摘　要：以课堂讲授为主的传统经济学教学方法单一,学生被动接受知识灌输,不利于培养学生自主学习能力。通过比较研究慕课式教学、实验式教学、案例式教学、参与式教学、研讨式教学和任务驱动式教学等教学方法的特点,分析不同教学方法在经济学教学中应用的必要性及其适用条件,探索根据经济学教学内容来匹配应用多元化教学方法,以切实提高西方经济学课堂教学的有效性。

关键词：西方经济学；多元化教学；教学方法

一、经济学理论课程教学现状与问题

　　西方经济学是研究市场经济条件下稀缺资源有效配置和充分利用的社会科学,是面向经济管理类专业本科生开设的一门基础理论课,包括微观经济学和宏观经济学两部分。该课程致力于培养学生现代经济学思维,为后续相关专业课程的学习提供基本理论与分析方法。西方经济学理论有其自身一套严密的逻辑体系和丰富内容,需要运用适当的数理分析和定量研究方法,教师在教学过程中容易形成以课堂讲授为主的"黑板经济学"倾向,教学方法相对单一,学生对课堂教学参与度不高,教学现场气氛沉闷,这对初学者往往形成较大的学习挑战。因此,如何改进和丰富经济学理论课程教学方法,提高经济学理论教学的有效性和易接受性,引起很多经济学教师、教育研究者和教学管理者的关注与反思。

　　早在2000年,始于法国的"经济学改革国际运动"就反对经济学研究和教学中过度使用数学,反对经济学理论与实际相脱节,反对新古典经济学日益排外的主流化倾向,强烈呼吁改革经济学教育的不良现状。这场运动得到了经济学界的广泛响应,并引发国内关于经济学教学改革的思考。国内一些经济学者基于比较教育的视角,从教学主体、教学组织、课程设计及教学手段等方面,对中外经济学教学现状与差异进行了比较研究。一些经济学教学研究者侧重对经济学教学中某类特定教学方法的应用进行了专门研究,如金丽和张守凤提出学生参与式经济学教学方法,温晓慧和赵明霏等探讨了实验教学方法在经济学课堂教学中的应用,叶满城分析了探究式教学方法在"微观经济学"教学中的应用,杨国才和张支南分析了经济学教学中运用本土化案例组织教学的方法与路径,陈金松和欧阳华探讨了西方经济学多元化教学改革实践。

在当前的经济学教学改革研究与实践中,仍然存在一些值得探讨的问题:

(1) 对经济学课程教学内容改革的关注多,一些非主流经济学内容和最新研究成果,不断被补充和引进到经济学教材和教学中,比如信息经济学与博弈论、实验经济学、行为经济学及公共经济学等内容,但对经济学教学方法的改革与创新重视不够,传统讲授式教学方法仍占据经济学课堂教学的主导地位。

(2) 对教学方法中存在的问题及问题本身的表象描述较多,但没有上升到一定的理论高度来解释和发掘其背后的真正原因,比如授课老师为什么倾向于采用艰涩的数学分析方法,哪些因素促成了这种教学风格,厘清行为背后的真正原因,才能找到有效的改进措施。

(3) 经济学教学方法的改革容易出现极端倾向,为了突出某类教学方法在经济学课堂教学中的重要性和有效性,往往忽略了其他教学方法的优点及其存在价值,无视不同教学方法的具体应用条件及其有效边界,从而导致经济学教学方法改革容易出现由一个极端走向另一个极端的危险倾向。比如,从单纯抽象的数理分析转向纯粹讲故事式的案例分析,结果是提高了经济学课堂教学的有趣性,却难以帮助学生建构起基本的经济学理论框架。

(4) 关于经济学教学方法改革与研究主要集中于对传统教学方法的反思及某一类型教学方法的探索上,比如案例教学法、实验教学法、研讨式教学法在经济学教学中的应用等,如何针对不同的教学内容,选择不同的教学方法,并将多种不同的教学方法交叉应用于教学活动组织中,是经济学教改领域中值得探讨和深入研究的问题。

二、多元化教学方法比较

经济学理论教学方法有传统讲授式、慕课式教学、实验教学法、案例教学法、参与式教学方法、研讨式教学方法、任务驱动式教学方法、小组协作式教学法等多种不同形式,比较分析经济学不同教学方法的特点及差异,分析多元化经济学教学方法的适用条件对提升经济学教学层次具有现实意义。

传统教学方法以教师、教材和课堂为中心,强调知识的传授与灌输,学生参与度低,师生互动少,不利于发挥学生的学习自主性、积极性和创造性,其优势在于能够突出经济学理论传授的系统性和严谨性。当然,以讲授为主的"黑板经济学"式教学也并非一无是处,现场即时板书能够清晰再现复杂理论模型的推理过程,给学生留下较为充足的思考时间。慕课式教学有助于提高教学内容的信息含量,借助网络平台和微视频技术,将传统的"教师先教、学生后学"翻转为"学生先学、教师后教",可以实现教学流程的重构,使学生真正成为学习的主体,课堂教学效率得到很大提高。但是,这种教学方法对学生的学习自主性要求高,对教学资源的开发与技术维护要求高,学生也难以体验师生互动的现场感和教师的人格魅力及思想感染。

案例式教学、小组协作式教学法和参与式教学方法注重培养学生的自主性学习和协作式学习。案例教学不等同于一般的举例说明,举例教学中例子的选择较为随意,来源也非常广泛,不需要学生参与,案例教学则要求教师结合现实生活中的经济现象和经济政策,事先思考和编写好合适的案例材料,设置主题并引导学生参与讨论。尽管从国外引进的经济学教材中有现成的经典案例可用,比如曼昆的《经济学原理》引用了大量的案例和报刊文摘,但这些案例多以西方国家经济运行为背景,不完全与中国国情相符,不为中国学生所熟悉,因此,编写适合教学内容和中国国情的本土案例很有必要,已有一些国内教材做了这方面的尝试,比如卢锋撰写的《经济学原理(中国版)》。在案例教学中,教师要设置好需要讨论的问题,论题的设置要与理论教学的相关知识点吻合,学生在课前自行阅读相关案例材料并分组讨论,每个小组在协作讨论的基础上形成自己的观点,上课时教师引导学生集中就某些问题进行讨论,课堂讨论要紧凑而有效率,要避免漫无边际的讨论而偏离原有的教学目标。

实验经济学教学是一种典型的学生参与式教学,但实验经济学教学研究在我国起步较晚,很多高校的经济学实验尚停留于流程模拟实验,达不到真正意义的经济学教学实验要求。目前,浙江大学、中国人民大学、上海交通大学、吉林大学、上海财经大学、南开大学、四川大学、暨南大学等均建立了经济学教学实验室。经济学作为一门社会科学,通常被认为是不可实验的,实验经济学教学通过控制实验条件和实验变量,观察实验中被试者的行为,依据现场所得现实数据进行分析,判断所得结论与经济理论预期结果是否一致,以验证和完善既有的经济学理论,从而打破了经济学不可实验的论调。在实验经济学教学中,学生能够现场参与和亲身体验实验过程,能更深刻地理解和体验经济学理论及其赖以成立的假设前提。但是,相对于其他教学方法而言,在经济学教学中应用实验教学方法,面临的硬件和软件条件的约束更多。

研讨式教学方法和任务驱动式教学方法多适用于某些特定的专题,比如农产品支持价格和最低工资制度、如何防范与化解经济生活中的负外部性问题、宏观经济政策工具的使用与调整等,这类专题内容离学生生活和社会生活较近,比较容易激发学生关注和讨论的热情。在教学过程中,教师要指导学生如何去获取相关的资源及数据,引导学生阅读相关的理论知识,指导学生结合具体的经济学理论分析问题,既要分析相关政策和制度有利的方面,也要关注可能带来的不利的影响。任务驱动式教学要抛给学生一个有待提供解决方案的问题,比如针对外部性问题,可以事先布置学生就如何解决中国农村的环境污染问题进行调查研究,让学生在阅读外部性理论的基础上,查阅文献和现场走访,得到一个自己认为切实可行的解决方案。

三、多元化教学方法探索与实践

不同类型的教学方法均有自身的优势及适用条件,在日常教学中,教师需要根据经济学课程具体教学内容本身的特点及授课对象的需求,灵活搭配使用多种教学方法,以提高教学效果。下面以微观经济学课程为例,说明我们如何针对不同教学内容采用多元化教学方法,如表1所示。作为一门比较抽象的理论课程,课堂讲授是必不可少的,有些章节甚至必须以课堂讲授为主。随着越来越多的经济学案例库的推广使用及教师自编案例的增多,教学案例的资源越来越丰富,案例分析这一教学方法也可以广泛穿插于经济学教学活动中。但是,因教学资源、教学条件和教学时间的限制,研讨式教学、实验式教学、任务驱动式教学和慕课式教学等教学方法在经济学理论教学中的应用所面临的约束和掣肘依然较多。

从教学内容来看,相对于其他内容而言,生产理论和成本理论这两章内容涉及的图形及数学模型较多,对初学者来说理解难度较大。如果教师能事先制作一些相关知识点的微课视频,运用技术手段形象地描述清楚概念、公式和图形之间相互统一的三位一体的关系,学生课前主动完成相关微课件的学习,教师在面授时集中精力讲解难点,解答学生的疑问,就能大幅度提高课堂教学效率,因此,这两章理论性和技术性较强的内容更适合于慕课式教学,它能使学生有更多的时间用于自主学习和揣摩相关理论和技术细节问题。

关于完全垄断与垄断竞争市场及收入分配理论,这些内容比较接近现实生活,教师可以布置相关的专题研究任务,让学生自己阅读教材和查找资料,利用相关理论来分析问题,比如,我国汽车行业的市场结构演化、我国国民收入分配的公平程度测量及变化趋势等,当学生完成了专题研究任务,也就对相关经济学理论有了较为深刻的理解。

针对商品需求价格弹性与厂商定价策略、不对称信息市场、搭便车与"公共地悲剧"、非合作式博弈等经济学理论,比较适合实验式教学,通过设计相应的实验程序,组织实施实验来验证相关的经济学理论。但是,实验经济学教学组织过程较为复杂,受课程教学时数所限,在微观经济学教学中只适宜选择少数经典的经济学理论来做实验式教学。为了满足对实验经济学和实验研究方法感兴趣的学生的学习需求,可增加选修课程实验经济学,教师可以建议感兴趣的学生继续选修实验经济学这门后续课程。

表1 "微观经济学"教学内容及多元化教学方法应用

教学内容	教学方法					
	讲授	案例	研讨	实验	任务驱动	慕课
第1章 绪论	√					
第2章 均衡价格理论	√	√	√		√	
第3章 弹性原理	√	√		√		
第4章 消费者行为理论	√	√	√			
第5章 生产理论	√	√				√
第6章 成本理论	√	√				√
第7章 完全竞争市场	√	√				
第8章 完全垄断与垄断竞争市场	√	√			√	
第9章 博弈论与寡头垄断市场	√			√		
第10章 要素市场与收入分配	√	√			√	
第11章 市场失灵与政府行为	√	√	√	√		

课程教学方法多元化必然要求考核方式的多元化,传统教学中以期末考试得分作为课程考核的重要依据,考试内容侧重基础理论的理解和识记,平时考核流于形式,过程考核严重缺失,助长了学生平时不努力、考前突击强记的不良风气。考核方式的多元化要求我们不能再沿袭传统的重期末考核轻平时考核、重结果评价轻过程评价的不当做法,而应加强对学生的平时考核和学习过程考核,比如,把平时成绩占总成绩的比例提高到40%,期末成绩占总成绩的60%;平时成绩的考核更加全面和细化,分成上课出勤、课堂互动、平时作业、案例分析和随机检测五个部分,各个部分所占成绩比重如表2所示。从实施结果来看,平时成绩所占比重还有提高的余地,今后要尝试进一步把平时成绩提高到更大的比重,增加随机考试检测的次数,及时发现教学中存在的问题与不足,并及时采取纠正措施,随机考试检测也可弥补点名、签到等考勤措施的不足,期末考试试卷要进一步增加理论知识应用的题目,减少知识记忆类题目数量,激励学生更加注重自主学习和平时学习积累,防止一些学生出现为了应付期末考试而临时突击复习和死记硬背的情形。

表2 课程考核方式及成绩构成

成绩构成	考核方式	考核成绩比重(%)	合计(%)
平时考核成绩	上课出勤	5	40
	课堂互动	5	
	平时作业	10	
	案例分析	10	
	随机检测	10	
期末考试成绩	基础理论	20	60
	理论应用	40	

当然,经济学多元化教学方式的探索与应用,仅靠教师单方面的努力是不够的,还需要学校完善相关教学设施,提供更多的制度支持和保障措施。事实上,一些教师之所以愿意采用艰涩的数理经济分析而舍弃其他形式上更轻松的教学方法,是因为这种教学方式所面临的外部约束条件较少,或者因为缺少必需的教学资源支持而不得不采用这种教学方式。比如,如果采用实验经济学教学方法,不仅需要有实验室教学平台,还需要教学团队自己开发或从外面购买实验经济学教学软件,教师要熟悉实验式教学程序和方法,做不到这些,实验式教学就难以实施。同样,组织案例式教学、启发式教学和研讨式教学时,需要有一定的情境辅助,比如要控制参与讨论的学生人数,如果教学班级学生人数较多,难以有效组织此类教学,因此,大班式经济学课堂采用此类教学方法就有些困难。而在开展小组协作教学与分组讨论式教学时,有时需要临时改变教室桌椅的排列方式,如果教室里面的桌椅都是固定的、不可移动的,则给现场教学组织带来很大不便。组织慕课教学则是所有教学方法中技术难度最大的一种教学方法,教师需要开发足够多的在线视频形式的微课,才能为学生自主学习提供丰富的、可自主选择的线上资源。但是,这些线上资源的开发与维护依靠一个或少数教师的力量是远远不够的,而是需要一个教学团队(包含技术

支持人员)的分工协作才能完成,甚至还需要科学的激励措施支持才能可持续运行下去。

四、结语

教学既是一门科学,更是一门艺术。教学不是单向的知识输送,而是师生之间的信息互动。要想提高经济学理论教学效果,教师不仅要研究经济学理论本身,还要熟悉不同的教学方法,比较经济学不同教学方法的优缺点及其适用条件,探索多元化教学方法在经济学教学中的应用模式,增强教学方法的多样性和灵活性,改变满堂灌的传统单一教学方式,让学生积极主动地参与到教学活动中,由向学生传授知识为主转向提高学生自主学习能力为主。当然,应用多元化教学方法,还要受到相关的物理性、技术性和政策性因素的影响,这也是当下需要关注并解决的一个难题。

教学有法,但无定法,贵在得法。毫无疑问,依据具体的教学内容和教学对象,将不同的教学方法进行有效匹配组合,真正提高课堂教学质量和经济理论教学效果,这需要一个不断探索与总结的过程,因此,多元化教学方法在西方经济学教学中的具体结合及创新应用,仍是一个有待我们去探索和实践的课题。

(本文选自《对外经贸》2017年第9期)

任务驱动式教学方法在"食品无损检测技术"课程中的实践与探讨

宋飞虎　李　静　李臻峰　陈海英

摘　要：伴随国家对应用型人才需求的增加，高校课程均应围绕培养具备创新能力的工程技术人才设置。任务驱动式教学方法可以充分提升学生学习兴趣。"食品无损检测技术"是高校工程装备及食品机械方向的基础课程，同时也是体现实践能力的课程，非常适合任务驱动式教学模式的开展。从课程内容和特点出发，探索了任务驱动式教学方法在教学中的具体实施及要点，并通过反馈进行教学评估及分析总结。任务驱动式教学方法的探索，为推动高校基础课程教学模式改革、培养学生创新能力提供思路。

关键词：食品无损检测技术；任务驱动；教学改革

"食品无损检测技术"是江南大学工程装备与控制工程本科专业的一门专业基础课，该课程主要介绍食品及农产品无损检测技术的发展与现状，同时讲授了各技术的原理及系统构成。为了促进学生更好地接受及掌握课程知识，并顺利地将所学知识应用到相关实践及工业现场，对传统的教育教学方法进行改革与创新势在必行。在此基础上，可以进一步促进我国工科相关专业教育由理论向实践的转变，为培养下一阶段的工程人才奠定基础，为下一时期国家的科技发展、工业进步提供必要的人员保障。本文所提出的创新教学方法正是以江南大学工程装备与控制工程本科 1301 班为对象开展，下面将从教学思路设计、教学方案设计、教学效果反馈与分析这些方面来详述任务驱动式教学方法的设计、开展及成效。

一、任务驱动式教学环节的系统组成

（一）教学思路设计

"食品无损检测技术"的"任务驱动"模式教学思路设计主要有以下三个重要模式："任务式""模块化"和"一体式"。"任务驱动"以一个特定的教学目的为主线，对教学内容合理设计编排，驱动授课过程能够顺着该主线进行。所设计的"任务驱动"教学思路，可以充分激发学生完成任务的学习动机，引导学生借助课堂教学的帮助，探求完成任务的思路与方法。在完成任务的过程中,领会和掌握教学的核心内容,从而激发学生的创造力和对专业的好奇心,使学生充分体会学习过程中的成功感。同时,"任务驱动"的教学思路来自社会对人才的实际需求,能充分培养大学生的素质与能力。"模块化"授课模式可以运用丰富的辅助手段,构建易于学生接受、方便展开、贴近实践的各模块。这些手段主要包括媒体课件、实验台、工业现场照片、工业产品手册、相关产品及教学网站等。

"任务驱动"式的教学思路需要设计者具有较深厚的专业背景,在充分把握"任务驱动"内涵的前提下,根据教学要求,科学合理地设计"任务",应以培养学生运用知识解决问题的能力为重点。运用"任务驱动"模式要将"任务链"与"知识链"进行完美结合,在教学设计中应更注重"模块化",并在一定程度上"模糊"单一学科知识系统的"边界",适当地融合相关学科,为能力的培养更好地服务。应用"任务驱动"思路设计教学,应明确"以任务为主线、以教师为主导、以学生为主体"的教学观念。在教师组织教学中,应突出"在教师帮助指导下的学生自主学习和协作学习"为重点。在现有的课堂教学时数不断缩减的情况下,仅仅依赖课堂中有限的师生交流来完成教学目标是不现实的,所以应当拓展课堂教学的时间和空间。

(二)教学方案设计

基于"任务驱动"的教学模式,教学方案的设计是其中极其重要的一个环节,应该与教学大纲紧密联系,同时较好地融入授课主线的各个模块中。所设计的方案还必须符合学生的理解、认知水平,在适当的讲解难度下,激发学生的学习热情与求知欲望。任务设计必须满足以下条件:一是必须有典型意义的实际问题。提出任务的目的是使学生能直观地面对"学习目的",从而激发学生学习的兴趣,因此来自工程实际的任务是最有趣、最能体现学习设计的情景性。二是必须具有连贯性。从长期的教学实践中,深刻体会到使用目前教材中的线性体系,往往教授的是学生的解题能力而不是解决实际问题的能力,所以在任务设计中应按照任务链合理设计具有连贯性的任务,使学生在学习过程中深刻体会分析→解决→举一反三的过程,培养自主学习的能力。三是必须具有趣味性。在授课过程中,有许多非常有趣的问题,以此为任务可以有效激发学生的学习兴趣,使学生积极主动地去学。四是与传统教学不同。任务中的每一个不是针对特定应用软件或功能设计,需要学生在实践过程中将检测技术的基础知识与食品、农产品对象合理结合,在应用中不断深入了解使用方法和使用技巧,以用带学,并可直观获得学习成果展示。

任务拓展是在完成任务引导和知识点描述之后,使学生所学知识内化和固化的过程,在此过程中应贯彻"任务驱动"的思想,切忌将任务拓展变成习题集。同时,任务拓展不应仅局限于传统意义上的作业布置,应利用电子教材和网络将教学的空间及时间进行拓展,建立师生间良好的互动空间,才能充分发挥"任务驱动"式教学的优势。因此,教师的评价与总结能起到巩固教学效果的作用;学生的自我评价与总结,可以从另一方面表现教师授课的合理性,以及为"任务驱动"式教学方案给出适当的修改意见。

(三) 教学效果分析

由于"食品无损检测技术"课程中教授的各种技术及装备不断地更新换代,因此需要不断地对教学思路及方案进行改进。"任务驱动"式的教学过程应用于该课程后,从学生的上课表现、作业及后续课程表现中可以更好地提出所设计主线的不足之处。根据学生反馈的新技术、新知识点,可以结合教学大纲不断地完善教学思路及教学方案,传授紧跟时代发展的内容给学生。为了全面取得学生反馈,主要可采用以下三种形式。

(1) 课后作业。学生是教学的参与者和"消费者",教学效果的评价应以他们为主体。由于缺少了学生课后反思及消化的过程,上课提问与交流无法真正地、全面地反映授课情况。而课后作业是学生在理解了知识,真正接受了"任务驱动"式授课内容之后给出的反馈,因此以课后作业作为反馈更为科学。在运用"任务驱动"式教学方法后,学生作业的正确率有了明显提高,平均作业得分提高了 31.7%。

(2) 考核结果分析。课程的考核主要有闭卷考试和大作业两种形式。闭卷考试主要考查学生对于课程基础知识点的掌握,而大作业主要考查学生运用书本知识解决实际问题的能力。在运用"任务驱动"式教学方法后,学生的卷面成绩提高了 16.2%;而大作业的表现中,对于知识能做到活学活用,设计方案更贴近工业实际。

(3) 后续课程及实践环节评价。"实践是检验真理的唯一标准",若能够得到后续课程与实践环节的检验,更能证明该教学方法的有效性。在与后续课程的授课教师沟通后发现,在运用"任务驱动"式教学方法后学生对于课程内容记忆更为巩固,对相关行业的理解更为深刻,同时对于相关实际问题的解决更为得心应手。

二、结语

"任务驱动"式教学方法要求授课教师设计一个清晰合理的授课主线,以及一系列与主线密切相关的独立模块。通过这一思路下设计的内容,可以有效地激发学生的学习兴趣、学习热情和求知欲,从而真正地让学生去主动学习。通过课后作业、考核结果分析及后续相关课程表现,可以发现学生对于重要知识点的掌握更为牢固,对于相关知识可以做到举一反三。与此同时,能改掉以前读死书的坏毛病,真正将所学知识运用到实践中,提高了解决实际问题的能力。因此,这一教学方法很适合用于"食品无损检测技术"的教学过程。下一阶段将会把这一教学方法应用于相近课程,并逐步将之推广,为更好地培养工程人才提供一定的基础。

(本文选自《农产品加工》2016 年第 12 期)

无机及分析化学双语教学的几点探讨

李 玲 宋启军 汪 云

摘 要：双语教学是当前高校教育的大势所趋。本文就无机及分析化学双语教学过程中教学方式、课堂教学方法和手段的改进、学生双语小论文的写作尝试、双语教学效果评价机制的建立、良好师资队伍的建设和培养等几个问题展开了初步探讨。

关键词：双语教学；无机及分析化学；教学方法

　　双语教学是指以两种语言作为媒介语言而展开的教学活动。这两种语言之中，通常一种是母语，另一种则是世界通用的科技工作交流语言——英语。我们所处的时代是信息、知识和经济全球化的高科技时代，新的时代急需一批基础理论知识深厚、专业技能扎实、外语交流沟通能力流畅的复合型人才，双语教学是当前高校教育的大势所趋。就目前各高校的实际情况而言，一蹴而就地实行全英文授课，这种模式与目前大多数学校的实际教学情况暂不相符。适当展开双语教学，将专业英语与母语相对照，使学生在对母语的熟悉和了解的基础上，对相应的专业英语表述产生亲切感和求知欲，这样的双语教学方式将可望能更进一步地提高学生的英语水平和能力、增进学生学习积极性，从而使整个教学过程更加生动活泼、教学内容更易于被学生接受。无机及分析化学双语教学是指采用英语和汉语两种语言作为课堂主要用语展开教学活动，在教材的选用、课堂的讲授和学生的交流等环节中英语与汉语同时使用并以英语为主要教学语言的教学过程。无机及分析化学是化学化工、食品科学、生物工程、纺织技术、医学药学、环境工程等多个专业的重要基础课程。开展无机及分析化学双语教学研究对理工类高校具有重要的现实意义。本文就无机及分析化学双语教学过程中教学方式、课堂教学方法和手段的改进、学生双语小论文的写作尝试、双语教学效果评价机制的建立、良好师资队伍的建设和培养等几个问题展开了初步探讨。

一、采用由浅入深、循序渐进的教学方式

　　无机及分析化学双语课程所面向的教学对象是大学一年级的新生，他们刚刚开始大学生活，对大学的教学方式还处于逐渐适应的过程中，对相关的专业英语词汇也还需要有逐步熟悉的过程，为了让学生能够更好地理解课程内容，在无机及分析化学双语教学的教学过程中应该由浅入深、循序渐进。在课堂上不宜一开始就使用较多的英语专业词汇进

行全方位双语教学,而应根据学生的特点,逐步加深专业词汇的广度和深度,慢慢引导学生调整并适应双语教学模式。对于教学过程中相对来说比较简单、易于理解、专业性不太强的内容,可尝试直接采用英语讲授;对于具有一定难度的专业词汇及基础理论知识,可通过中英文相互对照的方式加以讲解,让学生在熟悉相关专业词汇表达的同时,进一步加强对专业知识的理解。在无机及化学分析课程中会需要讲解一些较为抽象的理论内容,如原子结构、共价键理论等,也会涉及部分实验内容及实验仪器,如酸碱滴定操作、分光光度计及酸度计的使用等,这些内容可考虑使用多媒体视频演示的方式作为辅助手段。在演示过程中,可采用英文为主、中文为辅的方式进行穿插讲解;对于课程教学中的难点、重点和教学内容的关键之处可以先用英文讲述一遍,再用中文对照复述,然后再重点突出地重复其中重要的专业关键词汇,以此表示重点强调,引起学生的进一步重视,加深学生的学习印象。此外,在教学过程中,教师还应把握好讲课时的语速、语调,以便能随时根据学生的表现和反馈,来适时调整两种语言的授课比例以及授课方式。同时还可穿插随堂提问和讨论,引导学生主动、认真地思考,考查学生对课程内容的理解程度。

二、坚持以学生为本的教育理念,不断改进课堂教学方法和手段,加强师生互动

课堂教学过程中应该始终坚持以学生为本的教育理念。在无机及分析化学双语课程的教学实践过程中,应该有意识地加强学生之间的相互交流讨论和帮助。在教学过程中,针对某些教学章节,可引导学生进行分组合作,就某一专题查阅一系列的英文文献,在认真阅读的基础上首先展开初步讨论,然后在班级范围内进行文献报告会,鼓励学生在报告内容中使用部分英文;也可针对课程中某一部分较为简易的内容指导学生进行自学,然后随机抽一些学生来尝试用简单的双语内容来讲述教学内容,同时适度展开双语课堂问题讨论,鼓励学生用英语来提出问题或解答问题。通过展开各种形式丰富多彩的教学活动,达到充分调动学生积极性、加强学生团队合作精神的目的。这种良好的师生教学互动,真正体现了以学生为本的教育理念,能够更好地激发学生的学习兴趣,从而可以更快地提升学生的化学专业英语能力。

三、在双语教学的过程中引导学生尝试写作双语科研小论文

学习无机及分析化学课程的都是理工科的学生,将来都会进行科研论文的写作。如能在双语课程的教学中结合课堂内容,适当指导学生在课后时间撰写双语科研小论文,将会给学生未来的专业发展打下良好的基础。教师可在课堂上以某个涉及讲课知识点的文献为例,向学生初步讲解科研论文的完整结构,告诉学生正式的科研论文应该包括"摘要""关键词""前言""实验部分""结果与讨论""结论""致谢""参考文献"等各个部分,介绍科研论文对于用词、表述方式的严谨要求。在此基础上指导学生尝试学习撰写科研小论文。

双语论文的内容可以是课堂上所涉及的某个具体的知识点，也可以是学生所感兴趣的简单化学实验。其文字主体可以为中文，但可要求学生将简短的摘要部分撰写为英文，从而锻炼其双语能力。通过简单的论文写作，特别是通过简单的英文摘要的写作练习，学生不仅可以受到最基本的科研写作的指导和训练，同时其对专业英语的理解和表述能力也能得到大幅度的提升，这将会对学生未来的专业发展起到良好的引导作用。

四、进一步完善双语教学效果的评价机制

要想真正达到良好的教学目的，就必须建立相应的教学效果评价机制和导向机制。在双语教学效果评价过程中要不断完善教学评价手段、评价内容以及评价方法。目前各高校的无机及分析化学双语课程教学效果主要还是通过学期考试来完成教学考核的综合评价，在试卷内容方面，为了解学生对基础知识和概念的理解及对重点的掌握情况，试卷里针对基础知识的考核内容肯定占大多数比例，但同时也可适度增加一些综合性的应用型题目来加深试卷的难度、深度和广度；试卷题型可以多样化，如采用填空题、选择题、是非判断题、推断题、书写并配平方程式、简答题、计算题等题型。试卷中可加入适当比例的英文题目，学生答题时也允许选用中英文两种答题方式。教师评分时可采用较为灵活的评分标准，如给予用英文表述的答案以更高的评分；另外，还可适当增加一些化学专业英语翻译等作为附加题，从而使优秀的学生能够进一步更好地发挥其双语水平和能力，获取更好的总评成绩。平时一些章节也可采用开卷的形式进行论文性考试，引导学生适当运用双语，对无机及分析化学专业知识的某一方面或某一问题展开讨论。为提高学生的积极性，可在总评成绩中给予学生的课外科研双语小论文写作、用英语进行的课堂讨论和发言以一定比例，从而引导学生更好地提高专业双语能力。

五、加强师资队伍的建设和培养

良好的师资力量是保证优秀教学效果的前提条件。教师作为双语教学的直接实施者，其语言水平、学术水平和教学能力将会直接影响双语教学的质量。只有具备较高的化学专业英语水平，英文发音标准、口语表达自然流畅，同时又具有扎实的化学专业基础知识以及丰富教学经验的教师，才能很好地胜任无机及分析化学双语课程的教学。高校应该定期组织开展双语教学师资骨干的英语授课能力培训，同时也可通过双语教学研讨会、教学观摩交流会等多种形式，使教师进行充分的、有益的、建设性的同行交流，督促教师做到与时俱进，不断提升其教学质量和教学水平；另一方面，高校还应该建立起一套良好的激励机制，鼓励更多的教师投入到专业双语课程的教学中来，最终着力于培养出优秀的双语教学教师梯队。

(本文选自《教育教学论坛》2016年第13期)

新办医学院医学生物化学教学方法的改革与探索

冯 磊 程建青 吴 静 李 英 邱丽颖

摘 要：为了提高生物化学教学质量，依据我院现有的精英化教学模式，对生物化学的教学内容、教学方法和手段、实验教学等几个方面进行了探索性改革，收到了理想的效果。我们通过传统的教学模式和现代教学方法和模式相结合，通过理论课教学和实验教学方式双重改革，提高了学生主动学习的能力，激发了学生的学习兴趣，增强了学生的综合素质和创新能力，使学生更好地掌握生物化学的基本理论知识。

关键词：生物化学；教学方法；PBL教学法

近年来，生命科学的发展突飞猛进，而生物化学是生命科学的重要基础学科，其理论和技术已渗透至基础医学和临床医学的各个领域，是现代生命科学的共同语言。2012年教育部的《普通高等学校本科专业目录和专业介绍》对临床医学专业的培养目标、课程做出了一些调整，其中生物化学课程规定为专业的核心课程。但是，生物化学这门学科的特点是系统性、抽象性、联系性比较强，难度比较大，发展比较快，很多内容缺乏直观性，结构式多、反应式多、循环多、代谢通路长等特点，导致教师的教与学生的学都出现了一定的困难。在历届被调查的学生当中，主要希望教师在讲课时能突出重点，注意联系临床，使教学内容更加生动，以提高学生的学习兴趣。这些调查的反馈建议都为生化教学内容和计划的改进提供了依据。

江南大学无锡医学院作为2012年教育部新办临床医学本科院校，教学基础相对薄弱，教师主要为青年教师，缺乏长期的教学经验。基于上述原因，我院在课堂教学中进行尝试、探索，基本建立起了一套完整的、规范的、适合医学院临床医学教育的系统性好、科学性强、形式多样的生化课程教育教学体系，使教师的生化教学简单易学、通俗易懂，学生的生化学习有兴趣、有信心、有成效，解决了内容上的精、准、新、深、熟与课时少、内容多的矛盾。

一、合理安排教学内容

现有的传统式灌输式教学，照本宣科，没有联系与扩展，使学生感到枯燥乏味，也是学生厌学的重要因素。因此,应对课本中的内容进行精选,合理调整授课顺序,针对我院选用的查锡良、药立波《生物化学与分子生物学》第 8 版作为基本教材,重点讲解前三篇内容和第四篇专题篇的部分分子医学专题,对某些内容如聚糖的结构与功能、非营养物质代谢、细胞信号转导的分子机制、基因诊断与治疗等章节,列为自学内容,给学生布置相应的自学大纲和学习要求,在课程考试内容中体现相关内容,以检查督促学生的自学情况。

二、课堂教学时引入 PBL 教学模式

"基于问题式学习"(PBL)的教学模式是通过问题这一主线,将生化的基础知识与实际临床相连,扩展横向知识,在解决临床问题中来鼓励学生学习基础理论,对于发挥学生的主观能动性、培养学生思维能力与解决问题的能力很有帮助。例如:针对"糖代谢"这一章,我们设计的题目是"吃糖多、运动少与肥胖之间的关系?为什么?""高血糖与糖尿病的联系",然后把这个话题延伸到临床上"糖尿病的机制与临床表现、胰岛素的问题、治疗药物的依据"。针对"核苷酸代谢"这一章,我们也设计了"痛风的发病机理及治疗原则"等主题,然后把这个主题延伸到"痛风病人的饮食控制"等话题讨论。在讲授完糖代谢、氨基酸代谢、脂类代谢和核酸代谢的理论知识之后,我们组织 3—4 名学生以小组为单位,围绕着这些问题通过查找资料构建自己的知识体系,并专门留下足够的时间让学生在课堂上探讨和辩论,同时其他组可提出不同意见进行反驳或补充,教师深入各个小组指导,并全程参与听课、讨论,适时作出点拨,引导学生深入问题的实质。对每一问题的阐述要紧扣生物化学,避免学生将讨论的重心转向尚不要求的临床问题,对学生的回答要及时反馈,讨论结束后,进行案例点评、小结和对学生的表现进行评价。借此契机,重新对所学过的各类营养成分的代谢加以梳理,并揭示出它们之间的关联,加深同学们对整个动态生物化学知识的整体把握,受到启发后明白此问题在不同的条件下结论不同。这种"授人以渔"的教学方法,让学生变被动为主动,更积极地参与到生物化学的学习中去。

三、结合临床案例进行课内或课外讲座的生化教学

临床医学专业是实用性很强的专业,如果生物化学仍旧局限在原有的授课模式下教学,提不起学生的学习积极性和参与度,会流于应试教学的彀中。我们设计安排了一定学时或另外组织开展一些课外讲座进行案例教学法的实施,从临床案例中精选一些学生经常能听说过或与身边接触过的案例,例如,动脉粥样硬化、高酮血症、糖尿病、高脂血症、煤气中毒、肝昏迷等,由教师针对案例中涉及的生化机制,用生化知识加以阐述,并加以延伸至临床的实际问题,鼓励学生就此案例加入讨论,在尚未学习临床课程前对一些疾病的发病机理、代谢障碍有了初步的理解,提高学生后续学习的积极性与动力。

具体实施方案如下:在教完一个章节后,就采用若干个相关的临床病例或生活实际来进行解说其生化机制。例如,蛋白质变性与酒精消毒和紫外线杀菌的关系,酶的竞争性

抑制与磺胺类药物的作用机制，生化毒气与酶活性的关系，酶与维生素缺乏所引起的相关疾病及其过量中毒的临床表现，氧化呼吸链的阻断与煤气CO、氰化物中毒的联系，糖代谢紊乱与糖尿病，脂代谢与高脂血症及心血管疾病的关系，蛋白质代谢与肝性脑昏迷，核酸代谢与痛风症，基因突变与遗传性疾病的发生，等等。同时，还可以穿插一些趣味生化知识，比如为什么女性化妆品中要添加GSH和SOD，婴儿补钙要适度地晒太阳，送长辈营养品时应选择富含哪几种必需氨基酸的蛋白营养液，农药中毒的处理方法、蛇毒中毒机理等的生化基础知识，人的寿命长短与端粒、端粒酶的关系，等等。通过这些例子，可以把复杂的问题变得通俗易懂，使学生产生浓厚兴趣，激发他们的好奇心、求知欲，加深对所学知识的记忆和理解。

四、结合生理学的系统论进行生化课程教学

由于生物化学和生理学的教学内容有部分重复或上下游可以衔接，我们也尝试设计和生理学课程教师一起，把某些教学内容打通，以某一系统为整体，把生化与生理糅在一起教学，打破原有的分段、分学科的教学模式，使学生围绕系统、器官有一个完整的理论学习过程，提高学习效率。例如，针对血液循环系统，我们围绕红细胞重点介绍它的红细胞的结构、形态功能等内容的同时，给学生传授红细胞生成成熟过程，需要哪些重要元素（维生素、铁、叶酸），还受到哪些物质的调控，为什么它的能量代谢过程仅依赖糖酵解来完成，一旦出现血红蛋白一级结构出现点改变进而导致镰刀型细胞贫血病，其临床表现与发病的分子机理。这样的教学内容整合，可以使得学生沿着某一生理系统系统化地学习其来龙去脉，加深学生对知识点的理解。

五、扩展多媒体手段在生化实验教学中的应用

生物化学实验课程内容多，涉及面广，不同专业的侧重点不同，开展的实验内容差别较大。以前学校多采用板书和投影方式进行授课，色彩单调，内容单一，在实验过程中教师反复强调实验注意事项，但学生在实际操作过程中还是经常出错，因为学生实验前无法把教师讲解的内容与具体的操作结合起来。我们设计在进行实验课教学过程中引入多媒体手段，通过视频让学生更直观、更具体地了解生物化学实验的基本操作，能够引起学生的高度重视，便于学生学习记忆和实际操作。我们还通过多媒体示范生化实验数据的一些常规处理方法，例如酶的米氏常数的测定中动力学曲线的绘制、蛋白质定量中标准曲线的制作等，使实验教学更贴近实际的研究工作，提高学生的综合实验能力，为学生将来的毕业论文书写、实习打下基础。我们还计划把一些周期较长、实际无法开设的实验，先做成视频动画，让学生带回去观看学习，然后撰写实验过程，总结实验技能，并提出自己的建议与完善方法，进一步丰富学生课外的实验教学内容，提高实验教学效果。

六、结论

基于无锡医学院新办临床医学专业的小班精英化教学模式,我们结合国内专业教育发展特点和对高层次医学人才的需求,通过上述系统化的教学改革,探索出一套医学专业生化课程教育的内容和方法,并以系统为主线打通部分交叉学科的教学内容,为今后建设成一流的卓越课程打下坚实基础。

(本文选自《广州化工》2014 年第 19 期)

以培养科研素质为导向的生物化学教学改革探索

吴 静 邱丽颖 冯 磊 胡 静 邹敏辰

摘 要：生物化学是医学生必修的一门医学基础课程,其前沿性、广泛性、复杂性和应用性的特点,给教师传递知识和学生获取知识带来了一定的困难。在培养医学生科研素质为导向的培养目标引导下,构建研究型师资队伍,将理论课教学模式转变为以学生为主体、教师为引导的 LBL+PBL+CBL 多元模式,完善包括验证性、综合性和设计性实验在内新的实验教学体系,强化基本操作训练的同时注重临床应用技能和医学科研能力；借助"双导师制"培养模式,鼓励学生参加科研导师的科研项目,在科研实践中巩固生物化学的理论知识,加强实践能力,培养学生独立思考、勇于探索、团结合作、敢于创新的科研素质。

关键词：生物化学；科研素质；多元教学模式；实验教学体系；双导师制

生物化学是一门从分子水平探索生命奥秘的科学,是高等医学院校必修的一门医学基础课程,其理论和技术渗透到基础医学与临床医学的各个领域。正是由于生物化学课程的前沿性、广泛性、复杂性和应用性的特点,给教师传递知识和学生获取知识带来了一定的困难。在现行的教学模式中,主要以教师讲授为主,学生以被动接受为主,尽管大多学生都可以顺利通过考试,但很少有学生能在临床课程学习、临床实习以及科研实践中独立运用生物化学知识。基于目前生物化学的教学现状,通过一系列教学改革,将生物化学基础课程的教学和医学生未来从事的职业紧密相连,传授给学生科学的学习方法,培养学生独立思考、勇于探索、团结合作、敢于创新的科研素质,具有十分重要的意义。

一直以来,在医学院校中广泛采用以教师为主体、以讲课为中心的传统讲授式教学法(lecture-based learning, LBL),该教学模式优势在于充分发挥教师的主导性,通过对课程知识点全面、系统的讲解,使学生快速准确地接受基本知识；随着以学生为中心、以问题为基础(problem-based learning, PBL)的教学模式的兴起,LBL 教学模式的弊端日益显现,目前 PBL 教学模式以其在激发学生主动学习兴趣、培养独立思考能力和逻辑思维能力、提高分析问题和解决问题能力等方面的优势,成为医学教育改革的一个发展方向；CBL(case-based learning)是在 PBL 教学模式基础上发展的以病例为基础的教学模式,其核心是"以病例为先导,以问题为基础,以学生为主体,以教师为主导"的小组讨论式教学法。该教学方法不仅具有 PBL 教学法所具有的特点,而且还具有自身特有的优势,即通过引入典型临床案例,将学生的理论知识与临床应用相结合,使抽象难懂的知识融入形象具体的临床病例,不仅有助于培养学生的临床思维能力,还能够充分激发学生学以致用的热情,极大提高学习效果。

我院作为新成立的医学院,迫切需要在包括生物化学在内的基础医学教学中探索出一条既符合国际国内医学生培养的主流模式又适合我院实际情况的教学模式。根据我院的人才培养目标,即以"小班化、精英化、国际化"为培养特色,高度注重通识教育,注重加强基础医学和临床医学的紧密结合,强化临床应用技能和医学科研能力的培养,致力于培养"高素质、厚基础、专业型、国际化"的医学专门人才,结合生物化学课程的实际情况,我们以培养学生医学科研素质为导向,从三方面着手进行生化化学的教学改革:① 从传统的教师为主体的 LBL 教学模式逐渐转变为以学生为主体、教师为引导的 LBL+PBL+CBL 多元教学模式;② 构建包括验证性、综合性和设计性实验在内新的实验教学体系,强化基本操作训练的同时注重临床应用技能和医学科研能力;③ 在学院现行的"双导师制"培养模式下,鼓励学生参加科研导师的科研项目研究,在科研实践中巩固生物化学的理论知识,加强实践能力。具体改革措施如下:

一、更新教师教学理念,提高教师综合素质

师资力量是教学质量的首要保障。以培养医学生的科研素质为导向的生化教学改革中要求教师首先成为研究型人才,要对自身的知识结构、能力结构及教育思想、理念及时进行更新和改革:① 我院生物化学教研组的 6 名教师全部具有博士学位,其中 2 名资深教授、4 名青年教师都有在海外研修一年以上的经历;② 在备课过程中,尤其是准备问题和案例时,教师要认真学习相关学科的知识,特别是在应用 CBL 教学模式中,教师对临床知识要有相当的了解和掌握,对问题和案例要反复揣摩,既要难易适中,又要紧扣教学内容和培养目标,这样才能达到预期的效果;③ 在责任教授的指导和帮助下,定期进行集体备课,开展听课、观摩和试讲等教学活动,教师之间多开展教学交流,学习彼此教学过程中的特色及长处,提高青年教师教学技能;④ 定期聘请校外教学名师作教学讲座,提高青年教师的职业素养与教学技能;⑤ 建立定期委派青年教师到国内外知名医学院校学习和进修的制度,有助于青年教师了解本学科发展的新动态及国内外信息,拓展教师的知识面和视野,使其不断进行自我充实和完善,以此提升其教学水平。

二、传统单一的教学模式转变为 LBL+PBL+CBL 的多元教学模式

生物化学课程内容抽象、知识庞杂、概念繁多,但每一章节内部又具有很强的系统性

和连贯性。针对这些特点,应首先选择 LBL 教学模式,这样可以通过发挥教师的主导性,使学生准确、系统地掌握生物化学的基础知识。同时,由于学生学习能力的差异,必然会出现"众口难调"的现象,LBL 教学模式能够很好地适应这些特点。教师可适当通过在授课过程中播放知识点相关的视频等教学手段来调节课堂气氛,调动学生积极性,完成教学任务。另一方面,作为新建医学院,我们目前每届临床医学的本科生只有 30 人左右,为采用分组学习和集中讨论形式为依托的 PBL 和 CBL 的教学模式提供了便利。因此,在应用 LBL 教学模式完成基础知识教学的基础上,适当地应用 PBL 和 CBL 教学模式,通过对典型病案的分析,不仅可以充分调动学生的主观能动性、挖掘他们的潜力、培养他们的自主学习意识和创新思维,还可以培养和锻炼学生综合运用知识的能力,达到举一反三的效果。比如,在讲授"物质代谢的整合与调节"这一章时,学生已经通过前期 LBL 式的教学方式掌握了三大营养物质(糖、脂肪和蛋白质)以及核酸代谢的基本知识,教师可预先准备多篇代谢综合征相关疾病(高血压、高血糖、高胰岛素血症和高甘油三酯血症等)的研究论文,布置学生以学习小组的形式阅读并根据自己已有的知识展开讨论,必要时查阅文献,不同学习小组讨论的研究案例不同,最后不同小组的讨论结果在课堂上展开交流,教师参与讨论,梳理关键知识点,解决有争议的问题。通过这样多元教学模式的交叉灵活运用,教师和学生在教与学过程中的积极性和主人翁意识都能够被充分激发,教与学都能取得很好的效果。更重要的是,由学生将阅读的文献整理制作成幻灯片课件进行汇报,集体学习讨论,一方面极大加深对所学内容的理解,另一方面学生通过自主学习和自我展示得到的能力提升已经远远超出学习一门课程本身。

三、在现有验证性实验教学中增加综合性设计性实验,提高实验教学的实践性和科研性

实验教学改革的核心是提高学生的创新能力和科学探究能力。因此,对目前我院采用的验证性实验为主的实验教学做以下改革:① 仔细筛选现有验证性实验,做到既要与理论课有效合理衔接,又能与临床和科研密切相关。比如对于血糖测定实验,一方面采用目前临床上常用的葡萄糖氧化酶法测定血糖,并且通过设定正常样本和异常样本之间的比对,加深学生的印象,另一方面也安排了采用血糖仪快速测定血糖的环节,让同学现场利用血糖仪测出自己的血糖值,将理论知识与实际应用结合起来;② 合理整合实验内容,将多个小实验整合为一个综合性实验,加强基本实验操作技能的训练。比如将原来单纯的质粒抽提小实验,整合为从质粒提取、酶切鉴定、产物连接到最后的阳性克隆挑选,这样通过一个完整的分子克隆实验流程的训练,可以为学生将来参与科研项目打下基础;③ 增加设计性实验,教师结合自己的科研项目,给出几个小课题,学生根据所学理论和实验操作技能,通过查阅文献,设计实验方案,经过与指导教师讨论,选择最为可行的方案,准备药品和器材,开展实验。此过程有利于学生自己发现问题,通过查阅科技文献,开动脑筋去解决问题。这在一定程度上可以培养学生科研意识和科研能力,为将来的工作和

研究奠定良好基础。

四、在科研导师的指导下参加科研项目,培养学生的科研素质

我院在本科生的培养上采取"双导师"制,学生在大学一年级就配备了校内科研导师和附属医院的临床导师,在学生的科研创新和临床实践中全程指导。而且,学校和学院多年来坚持开展基于项目的大学生创新团队建设活动。这些都为本科生参加科学研究创造了基本条件。本科生在教师的指导下自主开展项目研究,主动发现问题、分析问题和解决问题,充分发挥大学生的主观能动性,使学生在实践能力、沟通协调能力、科研能力和创新能力等多方面得到综合提高。另一方面,教师也可以把学生科研实践中遇到的问题及其研究成果运用到自己的教学活动中,使科研促进教学,共同提高。科研导师对参加大学生创新团队的学生进行包括查阅文献、实验操作技能培训、项目开展和撰写学术论文等基本环节的训练,提高其科研素质。本科生还可以参加"挑战杯"全国大学生课外学术科技作品竞赛和全国大学生基础医学实验设计大赛等各级各类竞赛。在笔者的一项江苏省自然基金课题"重组胰岛素前体蛋白的表达调控机理"的研究中,5位大二年级的本科同学参与研究一年。在查阅文献过程中,对书本知识"胰岛素在血糖调控中的作用"有了更深的理解,通过动手做实验,亲手拿到重组胰岛素前体蛋白的过程所学到的知识更是胜过千百次的理论讲解。同学们将整个实验过程和结果整理成论文参加了全国大学生基础医学实验设计大赛,并且拿到了名次。学生在这样的学习过程中虽然比单纯地听老师讲课所花费的时间和精力多出很多,但是学习的效果和知识量也相应增加了很多。收获和付出是相匹配的,也是值得的。

五、考试考核方式多元化

考试考核环节作为对学生学习能力和学习效果的检验,是必不可少的重要环节,但不能单以卷面考试成绩来衡量,要注重考试环节与教学环节相结合,设置多元化的考核方式,使课程考试考核分散于教学全程:① 平时成绩,包括作业、习题、综述撰写和PBL分组发言成绩等;② 实验成绩,包括基本实验技能测试和科研导师给出的科研能力评价;③ 闭卷理论考试。综合这三部分的成绩给出课程综合评价成绩,这样既考查了学生对基本内容、基本技能的掌握,又考查了其分析解决问题的实际应用能力,更能科学合理地评估学生的学习情况。

通过以上几方面教学改革,在教学过程中强化临床应用技能和医学科研能力的培养,使我院生物化学教学效果显著改进,通过对刚结束生物化学课程学习的学生的调查显示,学生学习生物化学的兴趣和积极性有明显提高,对生化基础课程与将要学习的临床课程的相关性也有明确的认识,大部分学生都能根据自己的兴趣参与到科研导师的研究项目中,主动学习、积极探索和合作学习的能力都有明显的进步。我们还将继续根据学生学习

的反馈情况和教师对教学过程的总结和反思对教学模式进行不断改进,争取以生物化学课程教学为模板在我院建立一整套以培养医学生科研素质为导向的基础课程的教学模式。

(本文选自《基础版医学教育》2016年第3期)

"土力学"案例式教学探索与实践

刘文化 张 聪 孙秀丽

摘 要："土力学"是一门理论性和实践性均较强的课程,也是土木工程专业的重要基础课程。根据"土力学"课程的特点和应用型人才培养的要求,在分析案例式教学优势的基础上,尝试将案例式教学法引入"土力学"课程的课堂教学中。以意大利比萨斜塔这一经典工程案例为背景,阐述了案例式教学在"土力学"地基变形部分的应用。

关键词：土力学；案例式教学；地基变形

"万丈高楼平地起,建筑屹立基础始。"这里的平地即地基,没有地基的安全稳定,房屋、桥梁等土木工程设施难以建成；基础的安全稳定则是上部结构安全屹立的保障。而要保证地基和基础的安全稳定就需要对土体的力学特性进行分析。"土力学"就是这样一门研究土体的力学,是研究土体的应力、变形、强度、渗流及长期稳定性的一门学科。"土力学"是一门理论性和实践性均较强的学科。传统的"土力学"教学多以空洞的理论教学为主,采用教师讲、学生听,填鸭式、满堂灌的教学方法,忽略了学生的参与和能力的训练,不利于学生对实际工程问题的理解和掌握。

案例式教学是一种以案例作为教学材料,结合教学主体,通过讨论、问答等师生互动的教学过程,具有目的明确、启发深刻、学生主动性强等特点。自美国哈佛大学创立案例式教学以来,该教学模式已经广泛应用于现代医学教育、数学、力学、生物学等多种学科中,取得了明显的效果。然而,目前鲜有案例式教学在"土力学"教学课程中应用的报道。本文依托江南大学本科教育教学改革研究项目,将案例式教学引入"土力学"课堂教学中,为提高"土力学"教学质量做了一些有益的探索。

一、"土力学"案例式教学的意义

"土力学"同土木工程其他专业课程一样,具有很强的工程背景。空洞的理论教学不利于学生对实际工程问题的理解和掌握,学生普遍感到理论枯燥、生涩难懂、学习难度大、知识点多,难以将所学的知识与实际工程问题进行紧密联系。而适当地穿插工程实例于基础知识点之中,通过一个真实的、具体的工程实例引出知识点,为学生在基础理论学习和工程实践间架起一座桥梁,能够激发学生的学习热情,培养学生分析问题和解决问题的能力，提高学生将理论知识应用于工程实践的能力。

由于土木工程专业的特殊性，很难在讲解每个知识点之前带学生去工程现场进行实地考察；即使是在正常的教学实践环节中，在安全意识日益浓厚的大环境下，施工单位出于对学生人身安全的考虑，也会尽量缩短参观实习时间。另外，由于"土力学"课程内容的多样性，对某一个具体的工程而言，很难将"土力学"课程的知识点全部涵盖在内，这就给现场案例教学带来了一定的困难，进而造成"土力学"教学过程中理论知识与工程实际脱轨的尴尬局面。然而，通过将案例式教学引入"土力学"课堂教学当中，借助多媒体课件，以播放视频或者图片的方式再现工程案例，通过老师和学生对该案例的分析、讨论和交流，使学生对案例有全面而深刻的理解。一个案例突出一个主题，这样可以使学生有身临其境的感觉，有助于激发学生分析问题、解决问题的能力。课堂案例教学能够使每个学生都充当土木工程建设的实践者，以"当事人"的身份去分析和处理案例中的问题，达到学以致用的目的。

二、案例式教学在"土力学"课程中的应用

"土力学"课程的重要特点是涉及的知识面广而繁杂。从课程的教学内容来看，土的渗透性及渗流、地基变形、土的抗剪强度、地基的稳定性等章节内容都很适合采用案例式教学。本节将以地基变形这一章节为例，探讨案例式教学的应用。

在"土力学"课程的地基变形部分，引入"意大利比萨斜塔"这一经典工程案例。比萨斜塔始建于1173年8月。在1178年，当钟楼兴建到第4层时因地基不均匀和土层松软导致钟楼向东南方倾斜，工程暂停。1231年，工程继续，建造者采取各种措施修正倾斜，刻意将钟楼上层搭建成反方向的倾斜，以便补偿已经发生的重心偏离。1278年进展到第7层时，塔身呈现凹形，工程再次暂停。1360年，再次复工。1372年摆放钟的顶层完工。完工后，54米高的8层钟楼一直不断地向下倾斜，至1990年，塔顶已南倾（即塔顶偏离垂直线）3.5米。几个世纪以来，比萨斜塔倾斜的原因一直众说纷纭，直至20世纪以后"地基原因"才逐渐占据上风。关于比萨斜塔倾斜原因的百家争鸣有助于激发学生的好奇心和兴趣，利于活跃课堂气氛。通过介绍比萨斜塔这样一个简单的例子就可以引出不均匀沉降、固结、地基变形等土力学概念，在理论教学与工程实际间搭建一座桥梁。同时，列举比萨斜塔的历次加固方案，如环形卸荷、注浆加固、反向加载等，引导学生开展课堂讨论，分析加固原理，扩展学生的知识面，激发学生的学习热情。

三、结语

鉴于"土力学"课程工程背景知识点复杂的特点，结合案例式教学的优势，将案例式教学引入"土力学"课程中，可以有效提高学生发现问题、分析问题和解决问题的能力，有利于提高"土力学"课程的教学质量，有益于实现土木工程专业应用型人才培养的目标。

（本文选自《科技视界》2017年第9期）

高校思想政治理论课对话式教学探讨

——以"中国近现代史纲要"为例

刘俊杰

摘　要：在高校思想政治理论课中开展对话式教学具有重要现实意义。高校思想政治理论课对话式教学的范畴主要体现在教师与文本的对话、学生与文本的对话、教师与学生的对话、学生与学生的对话。

关键词：高校；思政课；对话式教学；中国近现代史纲要

巴西著名教育家保罗·弗莱雷基于长期的教学实践和思考提出了"对话教学理论"。其核心观点之一是用对话式教学代替讲解式教学，消解灌输式教育的不利影响。我国高校思想政治理论课教学多年来也在倡导方式方法创新，但总体来讲仍然是灌输式教学。在高校思想政治理论课中开展对话式教学，对于建构民主平等的师生关系、形成和谐共处的对话课堂、提升教师教学的成就感、增强学生学习的获得感具有十分重要的意义。

一、教师与文本的对话

毋庸置疑，教师作为教学的主体首先要吃透教材。吃透教材就要与文本进行对话。就高校思想政治理论课来讲，教师首先对教学整体内容要有充分的把握。要对章节之间的内在逻辑和相互关联有深入了解。从具体教学内容来讲，教师对于每一章节的具体内容、每个微观的知识点也要有深入了解。以"中国近现代史纲要"课（简称"纲要"课）教材第二章为例，太平天国农民起义失败的原因，教材归纳得比较系统宏观，其中一点是农民阶级的局限性。那么，农民阶级的局限性何在？教材并没有细说，显然，这需要教师的思考和总结。由此进一步追问，共产党领导革命战争的主要力量也是农民，那么为什么后来会取得成功，等等。在教师与文本的对话中教师要有追问、反思、研究问题的能力。

二、学生与文本的对话

从思政课教学实践看，学生还是很难做到主动与文本进行对话。教师推动学生了解教学内容，开展文本对话，可以通过两方面做些实际工作：一方面是推动学生在课堂之外与文本展开对话,不同的方法可以使学生主动或被动地与文本展开对话。拿"纲要"课教材第六章来说,可以首先采用实践教学,通过参观当地有关抗日战争展览等方式,让学生了解抗战的历程、原因及相关历史细节,并以问题的方式留在后续教学中,推动学生主动与教材对话、查阅资料、主动思考。实践教学之外,也可通过提前布置作业的方式推动学生了解教材内容,比如在第六章教学之前,提前几周布置本章的重点难点问题;在第六章教学时随机抽取学生进行发言,发言结束,由老师主导发言学生、未发言学生与自己就发言问题进行交流对话。另一方面是推动学生在课堂之上进行文本对话。可以在课堂上围绕讲述的某一历史问题,给学生留出一定的时间进行文本阅读。

三、教师与学生的对话

教师与学生的对话可以通过三种路径实现:一是主体对话。在这一教学路径中,教师可以将文本转化为若干问题,通过探究问题进行对话。这需要教师前期进行充分准备,同时也需要学生有相应准备,在组织实施中,教师需要做好组织引导工作。二是嵌入式对话。这种对话方式是在现行教学体系基础上,以学生的兴趣点和问题意识为导向,将问题的探讨和对话引入教学过程。以《中国近现代史纲要》第六章中华民族的抗日战争为例,为什么中国共产党是抗日战争的中流砥柱,这一问题可以通过课下师生共同准备、查阅资料,课堂之上对话交流,形成共识。三是自主探索式对话。改变灌输式教学,通过"案例式""滚动式""辩论式"等教学方式,实现与学生有效对话沟通。思想政治理论课教师从事不同专业、不同年级学生的教学,开展对话式教学也要因专业、年级而有所区别。从教学实践来看,一般文科生较为积极,理科生积极性相对弱一些。而且即便同是文科生或理科生,他们的积极性也会有所不同的,不同年级、不同数量的学生对于对话式教学也会有不同的反应。因此教学中要注意教学对象的年级、专业、人数多少等因素。

四、学生与学生的对话

不同学生的知识储备、成长经历、个人性格会出现他们对文本的不同理解。在轻松自由的环境下,围绕文本不同学生之间展开对话,更容易产生思想的火花,成绩好、理解能力强、知识有相当储备的学生在对话中往往能起带领作用,扮演教师角色。学生之间的对话可以通过课堂和课下两个时段来实现。课堂上,可以围绕文本开展分组讨论甚至是辩论。以《中国近现代史纲要》第四章中的新文化运动为例,围绕"新文化运动的现实意义"话题展开讨论,可以将学生分成几组,根据时间和班级人数推荐一到两名代表发言。这一话题可以是提前布置也可以是临堂布置。各个小组之间围绕话题首先进行交流对话,交流之后,由推荐代表汇总大家意见和观点进行发言。同时为调动大家积极性,可以对发言较好的同学进行适当的物质或精神奖励。当然也可以通过分组辩论的方式展开。

(本文选自《佳木斯职业学院学报》2015 年第 10 期)

第三部分

学生培养与提升

研究型大学本科生学习参与度研究

——基于 J 大学的个案分析

屈廖健

摘　要：研究型大学本科生培养质量的优劣影响着国家顶端人力资本的质量。本研究基于 J 大学本科生的学习参与度数据进行分析，研究发现 J 大学本科生的课堂内学习时间以及课下学习时间与其所就读的年级有着较为密切的联系。而女性学生在课前准备、课堂互动以及课后复习完成方面皆比男性学生更为积极，参与度更高。高年级的本科生相比低年级本科生，其课后复习的完成程度亦更高。学校和学院管理者在后续修改本科生培养方案的过程中需考虑年级与性别因素，合理配置课程，教师亦应考虑年级和性别因素，帮助本科生提高课程学习参与度。

关键词：研究型大学；本科生；学习参与度

一、研究问题的提出

2000 年以来，我国实施了大学生扩招政策，本科生人数增多，原有的教育资源受到稀释，本科生的培养质量成为高等教育关注的重难点问题。2015 年，国务院印发了《统筹推进世界一流大学和一流学科建设总体方案》，旨在大力推进我国世界一流大学和一流学科的建设。在世界一流大学以及一流学科的建设过程中，本科生人才培养质量是极为重要的一环，现有研究型大学的本科生培养质量的好坏直接决定了"双一流"的顺利实现程度。

20 世纪中期以来，随着《退伍军人法案》的颁布以及"婴儿潮"学生进入大学，美国大学的本科生人数激增，本科生的培养质量亦受到社会各界的质疑。在这一情况下，较多的美国高校与学者建立了核心为本科生就读经验（study experience）的本科生学习成果评估项目，并开展相关研究。就读经验即是指本科生在就读过程中自身与大学环境中的人、事、物所发生的交互作用的认识和体验。

部分学者开展了有关大学生就读经验的理论建构。阿斯丁（Astin,1991）提出"I-E-O"（Inputs-Environment-Outcomes）理论分析模型，帕斯卡雷拉与特雷泽尼创建了本科生发展综合因果模型。这两个模型皆给出了本科生的个人特征对其就读经验尤其是学习参与度的影响路径。此外，佩斯提出"努力质量"（effort quality）概念，指出对本科生的学习情况不仅要查看其学习时间的投入度，更要查看其课程学习参与度，即不仅有量还要有质。

20世纪80年代,卡耐基基金会主席博耶(Boyer,1987)对全美不同类型的大学的本科生学习与科研活动开展情况进行了比较分析。较多学者对大学师生互动的情况进行分析,以本科生的人口统计学特征为基础,查看大学师生互动的条件与效果,如贝克斯、鲍勃等学者发现本科生的科研参与度与父母受教育程度呈显著正相关。汪雅霜考察了本科生就读过程中的同伴互助对学习成果产出的影响。较多的中国学者还基于中美两国的本科生就读经验调查数据对两国本科生的学习参与度进行了比较研究。此外,一些学者对本科生校园与社会活动参与度开展研究,主要集中在对美国大学本科生参加的社团、社区活动进行了热衷程度的排序,并考察不同活动的参与与学生社会活动能力之间的互动关系。

已有研究较好地对研究型大学本科生的学习、科研、校园以及社会活动的参与度进行研究,是对研究型大学本科生就读经验状况的一种分析。但是,现有研究较少对研究型大学不同本科生群体的学习参与度进行深入考察;此外,既有研究缺乏对研究型大学本科生学习参与度的影响因素进行研究。基于此,本研究以学习参与度为切入点,对江苏省的一所研究型大学即J大学的本科生进行分析,考察其群体学习参与度的相同特征与差异性,并就他们的学习参与度的影响因素进行分析。

二、研究设计与数据

(一)问卷结构

本研究参考了大学学生就读经历问卷调查(College Student Experiences Questionnaire, CSEQ)、全美大学生学习投入调查(National Survey of Student Engagement, NSSE)、研究型大学学生就读经验调查(Student Experience in the Research University, SERU)几大项目的问卷,编制了一套研究型大学本科生学习参与度问卷。本套问卷包括个人信息、时间分配、学习与研究活动三大部分。第一部分个人信息的内容,包括学生性别、生源地、年级、是否为独生子女、是否为少数民族、专业、性格、平均绩点、家庭社会经济情况。第二部分时间分配包括学生课堂内学习周时间分配以及课外学习活动的周时间分配两块。第三部分为学习与研究活动,包括学生课前准备情况、课堂参与度情况、师生互动情况、同辈互动情况、课后作业完成情况等;此部分是考察单个学生学习参与度的主体部分。题目选项采用李克特量分类,按照学习参与程度划分出等距的选项。

(二)样本构成

本研究是对研究型大学J大学的一项个案研究。J大学是一所位于我国东部地区的教育部直属211工程重点建设大学,学科门类齐全,共包括18个二级学院,在各个省的招生批次皆为本科一批,现有全日制在校本科生20 403人。此项研究的样本通过在全校本科生群体中方便抽样而得,回收问卷6 081份,最终有效问卷5 603份,有效问卷率为92.1%。其中男生问卷2 185份、女生问卷3 418份;男女样本比例为3.9∶6.1,女性样本较多。生源地方面,收到来自城市生源学生问卷2 858份,乡镇生源或农村生源学生问卷2 745份；比例为5.1∶4.9。地域分布方面，来自东部省份的学生为58%，中部省份学生为30%，西部省份学生为12%。年级分布上，39%的样本来自大一年级，25%的样本来自大二年级，22%的样本来自大三年级，14%的样本来自大四年级。

（三）数据检验

本研究运用 SPSS 19.0 软件对已有数据进行检验。首先是开展了可靠性分析，各部分数据的可靠性皆非常高，时间分配、学习与研究活动部分数据的科隆巴赫阿尔法系数均为0.9以上，而我们通常认为此系数高于0.7则样本数据被视为有较好的内部信度。此外，前述两部分的数据分别通过巴特利特球体检验达到显著性水平，KMO测度在0.7以上；因此本研究对各个部分的数据进行了降维因子分析，运用方差最大值方法（正交旋转—Varimax）对各部分进行主成分分析，其因子聚集情况符合此部分问卷设计原设想。

三、数据分析

学习参与度不仅包括学生在学习活动上的时间投入，更重要的是学生学习活动的精力投入。鉴于此，本部分基于性别、年级等因素对学生进行分组，考察不同特质群组学习时间投入、课程学习参与度两方面的情况。

（一）时间投入程度

本部分对不同年级本科生每周课堂内学习时间进行了比较分析。每周上课时间为21—30小时的大一学生人数占总大一样本量的59.5%，而每周课程量小于10小时的则只有16.2%。53.5%的大二学生每周上课时间为21—30小时，25.2%的大二学生每周上课时间为11—20小时，小于10小时的大二学生占总大二样本量的21.5%。45.4%的大三学生周课时为21—30小时，11—20小时的学生比例为33.2%，0—10小时周课时量的学生比例为21.4%。周课时量仍为21—30小时的大四学生比例为33.3%，11—20小时周课时量学生的比例为25.9%，小于10小时周课时量的大四学生的比例高达40.8%。

基于表1对各个年级本科生周课堂学时进行比较可以发现，四个年级本科生的课程周学时具有较为显著的差异。大一的本科生21—30小时课程周学时的比例在四个年级中处于高位，此外本科生的课堂学习的周学时随着年级的增长而减少，大四年级课程周学时小于10小时的学生比例高达40.8%。

表1　不同年级本科生每周课堂内学习时间比较

	0—10小时	11—20小时	21—30小时	合计
大四	40.8%	25.9%	33.3%	100.0%
大三	21.4%	33.2%	45.4%	100.0%

续 表

	0—10 小时	11—20 小时	21—30 小时	合 计
大二	21.5%	25.2%	53.3%	100.0%
大一	16.2%	24.3%	59.5%	100.0%
	$\chi^2=275$	$P=0.000<0.001$		

在自习及其他课堂外学习时间的安排方面,55.8%的大一本科生每周课外学习时间在 10 小时以上,18.6%的学生达到了 20 小时以上。大二本科生每周课外学习时间和大一相近。63.4%的大三本科生每周花费在课外学习上的时间在 10 小时以上,31.4%的本科生的课外学习时间在 21—30 小时之间。大四的本科生的课外学习时间与大三本科生相近。

从表 2 的数据显示来看,大二的本科生课外学习时间最少,而当学生进入大三学年时,其课外学习的时间投入程度则达到了大学四年的最高值。

表2 不同年级本科生每周自习及其他课堂外学习时间比较

	0—10 小时	11—20 小时	21—30 小时	合 计
大四	42.8%	30.8%	26.4%	100.0%
大三	36.6%	32.0%	31.4%	100.0%
大二	51.6%	30.5%	17.9%	100.0%
大一	44.2%	37.2%	18.6%	100.0%
	$\chi^2=125.571$	$P=0.000<0.001$		

(二)课程学习参与度

研究型大学本科生的课程学习参与度是其学习参与度的主要组成部分,包括课前准备、课堂参与、课后复习、师生互动四个方面。

课前准备方面,19.1%的男生经常在课前完成预习工作,而从不或很少展开课前预习的男生比例达 43.5%。63%的女生偶尔或经常完成预习再去上课。从表 3 的数据分析可以看出,不同性别的本科生在课前预习方面有着显著差异,女生课前预习完成度较男生高。

表3 不同性别本科生完成预习去上课的情况比较

	从不或很少	偶 尔	经常或很频繁	合 计
男	43.5%	37.4%	19.1%	100.0%
女	37.0%	42.3%	20.7%	100.0%
	$\chi^2=26$	$P=0.000<0.001$		

课堂参与度方面,本研究把本科生的课堂讨论、课堂发言、生生互动等多项题目的数

据合并为一个维度(scale),称为达到任课教师要求的情况。男生经常或很频繁达到任课教师的课程要求的百分比为 58.7%,有 31.3% 的男生偶尔达到要求,10% 的男生很少达到教师的要求。69.5% 的女生能够经常达到教师的课程要求,较高地参与到课堂教学中,只有 5.2% 的女生很少达到教师的要求。男生与女生在课程参与度上有显著性差异。

表 4　不同性别本科生努力达到任课教师提出的要求情况比较

	从不或很少	偶尔	经常或很频繁	合　计
男	10.0%	31.3%	58.7%	100.0%
女	5.2%	25.3%	69.5%	100.0%
	$\chi^2=83$	$P=0.000<0.001$		

课后复习方面,91.3% 的大四本科生经常或很频繁的完成教师布置的论文,只有 1.7% 的大四本科生很少认真完成论文。大二与大三本科生此项数据类似,而大一新生认真完成教师布置论文的情况相比上述三个年级较差,五分之一的大一本科生偶尔或很少认真完成课程论文。

表 5　不同年级本科生认真完成老师布置的论文情况比较

	从不或很少	偶　尔	经常或很频繁	合　计
大一	5.6%	14.4%	80.0%	100.0%
大二	4.2%	12.4%	83.4%	100.0%
大三	3.5%	11.7%	84.8%	100.0%
大四	1.7%	7.0%	91.3%	100.0%
	$\chi^2=58$	$P=0.000<0.001$		

表 6　不同性别本科生认真完成老师布置的论文的情况

	从不或很少	偶　尔	经常或很频繁	合　计
男	6.8%	17.3%	75.9%	100.0%
女	2.9%	9.0%	88.1%	100.0%
	$\chi^2=51$	$P=0.000<0.001$		

从性别的角度来看,女生相比男生,在完成教师布置的论文的态度更加认真,高达 88.1% 的女生经常认真地完成课程论文,而男生经常完成的比例相比女生少了 12.2%。

表 7　不同性别本科生主动从教师那里获取学术帮助情况比较

	很频繁	经　常	偶　尔	很　少	从　不	合　计
男生	9.2%	25.9%	40.86%	18.6%	5.5%	100.0%
女生	9.9%	31.5%	42.4%	13.9%	2.3%	100.0%
	$\chi^2=72.989$		$P=0.000<0.001$			

在师生互动情况方面,41.4%的女生经常或很频繁地主动与教师互动,获取学术帮助,16.2%的女生很少或从不向教师获取学术帮助。35.1%的男生经常或很频繁地向教师获取学术帮助,很少或从不获取教师学术帮助的男生比例为24.1%。

表7数据的比较显示,男生与女生获取教师学术帮助情况存在显著性差异。

四、研究结论

基于前述的分析可以看到,J大学中不同性别、年级群体的本科生在学习时间的投入程度以及课堂学习参与度上有着较大差别,并且具有一定的规律性。大学四个年级的本科生中,课堂内学习时间最多的是大一年级,然后随着年级的增高而减少,到大四年级,本科生的周课时量降到最低。可以看出,当下J大学各个专业的本科生的课程安排情况:大一至大二课程任务十分繁重,大三课程任务减轻,大四课程压力最小。课堂外学习时间方面,大二的本科生花费在自习等课外学习上的时间最少,大三的本科生此项学习时间则最多,大一、大四的本科生课外学习时间也较多。可以看到,由于大一学年学校强制性要求新生上晚自习,因此大一本科生群体的课外学习时间得到保证,而大三、大四的本科生面临着考研、资格证、考编以及公务员等多种求职、升学压力,课外学习时间较多。

不同性别的本科生的课程学习参与度有着较大区别。课程准备方面,女生经常在上课前完成预习的情况与男生相比有显著性差异,女生预习情况明显好于男生。在课堂参与度上,女生在课堂讨论、课堂发言以及与同学互动等多项活动上的参与度皆高于男生,且存在明显的差异性。课后复习情况方面,女生的课程论文完成情况亦高于男生。此外,各个年级的本科生的课程论文完成情况有显著性差异,年级与课程论文完成情况呈正相关。

总的来说,研究型大学本科生的学习参与度受年级和性别两个因素的影响较大。学校教务部门及各个学系在修订人才培养方案时,可在遵循学科逻辑的前提下考虑各个年级本科生的实际情况,如在大一年级多开设通识性课程,在大二年级逐渐增大课时量,开设专业课程;把核心课程安排在前三个学年,使得大三下半学期以及大四的本科生可以自由安排自己的时间应对就业与考研问题。大二是本科生四年就读经历中十分关键的一年,任课教师应给学生布置适量的课程阅读材料以及课后作业,使得学生有一定学业压力,从而增加课外学习时间。此外,教师在课堂教学过程中应多关注男生,通过分组讨论、回答问题等方式使其参与到课程教学中来,并让其基于自己的预习情况以及课后论文进行课堂陈述,从而保证男性本科生群体较高的课程学习参与度。最后,任课教师应为低年级学生完成课程论文提供帮助,这一点在考察课程中显得尤为重要。

(本文选自《教育观察》2017年第5期)

"95后"大学生理想信念弱化原因及其教育应对

——以高校思想政治理论课教学为中心

包佳道

摘　要：理想信念教育关乎培养社会主义现代化事业合格建设者和可靠接班人。在新时期,部分"95后"大学生出现了理想弱化、信仰迷失、价值观扭曲。当前和今后一段时期,要充分认识到对大学生加强理想信念教育的重要性,面对多元文化冲突导致的理想弱化、功利主义至上导致的信仰迷失和理想教育缺位导致价值观扭曲,高校要以思想政治理论课的教学为中心,积极探索"95后"后大学生理想信念教育的方法和途径。

关键词："95后";大学生;理想信念;应对

2015年1月中共中央办公厅、国务院办公厅印发的《关于进一步加强和改进新形势下高校宣传思想工作的意见》指出,"大学生思想政治教育必须以理想信念教育为核心",高校要"把坚定理想信念放在首位,始终坚持用中国特色社会主义理论体系武装师生头脑,确保社会主义办学方向"。大学生是国家宝贵的人才资源,他们是否具有共产主义的理想信念,直接关系到党和国家的前途命运。当前和今后一段时期,高校要充分认识对大学生加强理想信念教育的重要性,分析理想信念弱化的原因,围绕思想政治理论课的教学这一中心,积极探索"95后"大学生理想信念教育的方法和途径。

一、充分认识加强当代大学生理想信念教育的重要性

理想信念是中华民族历代仁人志士为国家民族不懈奋斗的精神动力,也是中国共产党人取得中国革命和中国特色社会主义建设事业一项又一项成就的精神支柱和动力。"对马克思主义的信仰,对社会主义和共产主义的信念,是共产党人的政治灵魂,是共产党人经受住任何考验的精神支柱。"理想信念也是中国共产党人从弱到强、从小到大,不断从胜利走向胜利的精神支柱。邓小平同志指出:"我们过去几十年艰苦奋斗,就是靠用坚定的信念把人民团结起来,为人民自己的利益而奋斗。没有这样的信念,就没有凝聚力。没有这样的信念,就没有一切。"江泽民同志也谆谆告诫青年:历史的胜利与成功,永远属于

具有崇高理想、坚定信念的艰苦奋斗的人们。

"95后"大学生是掌握现代科学技术的人才群体，也是未来科学技术创新的主体。加强当代大学生理想信念教育是事关中华民族伟大复兴的中国梦实现的关键所在。青年兴则国家兴，青年强则国家强，青年有信仰则国家有希望。"坚定理想信念，深入开展中国特色社会主义和中国梦宣传教育，加强高校思想理论建设，加强具有中国特色、时代特征的高校哲学社会科学学术理论体系和学术话语体系建设，进一步增强理论认同、政治认同、情感认同，不断激发广大师生投身改革开放事业的巨大热情，凝心聚力共筑中国梦。"

理想信念在精神世界中居于统摄地位，大学生只有理想信念坚定，才能知难而上，迎接挑战，使自己成才。当代的大学生多为"95后"的独生子女。一生下来就处于"4-2-1"（祖父母和外祖父母、父母、自己）的优越的"理想"的环境当中。他们所受到的照顾过多，由此优越感很强，尤其是缺乏现实环境的磨炼。因此，"理想"环境中的理想信念教育刻不容缓。

二、"95后"大学生理想信念弱化的表现及原因分析

坚定的理想信念对作为未来国家建设和发展生力军的大学生而言具有特别重要和突出的意义。然而随着中国社会的急剧转型，新时期大学生理想信念弱化。特别是全面建成小康社会事业的进一步推进，加上当前复杂的国际大气候，尤其是在资本主义意识形态处于全球强势地位的背景下，拜金主义、物欲崇尚等的日益释放，对年轻的大学生影响更大。他们变得越来越关注眼前、当下、现实的实际利益，只重当前，不看长远，更偏重于个人利益得失，对未来、对前途感到迷茫，理想信念弱化。

（一）多元文化冲突导致的理想弱化

当今的社会现实是复杂多变的，西方的各种社会思潮不断涌入，同时"95后"个人理想信念也呈现出多元化的趋势，这给理想信念教育带来了极大的挑战。教育者要认清多元文化冲突导致的理想弱化，处理好矛盾。

经济全球化既是我国经济发展难得的机遇，它为大学生"睁眼看世界"提供了活生生的素材，深刻影响了大学生的行为习惯和思维模式。然而，经济全球化的负面作用不容低估，落后、腐朽的观念乘虚而入。西方世界也从未放弃对我国采取的"西化"和"分化"战略，打着自由、民主与博爱的幌子，通过手机、互联网、卫星电话等现代传媒手段，企图颠覆中国。具体表现为：一是雇用网络水军，散布虚假信息，放大社会热点问题，炒作所谓敏感新闻，进行意识形态渗透。二是鼓吹历史虚无主义，别有用心地传播反动言论，竭力抹黑中国、解构历史、丑化党史。当前西方各种社会思潮如新自由主义、宪政民主主义、民主社会主义在大学生中广为流传。代表人物通过新媒体对中国的各种问题进行曲意批判和无端指责，最终目的都是攻击中国共产党的领导体制。而国内知识分子对于这些思潮处于失语的尴尬局面。另外，"95后"大学生涉世不深，世界观尚未定型，部分学生极易受其

影响,会弱化直至丧失理想信念。

伴随我国改革开放进程不断推进,大学生的价值取向也呈现出多元化态势。人们的理想信念从单一型转变为多层次型,如果此时思想政治教育跟不上,一些大学生难免理想信念迷失,表现在不信马列信鬼神、一片乌烟瘴气。"有钱就是任性"成为2014年度的网络热词,表明了当代大学生享乐主义和拜金主义思想有所滋长,利益成为统帅大学生思想的核心要素。

2012年11月17日,习近平同志在十八届中共中央政治局第一次集体学习时的讲话时强调,理想信念就是共产党人精神上的"钙",没有理想信念,理想信念不坚定,精神上就会"缺钙",就会得"软骨病"。现实生活中,一些党员、干部出这样这样的问题,说到底是信仰迷茫、精神迷失。社会生活世俗化、功利化,也使得一些"95后"大学生精神空虚、道德缺失、堕落拜金。

(二) 功利主义至上导致的信仰迷失

现代化意味着世俗化,对信仰问题的巨大冲击体现为功利主义,表现为人们只关注单向度的物质层面。一些大学生急功近利,信奉"有用即真理"的信条,把金钱和权力奉为圭臬,信奉有权就有一切。信仰迷失问题影响着他们的思维方式,在高校不时出现的自杀现象、投毒现象、弑友现象,也折射出大学生政治信仰迷茫。

实用主义至上还导致了"理想信念教育无用论"的论调,一些媒体和网络大V传播"理想信念教育无用论",如果不及时澄清这些模糊认识,将会对大学生产生不良影响。部分教师阵地意识不强,态度上不"理直气壮",也容易使大学生对马克思主义"将信将疑"。一些老师马克思主义理论功底薄弱,知识积淀不够,不能根据中国国情进行分析,讲出马克思主义的理论魅力,只能借助空洞的灌输和说教,学生易于反感、不愿学、不想学,这样就让学生觉得马克思主义理论过时了,就无所谓对马克思主义的信仰了。

随着"95后"大学生学习、生活、交友、创业和择业等压力增大,一些学生唯恐自己在竞争中败下阵来,对不是很确定的未来充满了恐惧感。一些"95后"把希望寄托在超自然、超现实的神灵身上,不思进取、郁郁寡欢,在思想和行为上认同宗教。极端思想突进大学校园并对学生进行日益严重的侵蚀,首当其冲的就是对理想教育提出了严重挑战。

(三) 理想教育缺位导致价值观扭曲

部分"95后"大学生价值观扭曲与高校、社会、家庭理想教育缺位不无关系。

1. 高校理想信念教育的不足

理想信念教育是党和国家一项极端重要的工作。重视理想信念教育工作,加强高校意识形态阵地建设,是一项战略工程、固本工程、铸魂工程。高校教育内容陈旧化空泛化、宣传思想工作队伍建设相对落后也会产生理想教育缺位。首先,一些人的工作理念仍然停留在防、堵、守的阶段,追求高大上,不讲接地气,对学生的诉求置若罔闻。其次,在虚拟空间开展宣传理想教育工作能力不强。再者,工作人员视野不宽,知识更新不够,观念老化,跟不上形势的发展。此外,还存在理想信念教育针对性不强和创新性不足、教育方式与社会现实脱节严重等问题。近来,媒体曝出的高校系列事情让人担忧,如有的高校教师把大学讲台当作情绪宣泄的舞台,把中国当成负面典型的案例库,有的极端分子利用讲堂宣传分裂国家的极端思想,还有的人在校园里传播宗教,等等。

2. 家庭理想信念教育的缺失

家庭理想信念是确立人生理想的天然港湾。一般而言,父母都会有意识地把自己的价值观、理想信念等灌输给下一代,可以说家庭价值观、家庭教育环境等对"95后"大学生理想信念有很大的影响力。然而,现如今家庭理想信念教育滞后现象让人担忧。家长重智力教育、轻德育教育,重成才、轻成人。有的家长甚至过分溺爱和纵容子女,迁就他们的各种各样的要求,网上不时曝出的"官二代""富二代"之类的"反面教材",值得父母们深思。

3. 社会理想信念教育的缺位

加强和改进理想信念教育不能止于课堂。社会教育同样没能充分发挥出作为教育重要渠道应有的积极功能。一些媒体,以吸引大学生的眼球为能事,一味追求高收视率和高点击率,过多地有选择性地渲染报道那些灰色负面信息,使"95后"大学生经常接受着"这个门""那个门"之类的庸俗信息,日结月累之下,个人理想信念错位就不足为奇了。

三、新时期大学生理想信念弱化的教育应对

面对"95后"大学生理想弱化、信仰迷失、价值观扭曲等乱象,在高校的思想政治理论课的教学中,应积极探索"95后"大学生理想信念教育的方法和途径,坚定大学生的理想信念。

(一)着眼理论,注重理想信念教育的精神导向作用

坚定的理想信念来自于对马克思主义基本原理的真懂真信。只有建立在马克思主义基础上的理想信念才是科学的理想信念。端正对马克思主义科学性的态度,使学生自觉学好马克思主义原理,用好马克思主义,自觉抵制各种极端利己主义、个人主义、享乐主义等思想的浸染,树立正确的人生理想信念。

思想政治理论课要严守阵地意识,用马克思主义的信仰引导大学生深刻对社会发展的规律的认识。正确看待当今世界社会主义的暂时低潮,正确看待资本主义社会发展在世界的暂时领先地位,坚定对中国共产党的信任。此外,充分发挥高校辅导员在大学生思想政治教育工作中不可替代的作用。特别关注一些社会现象对大学生理想信念的影响。为配合理想信念教育,应加强对大学生进行诚信教育、感恩教育、责任教育,充分发挥情感教育在理想信念教育中的优势。

各个大学还要动员学生管理部门,形成"学校—院系—班级"三级理想信念教育工作立体化网络队伍,形成梯队。注重和学生一道来推动理想信念教育,坚持学生自我教育与

相互教育的统一,把理想信念教育转化为自身内在需求,不断提高自我学习、自我发展和自我完善的能力。从而明确自己人生定位,建立起符合自身实际的人生理想信念。

(二)立足现实,融社会理想信念和个人职业规划于一体

理想信念只有具备一定的现实可能性才能富有感染力和吸引力,才能增加大学生的信心。理论上建立了理想信念的学术支撑,还要立足现实。在现实中,还要出实招解决实际问题。从生活实际入手,将大学生个人成才的职业理想信念引导到社会的共同理想信念上来。

要积极引导大学生认识他们的根本和长远利益之所在,只有使个人的具体理想与全社会的共同理想有机结合起来,自己发展的潜在空间才会更大。马克思认为,人的使命应该是为人类社会寻找更好的生活方式和与之相适应的社会组织形式。马克思念中学的时候,就下决心从事最能为人类谋福利的职业。正是因为有最广大人民谋福利的信仰,马克思即使在穷困潦倒,甚至连自己的孩子生病都没钱治病的时候,也没有动摇他为实现人类最美好的社会而奋斗的信念,缔造了马克思主义理论体系,为人类社会发展指明了正确的方向。所以,大学生要始终坚持高举中国特色社会主义伟大旗帜不动摇,坚持中国特色社会主义道路不动摇,坚持中国特色社会主义理论体系不动摇,牢固树立正确的世界观、人生观、价值观,把自己的人生信仰与中国梦的理想相统一,将自己有限的人生融入学校和中国社会发展的无限中,在自己的有限人生中,追求无限和永恒。

(三)因材施教,开展适合不同学生群体的理想信念教育

针对学生个性差异、多样性和需求多样性的现实,建构层次分明的理想信念教育体系,与其他科目形成合力,有针对性地开展理想信念教育,以满足不同层次学生的需要。首先,要认清大学生的阶段特点,将理想信念教育常态化。通过一项活动,对大学生的理想信念会有一定的促进作用,但不可能一劳永逸地解决他们的理想信念问题,因此,应把阶段性的目的和长期性目标统一起来,坚持不懈地灌输理想信念教育。其次,注意因人施教,针对具有不同观念的学生,采用不同的教育手段。第一,对非党员非入党积极分子的学生,对于理想信念意识淡漠、不关心国家大事的部分学生,依托"两课"进行理想信念的指导,充分发挥思想政治理论课的"主阵地"作用,旗帜鲜明、理直气壮地宣传马克思主义。第二,对于有入党意愿的人来说,依托党课教育、组织培养和实践创新强化理想信念教育。第三,对于学生党员,要重视"入党后的再教育",克服"入党之前拼命干,入党之后松一半"的现象,帮助他们强化共产主义的理想信念,并带动其他大学生人群增强理想信念。

(四)提高实效,多层次全方位开展理想信念教育

为建立科学的理想信念,提高实效,必须积极拓展教育的新方式,多层次全方位开展理想信念教育。首先,注重互联网的作用,努力占领网上阵地,注重疏导,开展网上在线交流,把理想信念教育工作做细做活。同时,要重视思想政治教育课程的软件开发,精心设

计教学方法,力求春风化雨、润物无声,变"灌输式"教育为"渗透式"教育。其次,加强校园文化建设。通过校报、校刊、校园贴吧等平台,深入持久地宣传改革开放以后所取得的巨大成就;也可以抓住重大节日,通过演讲、辩论、征文、合唱、讲座、论坛等活动,培养正确的价值观念,培养文审美意识,以便为他们树立崇高的理想信念提供净土。最后,加强与改进实践教育,充分发挥社会实践的作用。转型时期理想信念教育必须要发挥"第二课堂"的重要作用,通过一定的社会实践(如利用假期进行的社会调查和考察活动等),让大学生深入社会,在实践中经受锻炼,从实践中吸取营养,在对多样化的道德理念和价值观的认识分析中形成崇高的理想信念,增强理想信念教育的时效性。

(本文选自《佳木斯职业学院学报》2015 年第 7 期)

中国服装设计人才培养转型升级的路径思考

夏 岩 肖文陵

摘 要：本文通过分析服装设计专业的特质，结合中国服装设计人才培养的发展现状，指出当今服装设计教育人才培养的缺陷及不足，提出中国服装设计人才培养方式需要转型升级，并以人们认识表现事物的规律为依据，阐述了转型升级的途径、方法及关键环节，为服装设计人才培养的转型升级提供一条新的路径。

关键词：服装设计；转型升级；传统文化

经过30多年的发展，中国现已成为全球纺织、服装第一生产大国。自2008年以来，外部市场需求急剧下滑，国内生产成本不断提升，加之多年来快速发展积累的结构性矛盾和粗放型经营带来的弊端日益突出，纺织、服装企业正经历着前所未有的困境和挑战，中国纺织、服装产业由"中国制造"向"中国创造"转型升级，创建自主服装品牌已是迫在眉睫。创新力渐已成为中国纺织、服装产业和企业可持续发展的核心推动力。中国创新型服装产业的发展离不开创新型服装设计人才，培养富有创新能力、应用能力、社会能力与可持续发展能力等新型专业能力的全能型专业人才，是现今服装设计人才培养的目标任务。

一、中国服装设计人才培养的发展现状分析

20世纪80年代初，中国引进了西方基于标准化批量生产方式的服装设计教学理念和模式，拉开了中国现代服装设计教育的序幕。发展至今，全国已拥有庞大的师资队伍，形成了富有特色的教学体系，为产业发展培养出大量的服装设计专业人才。然而，中国服装设计教育在过去30年的发展过程中，普遍存在"从形式到形式"的教学模式，即国际时尚体系上游的服装形式本土化的问题。产生这一问题的原因很多，诸如发展历史短、国际时尚体系的制约、产业设计人才的要求等。我们不能断言，中国服装设计教育在过去的30年里，培养了一大批"买手型"设计师，但是，在当今服装产业中买手型设计师大有人在。显然，服装设计专业的人才培养与产业人才需求相对称，但与中国创新型服装产业发展方向不对称。其对称性表现为：两者均存在设计实践结构的不完整，以及对设计理念的淡漠和摒弃。具体表现

为"从形式到形式",即对服装形态的杜撰和对国际时尚体系上游服装形式的修修改改。出于国情考虑,这种被动务实的学习方式在当时社会亦有它的合理性。然而,随着中国经济的迅猛发展及国际地位的不断提高,这一务实的路径,对于创新型人才培养以及创新型产业建造,显然行不通,中国的服装设计教育和服装产业亟待转型升级。

二、人们认识与表现事物的基本程序和方法

中国服装设计人才培养需要转型,但其转型过程不是盲目的,需要根据人们对事物循序渐进的认识及表达规律来对症下药。认识的过程一般由表象到结构再到本质,设计、造物则由本质到结构到表象。设计、造物从本质(被造物)开始,即从概念(文本)开始。从本质上讲,概念(文本)即是事物存在的另一种形式,是设计对象的本质,也是设计的理想价值。中国服装产业和服装设计人才的培养,对设计概念(文本)的淡漠或摒弃,其实质是对事物本质和价值的摒弃。毋庸置疑,在过去的30年里,我们在服装设计教育和服装产业领域,的确没有创建多少有价值的本质,因为我们从西方人那里拿来了本质、形式和价值。我们必须根据人们对事物的认识和造物的基本规律,以及特定的时代背景,培养服装设计人才的创新理念,实现服装设计教育和服装产业的转型升级。转型就是基于造物结构,健全课程体系,即创建新的、有价值的相关学科和知识,视觉化理念的知识和技能,以及生产营销的相关知识。升级就是提升学生文本(概念)创新的能力。

三、中国服装设计人才培养转型升级的途径

人才培养目标是整个人才培养模式的建构基础,培养目标决定于社会的需求和教育思想,前者是实践的要求,后者是理论的要求。培养目标需要满足理论和实践的双重要求。从历史角度看,人才培养目标具有鲜明的时代性,反映当时社会对人才的要求。人才培养应根据社会需求和当前环境因素的变化而不断地进行调整和变革,所培养的人才方能被社会所接受,为社会做出贡献。针对人才培养目标的社会性,创新型复合型人才的培养内容成为本文研究的主要问题,理论与实践双重要求的满足是服装设计人才培养转型升级的基本途径。

(一)系统、科学、完整的专业课程体系的建立

服装设计是一门时尚的交叉性综合型应用学科,其学科特点决定了该专业知识体系的综合性、课程内容设置的时尚前沿性,以及与其他学科界限的模糊性。当今服装设计专业的课程内容要以其专业特质为依据,建立以跨学科、多维度、宽领域为原则的专业知识系统,使其更加注重设计与社会、设计与人文、设计与科技,乃至与其他多种学科之间的横向关系。服装设计专业的转型升级基础应该包括课程结构的优化,不同科目之间的横向渗透与纵向衔接,以及每一科目各单元之间、各项内容之间的协调。首先,服装设计专业

的时尚性要求其专业课程内容应当具有时代前沿性,其国际性要求该专业应融入先进的国际服装设计思想与理念,符合世界服装设计流行发展趋势的技术手段,使学生以更开阔的视野去研究与解决现实当中所遇到的问题。除专业知识外,文学、美学、史学、哲学、社会学、心理学等人文学科,材料学、环境学、经济学、市场学及信息技术等现代科学知识,不但能增强学生对社会伦理、环境伦理乃至全球伦理的关注,提高学生的人文意识,还可进一步充实服装设计专业的知识构架。其次,服装的文化属性要求提高学生对艺术、文化和生活方式等的理解与学习。正如我国著名艺术大师、教育家吴冠中先生所言:"艺术创造中,路遥知马力的'力'字,往往隐藏在文化底蕴中。"可见,要想实现中国服装设计教育转型升级,促使中国服装产业繁荣发展,在服装设计人

图1　三宅一生以日本折纸为理念的设计

才培养过程中,民族历史文化、传统审美观念以及中华人文精神等相关课程的设置是必不可少的(图1)。

因此,在专业课程内容的设置上,我们应当在保证专业知识体系具备国际化、时代性与前沿性的前提下,补充传统文化教育的课程,引导其根植于社会文化的土壤,结合现代审美方式,研究传统文化,增强人文修养,把握历史文脉,将人文内涵贯彻到专业知识传授的过程中,从而以发展的眼光、创新的方法在设计实践中产生符合新时代、新环境的"新思想",创造新的"设计理念(文本)"和"切实之体(产品)"。

(二)高效、有用、先进的专业知识应用系统的建立

服装设计专业的特质决定了其课程设置中实践环节的重要性,服装设计者建立了自己的知识体系及思维方式后,还需要将这种新的设计理念付诸实践,通过实践将其转化成可视的作品,从而完成整个创造过程。通过实践,设计者既能得到自身的完善与发展,又能适应社会,满足社会的需求,这也是在学习者、社会与专业学科三者之间进行有机融合与统一,构建一个高效、有用、先进的专业知识应用系统的必然因素,用以发展学生的创新能力、应用能力、社会能力与可持续发展能力等新型专业能力。在实践课程内容上,增加与之相关的项目课程与专业实践活动,使学生投身整个活动过程中,将所学理论知识应用于实践,亲身体验并实际动手操作,培养学生的动手能力和创新能力,以及用创造性的眼光发现问题、分析问题与解决问题的能力。在参与该类实践课程过程中,学习者还可有意无意间更多地接触他人与社会,通过融入社会,与他人进行交往合作,增强学生的团队合作精神、竞争能力意识与人际关系的协调能力,从而提升其社会能力,为以后进入社会工作夯实基础。隐形课程的开展亦是非常必要的。在完善丰富了服装设计专业理论与实践课程的基础上,可针对服装设计专业的商品属性,引导学生深入社会,深入服装行业之中,进行市场调研,引导学生全面了

解社会、了解服装市场,有意地使学生接触更多的隐性课程,以此丰富学生的精神世界与内在意识,培养其以市场为导向的商业设计头脑,促使其树立独特的专业设计理念与正确的人生价值观,帮助学生激发自身潜力,发现自身不同,实现自我教育,以此来促使学生"全面、协调、可持续的发展"。

四、中国服装设计人才培养转型升级的关键

有了丰富的理论知识与实践环节,并不代表具备一定的创新力,概念(被造物本质)的创新才是真正的创新,因为设计概念作为被造物本质的文本形式,是被造物体现的精神内容,也是设计的本质。怎样实现概念的创新,中间必须经历一个研究环节,才能实现现有认识—研究—深入认识—新的概念—实践—视觉化概念的整个过程。

首先,创建有价值概念的基础是认识,对客观对象的理性认识和概括,丰富的理论知识给我们提供了宽广的认识面。概念的创新源于认识的深化,没有认识不能形成概念,没有实践就没有创新概念的形成。概念随着认识的深入而产生变革,变革实现创新。所以,只有通过深入研究,在研究方面下功夫,加深对事物的认识,才能不断将感性认识上升为理性认识,促进认识的深化,进而形成有价值的概念。认识是基础,实践是推手,研究是关键,这也是理论、实践、研究三者之间的关系所在。

其次,概念形成的基础是继承,在继承的基础上基于特定的时代背景对现有知识进行深入研究,挣脱原有认识与经验的束缚,实现对原有知识与经验的抽象、提炼、超越与升华,转化成新的、有价值的、符合时代要求的新的认识,形成新的、有价值的概念,进而通过实践视觉化概念实现真正的设计创新。我们所创建的设计概念不仅指向被造物本质,同时,它对于自然、特定的社会环境、企业和消费者生活应具有价值和意义,这是设计的本质,也是设计的责任。如针对当今服装品牌高库存现象的研究,便于形成以降低库存为导向的设计理念,结合市场营销学和市场管理学,搜集资料并做深入的市场调研,对品牌市场进行认真分析,了解服装市场现状及管理模式。例如,研究日本服装品牌优衣库几乎"零库存"的现象,发现其有一套独特的管理与设计模式——基本款至上(图2)。简单的款式突破了年龄段细分的原则,适合任何年龄段的目标消费者,从而形成大的市场规模,且高比例的基本款降低了设计的犯错率,进而将设计师的精力放在基本款的设计及创新上,同时弥补了其他补充款式不足带来的销量问题。如此,有了设计的参照物,对问题有了深入的认识,有的放矢,才能形成以降低库存、符合企业利益为导向的概念,完成设计的创新。又如图3,是国际时尚大师范思哲的印花作品。不难看出,作者将巴洛克、拜占庭、动物纹样等各种所能想象到的图案从它们各自的历史社会及图形的含义中抽取出来,摇身变成设计师自己的新的概念,应用于服装设计当中,将经典与艺术混搭,风格难辨,加之极简的线条、大胆的用色,使作品不仅成为静止的服装,更是流动的风景,给人们带来绝美的视觉盛宴。概念的形成是一种思维加工过程,对客观事物的深入研究,实现认识的深化,透过事物的表面了解现象的本质,通过实践

环节将新的概念视觉化,有助于实现设计从形式到思想的转变,从而提升学生的创新能力,培养出综合型创新性服装设计人才。没有丰富的理论知识作支撑,没有研究这一关键方法做桥梁,没有实践这一物化过程,我们的专业知识、设计理念及设计作品是缺乏想象力和创造力的。以加强自身专业知识的学习为基础,同时拓宽相关知识领域,通过深入研究深化认识并综合运用是培养创新性专业人才的有效途径。只有这样才能将学习者从他人知识框架的复制者转变为自我知识模式的构建者,用自己的专业知识去建立具有服装设计专业特质的新型意识与理念,成为真正意义上的服装设计创新人才。

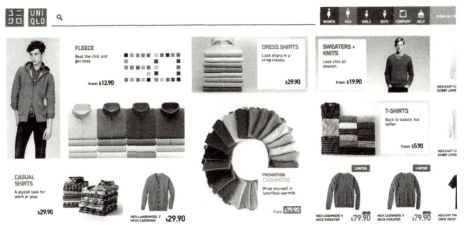

图2 优衣库采用基本款至上的管理与设计模式

图3 范思哲印花作品

五、结语

要想实现中国服装设计教育的成功转型升级,为中国服装产业培养综合型设计人才,文本知识的储备及认识是基础,成功的关键是研究。通过研究,加深设计者对事物的认识,培养设计者新的设计理念与意识,创造新的概念,将理论与实践相结合,通过实践环节将概念视觉化,完成新的、有价值概念→视觉化概念→生产→销售的整个过程,同时满足服装设计专业理论与实践的双重要求,才能成功实现中国纺织服装产业由"中国制造"向"中国创造"转型。

(本文选自《装饰》2014年第5期)

外籍兼职导师研究生培养工作存在的问题与对策

——以江南大学纺织生物技术国际联合实验室为例

许 波 王 平 傅佳佳 崔 莉 袁久刚 余圆圆

摘 要：为了提升综合实力，高校通过不同的方式引进各类高水平人才，包括外籍专家。这些外籍专家不仅参与国内高校的相关科学研究工作，同时还有部分专家被聘为研究生导师，独立招收和培养研究生。本文以江南大学纺织生物技术国际联合实验室为例，分析外籍兼职导师研究生培养过程中存在的问题及解决方法。

关键词：外籍专家；兼职导师；纺织工程专业；研究生培养

一、江南大学外籍兼职导师研究生培养概况

为推进中国高等学校建设世界一流大学的进程，教育部、国家外国专家局决定联合实施"高等学校学科创新引智计划"（以下简称"111计划"）。"111计划"以建设学科创新引智基地为手段，加大引进海外人才的力度，进一步提升高等学校引进国外智力的层次，促进引进海外人才与国内科研骨干的融合，开展高水平的合作研究和学术交流，共同培养博士研究生。在高等学校汇聚一批世界一流人才，率先建立起一批具有原始性创新能力的学科创新引智基地，全面提升高等学校科技创新能力和综合竞争实力。近年来，通过"111计划"以及其他人才引进项目，各高校相继引进了大量具有较高学术造诣和科研能力的外籍专家。这些外籍专家不仅参与到我国高校的教学科研中，部分专家还通过与聘请单位深入合作，建立专门的国际联合实验室，独立招收和培养研究生，以达到聘请效益最大化的目的。然而，由于大部分外籍专家在受聘国内高校的同时还保留了在海外高校的教职，因而无法全职在中国境内工作，从而对研究生的培养造成一定的影响。

我校（江南大学）纺织生物技术国际联合实验室（以下简称联合实验室）成立于2014年5月，是我校首批立项建设的校级国际联合实验室，由葡萄牙籍Artur Cavaco-Paulo教授担任外方首席专家。同时，Artur Cavaco-Paulo教授也担任我校纺织服装学院特聘博士生导师，承担研究生的培养工作。截止到目前，Artur Cavaco-Paulo教授在我校共招收硕士研究生2名、博士研究生2名，学生发表SCI论文5篇，学生参加国际学术会议口头报告3次，获批江苏省高校学术学位研究生科研创新计划项目1项，在研究生培养方面取

得了显著的成果。

本文以我校联合实验室为例,分析了外籍兼职导师在研究生培养方面存在的问题并提出相应的对策。

二、外籍兼职导师研究生培养工作存在的问题

(一)专业知识结构方面的问题

高校由于受各自的发展历史、专业特色和地域因素的影响,在教学、科研和人才培养等方面具有不同的侧重点,进而影响到某些专业的研究生的培养方式与效果。以纺织工程专业为例,国内外纺织类院校研究在纺织材料、纺织加工等方向的研究侧重点不同,各校应结合自身的研究生培养方案,开设相应的基础课程、专业课程和特色创新课程,以使毕业于不同纺织类高校的本科生能适应研究生阶段的学习,这在我国纺织类高校聘请外籍导师培养研究生工作中显得尤为重要。外籍兼职导师在中国招收和培养研究生时,如果对研究生的知识结构不是很了解,大多会照搬其在国外高校的研究方向和培养方式,往往会出现学生由于缺乏相关的知识背景而无法完成导师指定的研究课题的情况,或者是学生需要花费大量的时间和精力去学习之前没有接触过的新理论、新知识,严重影响研究生的培养质量。

(二)语言方面的问题

在研究生培养的过程中,导师与学生之间的交流尤为重要。如果导师是不懂汉语的外国人,那么学生在与导师交流时就会产生较大的问题。一方面,国内研究生的英语运用能力不强,尤其是听力和口语水平较差,在与外籍导师交流时,经常出现"听不懂、说不出"的尴尬场面,这无疑影响了导师对学生的有效指导;另一方面,学生害羞或不善于交流也影响了与外籍导师之间的正常沟通,在工作中遇到问题不敢主动与导师交流,在向导师汇报工作时也不善于表达自己的想法,从而影响自己的学习进展。

(三)文化差异方面的问题

中西方文化存在较大的差异,这也是影响外籍兼职导师研究生培养效果的重要因素。中国悠久的历史形成了特有的文化和交流方式。例如,外国人时间观念很强,一旦时间安排好了,除非遇到重大事情,否则不允许改变。这首先体现在对研究生工作时间的严格要求上,什么时候到实验室开始工作、什么时候进行工作汇报都有相应的时间节点。部分学生由于在之前的学习中时间意识不强,行为散漫,对这些严格的规定很不适应,甚至会产生怨言,认为导师过于死板,不讲情面。再如,外国人将工作和生活分得很清楚,工作时全身心投入,休息的时候不希望被人打搅,而在我国工作和生活往往并没有严格的界限,经常将生活与工作穿插在一起,导师和学生在正常下班之后以及周末和节假日会加班,学生在实验过程中遇到问题可以很快得到解答。然而,如果学生在下班时间向外籍兼职导

师询问工作上的事情,往往会引起导师的不快。

（四）时间方面的问题

时间问题是外籍兼职导师在研究生培养方面最棘手的问题。一是外籍导师在受聘于我国高校时保留了在海外高校的教职,因而无法全职在我国境内工作,每年只有一两个月的时间在我国高校,如果仅在这些时间内对研究生进行指导是远远不够的。学生常年得不到导师的指导,对于研究生的培养十分不利。二是由于时差的影响,国内研究生的工作时间与外籍导师的工作时间不统一。这对于来自欧美国家的外籍导师显得尤为突出,这些国家与中国的时差为 8—14 小时,双方的工作时间几乎完全错开。

三、解决外籍兼职导师研究生培养工作问题的对策

为了应对上述问题,更好地发挥外籍专家在纺织工程专业研究生培养中的积极作用,我校纺织服装学院联合实验室采取各种措施,在外籍兼职导师研究生培养方面积累了一些经验,取得了较好的效果。

（一）选择与纺织专业发展方向相适应的外籍导师

在聘请外籍专家作为兼职导师之前,应该充分了解专家所在国外高校的情况以及专家的研究方向,结合我国高校自身的特点和课程结构,选择专业知识结构相似、研究领域相近的专家,同时充分考虑研究生的学术背景,制定切实可行的研究课题,以充分发挥研究生的潜力,提高研究生的培养质量。例如,我校联合实验室在充分调研的基础上聘请了葡萄牙米尼奥大学 Artur Cavaco-Paulo 教授作为兼职导师。由于专业知识结构相近,学生对导师指定的研究课程上手很快,在联合实验室成立短短的几年中就取得了较大的成果。

（二）配备专业知识与外语水平较高的专职中方助理

首先,专职助理是外籍专家与研究生之间沟通的桥梁,尤其是对于刚入学的新生,由于英语水平较差或者是性格原因,尚无法流畅地与外籍导师交流,这时就需要专职助理充当翻译的角色,搭建师生之间的交流沟通的渠道。其次,专职助理在外籍导师不在国内的时候充当第二导师的角色,及时帮助学生解决科研过程中的一些突发问题。最后,专职助理能够协助高校做好外籍专家来华之后的后勤保障工作,使外籍专家能够更好地为高校建设服务。

（三）建立高效的沟通机制

鉴于中西方文化的差异,需要在聘请前与外籍专家充分沟通,让专家了解和理解中外文化差异,根据实际情况调整工作时间。一方面尊重外籍导师的工作习惯,要求学生按照

规定的时间向导师汇报工作,尽量不在节假日与外籍导师谈论工作;另一方面,希望外籍导师考虑时差的实际情况,利用部分非工作时间与学生交流,使国内研究生有更多的机会得到外籍导师的指导。

(四) 利用即时工具进行专业交流与反馈

随着互联网的发展和智能手机的普及,人们之间的交流更加快捷和便利,这也为外籍导师与研究生之间的交流提供了条件。之前,导师不在国内期间双方的交流只能通过电子邮件进行,这种方式的时效性较差,由于时差的原因,从发送邮件到收到回复至少需要半天的时间,如果外籍导师没有及时查阅邮件,这个时间可能会更长,这对于解决学生实验中的迫切问题显然是不利的。现在,随着 QQ、MSN、微信等即时聊天工具的普及,师生之间的交流更加便捷顺畅。通过这些聊天软件,学生在商定的工作时间内可以随时与外籍导师取得联系,同时通过图片、视频功能可以将实验的现象和结果迅速传递送给导师,从而快速地获得相应的指导。此外,通过群聊或者多人电话会议功能让大家一起参与问题的讨论,集思广益,使问题得到更好更快地解决。

四、结语

聘请外籍专家作为兼职研究生导师不仅可以发挥外籍专家在我国高校人才培养中的作用,同时可以使我们借鉴国外研究生管理模式,培养高水平国际化人才。然而,由于存在语言、文化及工作时间等方面的差异,难免会产生一些矛盾。各高校应该结合自身的实际情况,采取各种措施,充分发挥外籍导师的优势,克服各种困难,努力提高研究生培养质量。

(本文选自《纺织服装教育》2017 年第 4 期)

轻工行业过程装备与控制工程专业创新实践人才培养探索

俞建峰　沈　贤　卫灵君　王东祥　崔政伟　陈海英

摘　要：本文介绍了轻工行业过程装备与控制工程专业的现状，分析了过程装备与控制工程专业学生创新实践能力架构，从传授行业前沿知识、重点课程建设、企业课题实践、研究课题创新等方面探讨了过程装备与控制工程专业培养创新实践人才的新型教学模式。我们期望通过加强创新实践能力的培养，帮助学生完善专业知识结构，提高学生的动手实践能力和创新研究能力。

关键词：创新实践人才；过程装备；控制工程；轻工业

江南大学过程装备与控制工程专业是紧密联系轻工优势学科的专业，起源于1958年无锡轻工业学院食品机械专业，重点培养食品装备和生物工程装备领域的机械设计与制造人才。由于过程装备与控制工程需要机械设计、过程工艺、自动控制等多学科的专业知识，如何将食品装备企业的需求与教学模式相结合，培养一大批具有工程实践能力和过程装备基础知识的本科人才，是本专业的一大课题。教育部在《关于大力推进高等学校创新创业教育和大学生自主创业工作的意见》中把培养创新实践人才放到重要位置。江南大学的"十三五"规划（征求意见稿）中指出，轻工装备技术与工程是未来五年江南大学三大新的增长点之一。与此同时，食品科学与工程和生物工程技术的发展日新月异，要求大学毕业生具备更全面的理论和实践知识。由此可见，国家、社会和企业对过程装备设计及制造创新实践人才提出了更高要求。

一、过程装备与控制工程专业现状

江南大学过程装备与控制工程专业本科毕业生知识面广，适应能力强，受到企业界的欢迎。据麦可思咨询报告统计，2015届过程装备与控制工程专业本科毕业生就业签约率为100%。但是，本专业在创新实践能力培养方面仍存在不足之处。如本科学生教学评价模式单一，表现在"考试内容与考试方式单一，侧重知识的考核，不注重创新能力的考核"，学校仅以分数的高低评价学生学习的好坏。另外在教学环节中，授课方式、考试方式、实验课程、实习课程、课程安排与培养创新型人才的现实要求也存在一定差距。

教师传道、授业、解惑的作用还没充分发挥。在课堂教学中,教师通常事先做好课程教案,授课时将书本上的理论知识进行单向传授,学生与教师之间不能完全达到教学相长,学生学习专业知识的兴趣难以得到激发。同时,课堂教学中缺乏互动讨论,缺乏行业前沿和企业实践案例的讲授。

参与企业实践项目和教师前沿课题研究的本科生人数不多。本科生有繁重的理论课程学习任务,以通过课程考试和考查为目标,缺乏参加实践的机会,对查阅文献、撰写项目申请书、制定方案、处理实验数据、撰写论文等创新实践基本方法也不熟悉。学生如能尽早参与教师的科研项目,科研工作就可以更好地渗入本科实践教学,使研究生培养和本科生培养衔接起来,为学生创造良好的科研环境与创新条件。

近年来,食品装备种类增多,并朝着高度自动化、高速化方向发展,生物工程设备朝着高效、节能的方向发展。由于很少有高校培养食品装备方向的本科生,因此食品装备行业人才非常紧缺,严重制约了该行业的发展。

二、创新实践能力培养架构

过程装备与控制工程专业是以过程装备(包括设备与机器)设计和制造为主体、以过程原理与装备控制技术应用为两翼的学科交叉型专业。本专业学生主要学习过程装备与控制工程学科的基本理论知识,接受过程设备和机械的设计方法和控制技术的基本训练;同时重点掌握食品机械、承压特种设备及化工机械的基本知识与设计研究方法,具备从事食品机械、轻化工过程装备的开发、设计制造、生产管理和营销方面工作的基本能力。过程装备与控制工程专业培养方案主要着眼于通识教育、学科平台课程、专业核心课程、专业选修课、集中性实践环节及素质教育课程。随着社会的进步和国家经济的发展,国家愈加注重本科生创新创业能力的培养。传统的集中性实践教学环节有认识实习、金工实习、机械设计综合课程设计、过程设备课程设计、生产实习、过程控制课程设计、毕业实习与毕业设计。社会和企业对人才需求的变化,导致传统的实践教学已经不能满足创新实践人才培养的需求。为适应人才培养的新要求,课程学习环节和实践环节都必须进行调整,方法是在课程教育中增加实践案例和行业前沿知识,增强专业核心课程的实践性,并在实践环节中增加企业实践和研究课题实践。图1为过程装备与控制工程专业创新实践能力培养架构。

三、创新实践人才培养方式

(一)介绍行业发展动态

教师要时刻保持对行业发展的敏感度,调查和分析我国食品加工行业、生物发酵行业的发展瓶颈,分析过程装备人才创新实践技能的新需求。教师可以通过了解行业发展动态,将行业发展中的难点、热点和重点介绍给学生,充分激发学生对专业知识的兴趣。在新生研讨课中,教师可以将国内外代表行业领先水平的食品加工装备龙头企业的产品介绍给学生,引导学生对专业前沿进行深入了解,帮助学生建立专业认同感。同时,在生产实习中,教师要特别关注行业龙头企业,让学生到这些企业实习参观,增强感性认识。只有对专业领域的发展瓶颈有深入思考,学生才能迸发创新实践的热情。近年来,我们通过导入苹果浆灭酶、过氧化氢杀菌、微波真空干燥、藻蓝蛋白膜分离技术、水蜜桃饮品研发等前沿研究课题,帮助学生了解行业发展动态,不断提高其学习食品加工装备的兴趣。

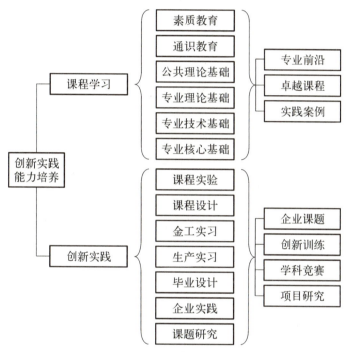

图1　过程装备与控制工程专业创新实践能力培养架构

(二)加强重点课程建设

主干课程的内容更新及课程体系的设计是体现专业特色的一条重要途径。过程装备与控制工程专业的主干课包括过程设备设计、过程机械设计、过程装备电器控制与PLC、分离技术、传热与传质等9门课程,分设理论授课和实践授课,并开设相应实验课程。实验课又包含授课和实验,授课教师必须参与、指导学生实验,教师和学生进行双向互动。近年来,本专业加强了专业核心课程的实验设备建设,利用教育部中央专项资金,更新和完善了压力容器实验装置、微旋流分离装置、膜分离装置、微粉碎实验装置,为学生增强感性认识提供了机会。我们开展了江南大学卓越课程建设,专业核心课程过程设备设计被列为江南大学卓越课程。课堂教学中增加了讨论课环节,鼓励学生自主思考。学生在讨论课中进行头脑风暴,向老师请教,向同学提问,在辩论和思考中深化了对专业知识的认识和理解。下一步,本专业将对照国内和国际专业认证的要求,加强重点课程的专业研讨课建设,增强课程的实践性,通过专题研讨提升学生应用专业理论分析、处理实际问题的能力。

(三) 企业课题培养实践能力

本专业优化了教学实践基地,吸收有较强技术研发能力的企业或者研究机构作为本专业的教学实践基地,吸引有兴趣和能力的学生参与企业实践课题,使学生了解过程装备领域工程技术研发单位的实际生产、技术开发及应用过程。我们倡导学生在大三暑期进行企业实践锻炼,通过企业资深工程师的"传、帮、带",参与企业的机械设计和自动控制系统开发,融入企业一线工程项目的开发,从而进一步了解过程装备企业对现代机械设计方法和设计工具的需求。实践证明,参与过企业工程实践的本科毕业生,由于已经掌握了一定的设计技能,在激烈的就业竞争中容易获得企业的青睐,就业签约率更高。部分学生在企业参与项目开发,实践能力得到了锻炼和提高,毕业时直接被企业录用。本专业通过构建企业实践平台,缩短了校园和企业之间的距离,帮助学生提前走完了就业前的最后一里路。毕业设计课题的选择过程中可以考虑将企业实践课题优选为毕业设计课题,这样既可以帮助企业解决部分工程问题,也可以使学生受到企业文化的熏陶。教师深入企业调研发现,60%以上的毕业设计课题均来自企业工程实践,包括"腌制萝卜切片机""真空粉体输送""太阳能组件直角焊接机""稀土颗粒旋流分离"等,此类课题激发了学生对设计的兴趣,受到企业和学生的欢迎。

(四) 研究性课题培养创新能力

本专业利用江苏省食品先进制造装备技术重点实验室的实验设备资源,开展大学生创新训练项目研究和本科生学科竞赛,指导大二下学期的学生参加国家级和江苏省大学生创新训练,并将大学生创新训练课题与教师的科研课题结合起来,吸引学生积极参与项目研究,帮助学生提高思考能力和创新能力,掌握系统的科研方法。大学不仅要培养具有一定知识技能的毕业生,也要培养未来承担创新任务的人才。近年来,在本专业教师的指导下,本科生积极参与国家和省市级科研项目,师生共同开发了"发酵罐、悬浮操作搅拌罐设计程序""基于微滤膜分离技术的植物蛋白提取装置""高空吊篮安全锁性能检测装置",将所学知识应用到课题研究中。2014年参加大学生创新训练的本科学生中,80%被保送到本校和其他重点大学读研。本科生通过参与教师的研究课题,极大地提高了创新能力,为进入更高层次的学习和出国留学打下了良好的基础。

四、结论

江南大学以"彰显轻工特色,服务国计民生;创新培养模式,造就行业中坚"为办学理念,过程装备与控制工程专业紧密依托食品科学与工程、生物工程这两个优势学科,培养具有轻工特色的工程研究型及实践型人才。鉴于本专业的特点,本科生创新实践能力的培养任重道远。创新实践能力可从以下三个方面来进一步提升:一是知识结构进一步完善,培养学生将机械设计与食品加工工艺相结合的能力;二是动手实践能力进一步提高,培养学生掌握现代设计方法及设计工具;三是创新能力进一步提升,培养学生的行业前瞻性战略眼光及善于解决行业发展瓶颈问题的能力。创新实践人才培养模式的探索可解决两大问题:一是解决本专业与轻工行业的结合度问题,彰显江南大学过程装备与控制工程的专业特色;二是解决本科生创新实践能力欠缺问题,提高学生在轻工装备领域的创新实践能力。

(本文选自《化工高等教育》2016年第5期)

依托数学建模竞赛,提升大学生创新实践能力

张景祥

摘　要：数学建模的应用价值越来越受到各行业的重视。文章分析了数学建模对培养大学生的数学修养和创新能力的重要意义,并提出了提升大学生创新实践能力的有效途径。本校对数学建模课程教学和竞赛改革的实践,表明优化教学内容和科学的培训方式,对提高数学建模教学质量和参赛成绩起着决定性的作用。

关键词：数学建模;教学模式;创新;分层导学

伴随着信息技术的迅速发展,自然科学各学科数学化的趋势和社会科学各部门定量化的要求,都极大地推动了数学与其他学科交叉融合的进程,科学技术发展越快越高,对数学的需求就越多,正如英国著名哲学家培根说:"数学是打开科学大门的钥匙。"因此,依托数学建模教学以及竞赛来培养大学生的数学思维和修养,提高学生学习数学的兴趣,提升学生学习和应用数学的能力已经成为推动大学基础数学课教学改革的重要手段。

我国数学建模竞赛开始于1992年,经过多年的发展,2017年有近十万大学生参与本项竞赛。目前,它已成为全国高校规模最大的基础性学科竞赛。实践表明,数学建模竞赛对提高学生学习数学的兴趣,培养学生观察力、想象力、逻辑思维能力以及运用数学分析、解决实际问题的能力都起到了很好的作用。

一、数学建模竞赛对提升学生实践创新能力的意义

(一)数学建模竞赛有利于学生创新思维的培养

数学建模是对现实问题进行合理假设,适当简化,借助数学知识对实际问题进行科学化处理的过程。数学建模竞赛的选题都是源于真实的、受社会关注的热点问题。例如,小区开放对道路通行的影响(2016年赛题),2010上海世博会影响力的定量评估(2010年赛题),题目有着明确的背景和要求,鼓励参赛者选择不同的角度和指标来说明问题,整个数学建模的过程力求合理,鼓励创新,没有标准答案,没有固定方法,没有指定参考书,甚至没有现成数学工具。这就要求学生在具备一定基本知识的基础上,独立思考,相互讨论,反复推敲,最后形成一个好的解决方案,参赛作品好坏的评判标准是模型的思路和方法的

合理性、创新性、模型结论的科学性。同一个实际问题从不同的侧面、角度去思考或用不同的数学知识去解决就会得到不尽相同的数学模型。数学建模竞赛不仅是培养和提高学生创新能力和综合素质的新途径,也是将数学理论知识广泛应用于科学领域和经济领域的有效切入点和生长点。

（二）数学建模竞赛有利于促进学生知识结构的完善

大多数高校的理工科专业都开设很多基础数学课,例如高等数学、线性代数、概率统计、运筹学、微分方程等,目前这些课程基本上还是理论教学,主要以考试、考研为主要目标。由于缺少实际问题的应用,知识点相对分散,很多学生不知道学了有什么用、怎么用。那么如何将所学的基础知识高效地立体组装起来,并有针对性拓展和延伸,是一个重要的研究课题。实践表明：数学建模竞赛对于促进大学生知识结构完善是一个极好的载体。例如在解决2009年赛题"眼科病床的合理安排"的问题时,学生不仅要借助数理统计方法,找到医院安排不同疾病手术时间的不合理性,还要结合运筹学给出新的病床安排方案,并结合实际情况评估新方案合理性;2014年赛题"嫦娥三号软着陆轨道设计与控制策略",参赛学生首先根据受力分析和数据,判断出可能的变轨位置,再结合微分方程和控制论构建模型,并借助计算机软件求解,找到较好的轨道设计方案。整个数学建模过程中,参赛学生将所学分散的数学知识点拼装集成化,在知识体系上,数学建模实现了知识性、实践性、创造性、综合性、应用性为一体的过程;在知识结构上,数学建模实现了学生知识结构从单一型、集中型向复合型的转变。

（三）数学建模竞赛有利于培养学生的团队协作精神,提高沟通能力

现代社会竞争日趋激烈,具备良好的团队协作和沟通能力的优秀人才越来越受到社会的青睐。数学建模竞赛也需要三个队员组成一个团队,因为要在规定的时间内完成确定选题、分析问题、建立模型、求解模型、结果分析,单靠一个人是很难完成的,这就必须要由团队成员之间相互尊重、相互信任、互补互助,并且发挥团队协作精神,才能让团队的工作效率发挥到最大。同时,数学建模作为一种创造性脑力活动,不仅要求团队成员之间学会倾听别人的意见,还要善于提出自己的想法和见解,并清晰、准确地表达出来。团队成员间良好的沟通能力,不仅可激发团队成员的竞赛热情和动力,还可以形成更加默契、紧密的关系,从而使竞赛团队效益达到最大化。

二、依托数学建模竞赛,提升大学生创新实践能力的对策

（一）以数学建模竞赛为抓手,构建分层的数学建模教学体系,拓宽学生受益面

不同专业和年级学生的学习基础、学习能力和培养的侧重点都存在较大差异,构建数学建模层次化教学课程体系有利于增强学生学习和使用数学的兴趣,让更多的学生了解

数学建模以及竞赛,通过自己动手解决实际问题,更加真切地感觉到数学的应用价值,切实增强数学的影响力,扩大学生的受益面。因此,构建数学建模分层课程体系,在课程内容设置上,结合专业特色,有针对性地设置教学方案和内容,逐步完善具有不同专业特色的数学建模教材、讲义和数据库并保持定期更新,不断深入推进创新教学理念;在课程时间的安排上,遵循循序渐进的基本思路,一、二年级大学生开设数学建模选修课,介绍数学建模的基本理论和一些基本建模方法,三、四年级和研究生阶段开设创新性数学实验课程,重点训练学生应用数学知识解决实际问题的动手能力,并通过参加建模培训、数学建模竞赛以及课外科研活动,培养学生学习解决实际问题的能力;在课程目标的定位上,数学建模有别于其他的数学课程,集中体现在数学的应用、实践与创新,因此,数学建模不仅是一门课程,同时也是一门集成各种技术来解决实际问题的工具。

(二)以数学建模竞赛为载体,搭建横纵向科技服务平台,扩大数学建模影响力

数学建模竞赛的理念是"一次参赛,终生受益"。这就要求数学建模活动要立足高远,不断向纵深推进与发展,将数学建模应用融入服务国计民生。因此,选择优秀本科学生、研究生和毕业生,结合大学生创新创业计划、科研课题以及企事业单位关注的问题等,让他们自己动手去调查数据,查阅相关建模问题的文献资料,建立数学模型,借助软件进行模型求解,最后独立撰写出建模科技论文或决策咨询报告。全程参与"课外实习与科技活动"的方式,不仅实现了因需施教、因材施教的目标,还搭建了连接企业和学生的桥梁,不仅让大学生创新创业落到实处,为企事业单位提供了智力支撑,真正实现所学知识服务社会。

(三)以数学建模竞赛为平台,加强教师的队伍建设,提升教师教育教学能力

数学建模授课和指导教师的教育教学能力直接影响着学生的创新能力。教育教学能力是指教师从事教学活动、完成教学任务、指导学生学习所需要的各种能力和素质的总和。数学建模的教学与传统数学教学相比,对教师的动手能力、教学内容驾驭能力、教学研究和创新能力等有较高的要求,因此,数学建模指导教师可以通过自主研修、网络研修以及参与集体备课、听评课、教学研讨等方式提高自身业务水平,同时积极参与赛区、全国组织的学习和培训,加强交流,开阔视野,不断地提高自我认知、认识水平。只有建成一支高素质、实力雄厚、结构合理、富有创新能力和协作精神的学科梯队,数学建模整体水平才能有较大提升,才能适应数学建模发展的现实需要,切实有利于学生创新实践能力的提高。

三、我校数学建模教学和竞赛改革的实践

(一)构建模块化教学体系

针对我校轻工特色,结合专业培养需求,构建模块化教学体系。针对食品、生工、医

药、化工和轻化等实验科学为主的专业,重点将实验设计、数据处理、数据分析和预测分析等内容模块化;针对数学基础较好的物联网、计算机、信息计算和自动化等专业,构建微分方程、运筹优化和控制论等内容模块化;偏于社科类的管理、会计、金融和国贸等专业,重点将概率模型、优化等内容模块化。再结合数学建模竞赛和大学生创新创业计划,构建"专业基础模块+知识拓展模块+竞赛需求模块+科研论文写作模块"的实践教学体系。

(二)分层导学施教,优化人才培养模式

除了将知识点模块化之外,针对不同数学基础的学生,实施分层次导学模式,建立了专业基础理论教学、实践教学、素质拓展与创新训练等教学层次,依托数学建模竞赛、科研课题等实践机会,实施多元化育人模式,增强了学生获取知识、技能训练和素质拓展的能力,教学质量显著提高,育人绩效突出。

(三)建立分专题讨论和多阶段培训机制

将各个模块化知识拼装集成为立体知识结构,首先,通过整合特色模块教学资源,进行分专题授课、学习和讨论,在大学生的一、二年级阶段夯实学生的理论基础。每年通过校内竞赛,从大三年级及以上学生中选拔优秀的学生参加全国数学建模竞赛,并结合学生学习的周期性特点,分别在每年的5月初、7月初和8月中旬等组织三个阶段培训,内容涉及软件学习(MATLAB,SPSS,LINGO)、赛题分析、模拟竞赛等。数学建模团队通过多年的摸索,创建了融合基础知识点、延伸知识链、模块化知识面、科技竞赛知识体的"点、线、面、体"的创新能力教学和培训体系。实践表明:在我校实际教学过程中具体应用该方法,有效提升了学生学习数学的兴趣,对于提高数学建模教学质量和竞赛成绩起到极大的推进作用。

四、结束语

数学建模对提升学生的创新实践能力起着积极的作用,通过将基础知识、基本方法、基本技能等教学工作,融入实践教学、素质拓展与创新训练的教学过程中,实践证明:通过构建特色的模块化教学体系,实施分层导学化的培养模式,进行多层次、多元化分层导学施教,有助于全方位提高学生综合素质,学生对数学建模课程的满意程度逐年增加,我校竞赛成绩质量稳步提升。

(本文选自《内蒙古师范大学学报(教育科学版)》2018年第3期)

高校武术选项课教学中专项运动能力的培养

陆永江　郑孟君

摘　要：本文运用文献资料法并结合教学实践，对高校武术选项课教学中学生专项运动能力的培养做了探讨，认为培养学生的专项运动能力是提高教学效果及质量的有效手段和方法，更有助于学生"终身体育"思想的养成。

关键词：武术；选项课教学；专项运动能力

武术是中华民族的瑰宝，作为传统体育项目之一，它具有悠久的历史传统，是中国独具特色的体育活动。科学地安排每一次武术课的教学内容，合理地运用教学方法及手段，使学生能够通过武术课的学习，陶冶情操，形成良好的体育锻炼习惯，提高学生的各项身体素质，促进学生的身心健康，更好地完成体育教学任务是我们每一个体育教师努力的方向和追求的目标。在现行的普通高校武术选项课的课程设计中，教学形式及内容较为陈旧，教学方法与手段较为单一，未能充分发挥学生的主体能动性，难以提高学生的学习兴趣，达不到教学的预期效果。本文通过参考文献资料并结合教学实践，认为要达到提高高校武选项课教学质量及效果的目的，形成终身体育锻炼的习惯，就必须要加强对学生专项运动能力的培养。

一、高校武术选项课的教学及特点

高校武术选项课教学要突出培养学生对体育的兴趣爱好，贯彻"以学生为主体"的教学理念，提升学生的参与热情，以达到提高运动技术水平、促进学生身心健康的目的，使学生全面发展。在教学中要加强对体育文化的传播，增加专项理论知识的学习，提高学生的体育文化素养，养成参加体育锻炼的习惯，树立终身体育的理念。现今的大学体育课多数都是由学生自主选课，学生学习的主动性和积极性较高，学习的目的性也较为明确，因此在高校选项课的教学中，应多尊重他们的个性需求，这样才有利于营造良好的教育环境，使教与学和谐统一。高校武术选项课教学还应考虑到教学对象的成人化特点，让学生选择感兴趣和有一定了解的运动项目，上课内容应以某一运动专项技术的学习为主，身体素质锻炼为辅，应着重培养和提高专项运动能力，为今后的"终身体育"活动打下基础。

二、高校武术选项课教学中提高专项运动能力的方法

(一)重视学生专项理论知识学习,加强专项理论课教学

知识与能力是既对立又统一的辩证关系,掌握知识是发展能力的基础,这是由于能力的发展需要在学习知识的过程中加以培养和训练,不可能完全脱离知识的学习,凭空去发展能力,能力的本身就包含灵活地运用知识。因此在高校武术选项课教学中,一定要加强专项理论知识的学习,用理论来指导实践,可采用专门的专项理论课教学或实践课结合专项理论教学的形式,使教师能够依据高校武术选项课的特点,有目的地传授理论知识,使学生能够进一步加深和提高对理论知识的理解,较系统、全面地掌握专项理论知识。

(二)强调武术运动的特点,加强学生体育精神的培育和专项运动能力的培养

强调结合武术类课程特点和学生实际,重点抓好基本技术动作的教学,使学生牢固掌握武术运动的基本知识和基本运动方法,能够针对自己的身体状况有选择地进行身体锻炼。在武术课教学中要有目的地培养学生的自学和自练能力,准确完成动作示范的能力,欣赏武术类运动比赛和表演的能力,观察分析与纠正错误的能力,创编武术类动作组合的能力,等等。学生通过上武术课,能够在掌握技能,培养武术兴趣和意识的同时学习我国民族传统体育的优秀文化,培养民族自信心、自豪感和爱国主义情操,这些都有助于大学生体育锻炼习惯的养成和大学体育精神的培育。

(三)突出重点培养武术课学生的专项运动自学能力

在武术选项课教学中要着重培养学生的识图自学和自练能力,并有目的地培养学生创编武术类组合动作的能力,在专项运动内容系统教学的前提下,对易懂问题、常见问题可以一带而过或留给学生自学,教学中应着重讲解专项运动的基本运动规律与运动方法。例如组合动作的讲解,可先重点讲几个单一动作,做简单示范,然后引导学生自学并尝试组合动作,使学生学会用已学过的知识处理问题的思维方法,以达到举一反三、触类旁通的效果,逐渐提高学生独立获得专项运动知识和专项运动技能的能力。这样既符合终身体育的培养目标与《体育与健康课程标准》的要求,也有助于学生良好的学习习惯的养成。

(四)提高学生对专项运动的认知判断能力和观察分析能力

在武术教学中还要培养学生解析动作并准确完成动作示范的能力,观察分析与纠正错误的能力。在武术选项课教学中,教师除了进行示范讲解外,还要根据教学需要,组织学生进行分析讨论,这样,便于学生尽快掌握技术动作并能够进行自我纠正,可以进一步提高学生的认识、观察、分析和判断的能力,提高其专项运动的水平。例如在单个动作的学习中,在学生掌握了基本知识的基础上,从理论上加深认识,提高学生的理论分析水平,

并在教师有目的的指导下,通过实践练习进一步提高学生的观察、分析能力,还可以安排各种正误技术动作示例,让学生通过正误对比分析和讨论,提高学生对正确技术动作的认知判断能力。

三、结语

高校武术选项课教学应充分考虑到培养学生"终身体育锻炼习惯"的目的,利用学生的兴趣、爱好,在发展全面身体素质的基础上,使他们掌握更多的专项理论知识,提高他们的专项运动能力,为其今后能够养成体育锻炼的习惯打下坚实的基础。因为学生的体育兴趣和锻炼习惯的形成,是受多种因素影响的,最主要是受个人主观因素的影响。而选项课给学生以较大的自由和选择权,满足了学生的自我需求。因此,个人主观因素的影响被无形地缓解了,这就为教师提供了一个相对良好的教学环境,有利于学生"主动地学"与教师"主动地教"紧密结合,提升教学的效果。因此在选项课教学中,应该着重培养学生的体育兴趣,提高他们的专项运动能力,使他们在"快乐、激情"的心理环境中得到体育锻炼的享受,激励他们以更高的热情投入到运动中去,这就形成了一个良性循环,促使他们长期坚持体育锻炼,养成体育锻炼的习惯,受益终身。

(本文选自《当代体育科技》2014 年第 13 期)

第四部分

教学心得与感悟

"启拓教学"的核心理念与改革路径探析

徐玉生

一、"启拓教学"的"三位一体"教学模式

"启拓(QITO)教学"是江南大学在长期以来专题教学基础上,基于学生自主性学习的调动,以"问题导向(Question)、课堂互动(Interaction)、思想引领(Thought)和团队优化(Optimization)"为理念形成的教学模式,具体内涵如表1所示。其核心是"专题教学+智能课堂+启发拓展"三位一体,提高高校思想政治理论课的亲和力和针对性,是将高校思政课建成"教师真心热爱,学生真心喜欢、终身受益"的课程的有益探索。

表1 "启拓(QITO)教学"理念阐释

核心理念	内涵阐释
Q,Question "问题导向"	教师职责是从"教"到指导学生"学",指导学生更好地读书和更深刻地思考问题。学生需达到目标是从"学会"到"会学"
I,Interaction "学生互动"	以学生为主体组织教学过程,师生互动,双向交流;灵活采用多种具体方法和形式,开展生动活泼、富有成效的课堂教学
T,Thought "思想引领"	教师加强对理论和现实问题的学术研究,形成独特见解和特色话语,讲授自如且自信;学生从教师的教学和对话中真实体验思想感召力和理论魅力
O,Optimization "组合优化"	教师协同教学,避免教学效果"边际递减效应",不同模块由不同的教师主讲,从而实现整体教学效果最优。避免学生审美疲劳,激发好奇心,提高学习的兴趣

"专题教学"是"启拓"教学模式的基本方式,充分发挥这一教学方式精耕细作、引人入胜、优势互补、强强协同等特点,又按照问题导向和理论逻辑为主线,对教学大纲和教材进行深入研究并进行整体化设计,使各专题既自成体系又相互融合,防止传统专题教学"形聚而神散"的讲座大拼盘,解决了因丧失内在连贯性和缺乏意义整合而导致的碎片化问题。

"智能课堂"是"启拓"教学模式"变废为宝"的尝试,把手机作为教学的载体,充分运用网络数据资源和学习型移动终端(APP),开发即时"指尖互动"模式,考勤、提问、测验、抢答等诸般手段齐上阵,解决教学方式单一、教学内容枯燥、教学方法陈旧的问题,拓展教学时空、活跃课堂氛围、重塑课堂生态。

"启发拓展"是"启拓"教学的宗旨,也就是针对"配方"陈旧、"工艺"粗糙、"包装"欠时

尚的问题,通过教学方法和教学手段的创新,教学内容的精心设计,启发、拓展学生的学习积极性、主动性和分析思考社会经济发展问题的能力,为培养"合格建设者和可靠接班人"服务,实现高等学校"立德树人"的根本任务。

二、"启拓教学"的"五大攻坚"改革经验

"启拓"教学改革的成功在于建构"思路、师资、教材、教法、机制"五向共进的改革路径,推动各教学要素协同发力。

一是围绕价值塑造和信仰培育进行整体性设计实现思路突破攻坚。思路导引方向,要解决学生对思政课不喜爱、不投入、不认同的问题,必须对高校思政课教学进行整体性设计,其理念架构如下图1所示。在教学内容中把握马克思主义最精华、最精髓的立场、观点和方法,而不在内容知识点上求全责备;在教学方法中能有效调动学生的主体性,实现马克思主义立场、观点和方法内化于心外化于行;在教师团队中能发挥师资队伍的协作优势,形成队伍优化的整体效应,最终实现价值塑造和信仰培育,增强大学生对中国特色社会主义的道路自信、理论自信、制度自信和文化自信。

二是打造协同创新和教研相长的教学团队实现师资攻坚。实行"首席专家制—主讲教师制—责任助教制"的教学梯队模式,如图2所示。进行研究型备课,课程首席专家对该课程的教学负全面责任,包括召开集体备课、梳理从学生中收集的反映和问题、对专题主讲教师的教案课件进行全面审核和协调等;专题主讲教师对本专题教学负责并组织本专题的教学研究,深入挖掘专题的理论和价值,负责班级授课;设置责任助教制度,助教常驻一个教学班,跟踪整个学期的学习纪律和作业反馈,从而分担教师的大班级授课管理事务和压力,提高教师备课和授课的效率,也将教学纪律管理常规化和制度化。培育和鼓励

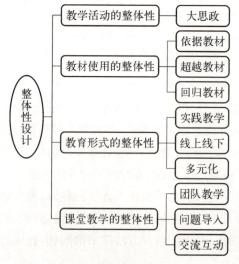

图1 整体性设计理念

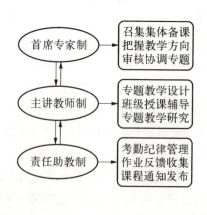

图2 协同创新和教研相长的教学团队

教学专题研究，实现科研反哺教学，装满教师的"一桶水"。

三是以针对问题和切合实际为导向重构教学内容实现教材攻坚。精准回应学生困惑，提炼核心问题，抓住"管用的"知识点，从整体上进行内容设计，归纳整理为各个独立教学模块，真正实现"既依据教材，又脱离教材，最后回归教材"，将教材体系转化为教学体系和信仰体系，浓缩为教学的"一滴水"输出。在"启拓教学"改革实践中，将"概论"课在原有教材体系上重组为14个教学模块，每个模块并不与章节对应，而是由课程组共同讨论提炼每一模块要解决的核心问题，一方面教师围绕核心问题提领理论要点、厘清教学思路、设计教学方案，如表2所示。同时将核心问题在教学开始前就布置给学生，要求学生在教授相关模块授课前进行自主性学习，在深入思考的基础上完成小论文或小课件。授课教授在课前浏览学生的解答以了解学生的视角和认识，这样就可以有针对性地开展对每个班级和不同专业学生进行教学。

表2 "启拓教学"模块框架设计示例

专题模块	内容设计
人间正道是沧桑 ——新民主主义革命理论 （教材第二章）	◆ "拿来"行不通——新民主主义革命理论的形成 ◆ "逼上梁山"——农村包围城市武装夺取政权 ◆ 三大法宝——新民主主义革命的基本经验 ◆ 血与火的启示——新民主主义革命理论的意义
关键抉择 ——社会主义改革开放理论 （教材第七章）	◆ "会捉老鼠就是好猫"——改革是社会主义制度的自我完善和发展 ◆ "摸着石头过河"——中国改革30年的光辉历程 ◆ 中国制造无处不在——对外开放是中国的基本国策 ◆ 解铃还须系铃人——发展中的问题在发展中解决

四是以自主学习和思维拓展为基础的立体化教学实现教法攻坚。适应复杂舆论形势和全新互联网环境下，学生自主学习能力明显增强但价值判断能力混乱的状况，满足学生价值塑造期待和学习方式变革需求。通过抓住核心目标和找准关键问题，对学生的价值判断进行引导和影响，同时运用网络技术，充分发挥学生的主体作用和参与热情，不再是枯燥的满堂灌，而是通过自主性学习、智能化参与，以及在教师引导下的全员思想交流、思维碰撞，使自身的求知欲得到满足，如图3所示。

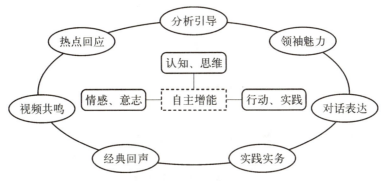

图3 "启拓教学"自主增能的立体化教学方法

五是以过程优化和项目支撑的教学管理实现机制攻坚。从备课、授课、课后进行全过程动态管理,实现集体备课常态化,资源共享制度化和课程管理常规化;从学校层面对教改给予项目培育支持,教务管理优先集中排课;运用校园局域网、移动终端和校园机房设备等探索思政课无纸化考试改革,制定个性化特色化试题;通过对教学全程录像的记录、分析和评价,使教师考评指标科学化、客观化,建立激励思政课教师发挥各自优势、灵活运用网络信息资源的机制。

三、"启拓教学"的"三个层面"改革成效

江南大学"启拓(QITO)教学"在"毛泽东思想与中国特色社会主义理论体系概论"课程教学中实施两年来,涵盖全校近200个自然班6000多名学生,收到了预期的效果。

一是从教学效果来看,调查评估显示出"两高""两强"的特点。"两高":学生对"启拓(QITO)"教学改革的认同度高、满意度高。高达91.1%的学生对于"启拓(QITO)"教学改革感到满意,具体体现在:认为教学内容丰富,理论与实际结合紧密(86.6%);教师讲解清晰、富有感染力(81.8%);教师教学态度认真负责,课堂秩序好(79.5%);课堂气氛活跃,教师善于引导学生思考(67.6%);等等。"两强":学生在"启拓(QITO)"教学改革中的获得感强、效能感强。最重要的是学生感到自己在该课程的学习收获很大(83.2%),有近一半的学生在评教中表示,与其他课堂教学相比,在"启拓(QITO)"教学课堂的学习效率要更高。

二是从教书育人来看,极大地改善了同学们对"思政课"的看法,也通过深入浅出、广征博引地讲解,以及多视角多维度地启发,学生获得了价值观念的塑造,也拓展了思考和认识国家和社会的角度。例如部分学生在评教系统上的留言:"每个上课的老师都能深入浅出,不再是枯燥无味的毛概课","老师讲课慷慨激昂,富有激情,教学内容联系实际,善于引导学生思考","毛概老师教学态度严谨,真的学到了好多东西","老师上课认真,还给我们拓展课外知识,喜欢老师讲的道理"。

三是从教学方式来看,把语言艺术引入思政课堂,生动的讲解极大地提高了学生的抬头率,被媒体誉为"不费流量的'毛概课'"。开发高校思政类校园脱口秀系列活动"宝哥说",形成抢票听课、一票难求的壮观场景,润物无声、寓教于乐、潜移默化地进行理想信念和价值观教育,《人民日报》《光明日报》《环球时报》等均有相关报道;引领全校"大思政"改革,通过跟进"微课"制作培育网络慕课,改变学生"听讲"习惯,运用互联网和多媒体技术,实现"线上线下—课内课外"混合式互动教学,通过智能终端增强课堂教学的"在场感"和"带入感",让学生体验到真实的"获得感"和"升华感"。

四、"启拓教学"的"四大版块"改革成果

"启拓教学"在实施两年多以来,积累了教学实践和研究的四大版块的丰硕成果:

一是"教研产出"版块,形成了一批基于教改实践的高质量思政课教学成果。包括:论文《开展"启拓教学"提升思政课质量》在《中国高等教育》(CSSCI)发表,论文《"慕课"视阈下高校思想政治理论课教学范式变革探究》在《思想政治教育研究》(CSSCI)发表;筹划并初步完成基于"启拓教学"的高校思政课教学参考书的撰写。

二是"专题教学"版块,形成可推广的整体性专题化教学模式。课题组通过对"概论课"教材体系的研究和把握,已建立起内在逻辑严密完整的14部专题教学内容,问题意识提领价值塑造,分析说理启迪思想引领,形成了14份特色突出推广性强的专题课件和教案,并建立起"轮转教学"课程组织模式,即将在"概论课"全课程组进行复制推广。

三是"教学研讨"版块,构建多层次的"教""研"良性互动模式。课题组以打造"研究型教学团队"为目标,形成了"启拓教学"课程组内部常规性的集体备课和教学研讨,并多次牵头院级、校级的教学研讨会,成功承办了全国性高校思政课教学方法改革研讨会,积累了专家智力支持,建立了与高等院校、研究机构和权威杂志的学术联系,扩大了"启拓教学"的讨论度和知名度。

四是"实践教学"版块,创新"智能思政"实践教学模式。课题组启动了"智能思政"特色实践教学项目"尚行杯"微视频大赛,以学生自导、自拍、自演、自传播的形式,透过生动的镜头语言,感知和记录时代,激发实现中国梦的感情和能量。开启"智能思政"的新互动模式,通过微信公众号、微信群和超星学习通客户端实现即时互动,打造"零距离"答疑解惑,实现"第一时间"思想引导,并试点了思政课无纸化考试改革,省时提效,真正让渡时间给学生在考试中总结,在答题中思辨。

信息设计课程的教学反思

代福平

当代社会充斥着海量的信息、资讯。信息设计成为近年来设计领域的研究热点。然而在现实环境中,"信息需求饥渴"和"信息表述模糊"的现象普遍存在。虽然信息设计在现有课程体系中有所涉及,但尚未形成明晰的教学思路和成熟的教学方法。信息设计教学有待于在思维层面和视觉层面展开充分研究。

"信息设计"卓越课程建设,涵盖了设计学院两门课程,一门是"信息设计",一门是"信息可视化设计"。课程教师团队从视觉传达角度出发,依托江南大学设计学院丰厚的专业积淀,在教学中着手进行教学内容的改革,努力研究信息设计前沿动态,将研究成果积极吸纳进教学中来,形成了系统阐述如何从科学与人文的视角、以用户体验为中心,科学地处理信息并富于创意地呈现信息的教学内容,并完成了两部教材,一部是课题负责人代福平副教授编著的《信息可视化设计》,将由西南师范大学出版社在2017年出版;另一部是课题组成员崔华春编著的《信息设计》,已经由中国建筑工业出版社出版。

在课程教学改革中,我们的体会和感悟可以总结为以下三点:

一、教师应不断创新知识,将经验体会变成逻辑

教师应立足学科前沿,不断学习新知识,并用理论来系统地阐述专业知识。设计教师和设计师都要对视觉形式有很好的感觉和领悟。所不同的是,教师必须把这种感悟变成逻辑,清晰地表达出来,这是教师的职业要求。设计师靠作品"说话",他关于作品的说话反倒可以随意,这就是设计感想。教师的说话才是"作品",他关于说话的"作品"必须有清晰的思想,这就是设计理论。这里当然不是说设计师无须谈理论,教师无须做设计,只是两种角色的职业要求的侧重点不同。当然最理想的状态是,做设计,就是好的设计师,从教,就是好的教师。

设计师不理解自己的作品,就像作家不理解自己的作品一样,是很常见的。所以,正像需要有文学评论家一样,也需要有设计评论家。教师要能把设计师和评论家的修养集于一身,再加上教育的专业技能,才能胜任设计教学。教师不能像佛教故事里的世尊那样,"拈花微笑",让有悟性的人去悟,悟不了的只怪能自己没有悟性或悟性不够。也不能像一般的观众那样随自己的喜好说些零散的话,而必须讲出一个遵守逻辑的完整道理,使

学生得以理解和掌握。其实不仅是学生,就连设计师也能从这些道理中反思和理解自己的作品。教师是设计现象的深度观察者,是设计师内心的勇敢探险者,是设计实践的积极参与者,更重要的,是设计逻辑的阐述者即思想者。

信息可视化设计是将视觉设计的艺术性、信息传达的科学性和用户体验研究这三者结合起来的一门学问,是视觉传达设计专业的核心训练内容之一。我们总结的教学方法既重视讲授信息设计的概念、原则、类型等基本理论,讲述信息可视化设计方法技法,更要讲设计方法论,把隐藏在纷繁复杂的信息可视化现象中的逻辑讲出来,把设计师没有意识到的问题或者意识到了但没有说清的问题说清楚。引导学生关注信息时代的信息传达的新问题,并在作业训练中结合这些问题进行思考。课程所形成的教学思想与实践案例可为国内高校相关专业的信息设计课程教学提供有益启示。

二、鼓励学生以自由实现创造

设计专业的学生很多人知道有一本书叫《设计的精神》,是把香港设计营商周亚洲论坛期间采访到的世界顶尖设计师的故事和访谈辑录在一起,2008年1月由辽宁科学技术出版社和艺术与设计出版联盟出版,2009年2月又出了续集。设计师源源不断,设计故事就绵绵不绝。然而,书名似乎一开始就提示读者,不要停留在设计师的设计故事和设计对话上面,而要从中领悟设计的精神。那么,设计的精神究竟是什么,书中并没有明确的答案。如同苏格拉底问人们美德是什么,得到的回答只是各种具体的美德表现,而美德究竟是什么,却没有人能回答。设计的精神也与此类似。如果想了解一个个设计师的精神,在书中就相对容易做到。但设计的精神,并不是将一个个设计师的精神归纳在一起就能得出来。恰恰相反,一个个设计师要成为真正的设计师就必须拥有(或者如柏拉图所说的"分有")设计的精神。我们并不需要等到设计师的故事讲完的那一天才能总结出设计的精神(事实上也没有那一天)。我们从这些有限的、独特的设计故事中,就可以反思到普遍的设计精神。那么,设计的精神究竟是什么呢?在经历过现代设计深入发展的100年之后(从包豪斯算起),在设计的本质更加深刻显现出来的今天,我们可以领悟到:设计的精神就是自由。

设计是一种自由自觉的创造活动,与人的自由的本质密切相连。马克思把蜜蜂的造物活动和人类的造物活动区分开来,原因在于人会"设计"——在造物之前,脑海里已经有了预想的结果。设计是通过设计师个人的创造,满足人类群体的需求。设计就是设计师以自己的自由激发起他人对自由的共鸣。人们欣赏和享受一件设计作品,实际上是在体会属于人的自由。直接俯身于山溪去饮水,只是自然。拿着精致的杯子饮水,却是自由。我们不禁感叹,人啊,设计出多么了不起的作品!进一步感叹,就成了哈姆雷特的感叹:"人啊,是一件多么了不起的作品!"之所以了不起,就在于人的创造,就在于人的自由。

设计专业的学生,在反思到自己的自由、自觉到自己的自由时,就真正理解了优秀的设计作品,真正理解了优秀的设计文化,真正拥有了设计精神。自由激发创造,自由必然表现为创造。做作业的过程,就是发现自己的过程、塑造自己的过程,就是自由的实现过程。什么也不做,体现不出自由,自由就是要做些什么;跟别人做同样的事情,也体现不出自由,自由是做别人没有做过的事情。自由不是放弃,而是一种承担;自由不是如释重负,而是重负在身。优秀的设计师是自由的充分发挥者。他视创造为己任,自己设定目标,自己实现目标,冒着未知的风险,竭尽全力去探索,把自己的探索结果展示给人类,为人类开辟自由的新境界。

信息可视化设计,是自由地探索信息时代现实问题的过程,从作业选题到课程研讨,都要积极激发学生的自由思想。学生对自由的自觉程度和共鸣程度,直接影响设计创新的程度。

三、设计理论教学的重要性在于"清理地基"

如同艺术设计专业的其他课程一样,信息可视化设计课程的理论教学环节,表面看来最容易,其实很难。

如果把理论仅仅当作以文字形式表达的一种现成内容讲给学生,那当然是最容易的,但这样的理论往往成为教条——在设计理论薄弱的情况下,就成为空洞的教条。学生对此当然不感兴趣,教师也只能是完成一种教学的程序。

但如果从理论本身应具有的活力来看,理论教学是很难的。理论要撞击人的思想,使人的思想不得安宁——不能一劳永逸地停在一个地方,必须不断启程前行。理论所表达和呼唤的是思想的活力和力量。思想懒惰的人喜欢把理论教条化,再以教条的名义把理论抛弃。这样,思想变得格外轻松也格外柔弱,失去了剖析事物的能力。思想的懒惰,在艺术设计专业中容易被一种冠冕堂皇的理由所掩盖,即艺术设计是形象思维,而非抽象思辨。这样,在艺术设计教学中,要克服思想的懒惰,就更为不易,理论教学就显得更为艰难。

当前,理论教学对于艺术设计课程的重要性,与其说是指导如何进行设计创造,不如说是清除影响设计创造的各种观念障碍。这就是一种"清理地基"的活动,要在思想中为设计活动建立起一种反思的机制。这里的反思,就是把人类设计中已经有过的思想当作思考的对象,再加以思考,在自己的思想中重新经历一遍。这样,人们在漫长时间中所积累的思想,就在自己的头脑中以浓缩的方式发生了一遍。经过这样一个过程,就实现了设计思维的自觉,即能意识到自己的设计思维属于哪个历史发展层次,它有什么局限,它应该向哪个层次迈进,从而扬弃较低层次的设计思维,将自己的思维建立在人类已经达到的设计思维层次之基础上。这就是理论教学"清理地基"的过程,在这个过程中,我们将获得一种设计教养。设计教养不同于一般的设计技巧和操作经验,它不是设计经验的丰富,而是设计精神的成熟,即设计师有足够的能力把人类设计文明的进程纳入自己思想的发展环节。大学的设计教育,同社会上的设计技能培训的根本区别,就在于要使学生获得设计教养。一个设计专业大学毕业生,他的实践经验必然是欠缺的,但他的设计教养应该是充分的。理论教学就是要达到这个目标。

"清理地基"的活动,并不是一劳永逸的,它是要建立起一种反思的机制,能够持续发挥作用,变成日常设计活动的一个必要环节。通过这样的机制,学生能够把自己所接受的观念,进行一番清理,对各种设计现象,进行独立的思考。

这次的"信息设计"卓越课程建设,教师和学生都得到了锻炼和提高,并形成了相应的成果,取得了良好成效。我们将继续努力,将这门课程不断改革,使之成为与时代同行的卓越课程。在此,课题组非常感谢学校教师卓越中心和教务处对本课题的积极支持和帮助!

研究方法类课程的教学改革必须坚持"做中学"

于书娟

一、杜威的"做中学"理论

在大教育家杜威的思想体系中,"做中学"占据着重要的地位,也被看作是现代教育教学的基本原则与行动纲领。在《明日之学校》中,杜威把美国印第安纳州波利斯市第 54 公立学校称为一所"做中学"的学校,它打破了单单依靠书面练习获取知识的传统教学方式,而鼓励学生在实践中去拓展经验,把知识的学习与知识的运用、与实际问题的解决结合起来。当然,在后世对杜威教育思想的解读中,很多人错误地把"做中学"的"做",狭义地理解成了活动,甚至更片面地窄化为手工活动,从而影响了"做中学"思想在教育教学中的应用。对此,丁道勇在他的论文中已经做了一些澄清。尽管他用"参与"的概念代替了"做中学",实际上,"做中学"本身作为教育教学的重要原则,作为杜威教育思想体系的一个重要组成部分并没有错,问题的关键在于我们如何理解"做"与"学"以及两者之间的关系。

在杜威的著作中,"做中学"的原文是"learning by doing",但是,这种"doing"的"做",更多强调的是一种主动的行动,即杜威所谓的主动作业"occupied actively"。按照这样来理解的话,那么,"做中学"的"做",就不再是仅仅与身体行为有关,而更多的是表明一种积极、主动的参与和行动。而参与和行动,既需要身体的依托,更重要的则是思维的活动,即通过积极地思考和行动,学生才能真正地把学习指向有效的结果。正是在这种意义上,"做中学"的真正价值才能够体现出来。

二、研究方法类课程的教学必须坚持"做中学"

研究方法类的课程,是一门兼具理论性与实践性的课程。它既要求学生能够形成系统的方法论思维,又要求学生能够掌握各种具体的研究方法,能够在遵行研究的基本伦理与道德的情况下,养成独立的研究能力。对于这样的课程,单纯的理论讲解不仅会使课程变得枯燥乏味,难以激发学生的学习兴趣,更会因为疏于练习而导致学习的低效、无效。因此,这一类课程的教学必须坚持"做中学"的理念与原则,必须把理论学习与实践练习结合起来。就像我们必须要在水中练习游泳一样,研究方法课程的学习,也必须通过开展具体的研究才能有实效。

长期以来,研究方法类课程因学习难度大、学习任务重、效果较迟滞等特点,很难激发起学生的学习兴趣。过多的理论讲授,导致学生"学了不会用"的尴尬,而过多的实践作业,又容易招致学生"作业量大"的抱怨,如何平衡理论教学和实践练习的时间,形成有效的学习激励机制,考验着教师的教学水平。特别是如何通过与其他课程的衔接,让学生在其他课程的学习和作业中,保持对科学研究道德和规范的自觉遵守,对科学研究方法的自觉而恰当的选用,不断在实践中提升自己的研究问题意识和实践创新能力,是研究方法类课程必须突破的重要课题。

近年来,随着我国对高等教育人才培养质量的重视,国内高校课堂教学改革日益受到关注,旨在培养学生创新精神和实践能力的研究方法类课程,也是变革的主力之一。在很多高校和教师的教育研究方法课程中,参与式教学、项目驱动式学习、合作学习、分组教学、行动研究等多种教学变革形式都有所涉及,慕课、微课、信息技术的应用日益增强,相关的实验研究、调查研究、行动研究等研究成果也不断推出,在此基础上,高校课堂教学变革的实践尝试和理论研究呈现出繁荣的景象。但是,纵观这些教学改革,大都只是着眼于某一个点的突破,对于整个课堂教学变革缺乏系统关照。

因此,研究方法课程的教学改革,必须把调动学生学习积极性和主动性的机制作为研究的重点之一,必须适度整合以激发和培养学生创新精神和实践能力的项目学习、分组或合作学习、参与式学习等具体教学改革,针对课堂教学变革的实践需求开展的行动研究,让课程本身践行研究的精神,体现研究的成效。

三、"项目驱动式分组教学改革"在研究方法类课程中的运用

针对上述问题,2015年开始,我们组建了教育研究方法课程教学改革团队,开始进行"项目驱动式分组教学改革",希望以此提高研究方法课程教学的实效性,培养学生的问题意识和研究能力。为此,团队在学情调研的基础上,重点分析了制约研究方法教学实效的关键因素,通过综合设计行动研究方法,尝试采用项目驱动式分组教学,调动学生学习的积极性和主动性,提高学生的课堂参与度,通过对学生学习状态的把握,对学生学习效果的检测,对行动研究方案进行反思和总结,以期切实提高教育研究方法的有效性和实效性。

在整个行动研究的过程中,课题组把研究的重心放在了项目分组与学生的学情监测上,确保分组的合理性与学生参与的有效性。与此同时,课题组也改变了教学评价方式,把学生互评与教师评价相结合,把过程性评价与结果性评价相结合。同时,课题组还通过组织公开课、专题教学研讨会等活动,加强对研究过程的监控与调整。

在整个的研究过程中,课题组认为,研究方法课程不是一门孤立的课程,它是对学生基本研究意识和能力的训练,因此,研究方法课程的学习,最终指向的是学生的整体学习和研究能力,要引导学生在其他课程的学习和作业中,积极主动、自觉地利用研究规范进

行学习。平时将及时与其他任课教师进行沟通交流，不断引导学生有意识地把研究能力迁移到其他课程的学习中。

四、教改的成效与反思

两年内，通过两轮行动研究，依托大学生创新计划所开展的任务驱动式分组教学改革，基本上取得了预期的效果。在60名2016级小学教育专业的学生中，成功申请到大创项目的学生有49人，占到了全部学生的81.6%，其中，作为项目主持人的有10人。无论是否申请到大创项目，有56位学生认为，课程学习与作业对自己申请大创项目是有帮助的。

但是，在课题实施的过程中，也暴露出了一些问题。比如，在第一轮的行动研究过程中，由于采用自由分组的方式，导致了两个问题：一个是组间差异较大，学习动机强、学习努力的同学更乐意组成一个小组，而学习动机较差，学习不够努力的同学也只能自己组织一起，更有个别同学，因为性格内向、与同学交往不多等原因，出现了没有小组的情况，最后需要老师出面协调加入到别的组；另一个是，还存在着个别不努力的同学，靠良好的人际关系与利益互惠等方式，加入到一些努力用功的小组，这样就又带了一个搭便车的现象。

因此，在第二轮分组之际，课题组对分组原则进行了调整，根据学生以往的学习成绩、学习经验等，以老师指定优秀学生为组长、由组长与组员进行双向选择的方式。这样做，最主要就是避免过大的组间差异，保证每个小组都有一个优秀学生带领全组同学共同学习，同时，双向选择也在一定程度上保证了学生分组的自由。与此同时，为了避免搭便车的现象，不让小组合作学习流于形式，课题组又对学生的成绩考核方案进行了调整。在平时成绩的考核中，不仅有小组成绩，还增加了对学生在组内贡献度的评价，通过个人自评、小组互评和教师评价相结合的方式，在以最终的作业和大创申请书为主要依据的同时，照顾到了学生合作学习的质量与个体在小组中的贡献。但是，在实际操作的过程中，绝大多数学生认可多样的分组方法，希望能按能力、兴趣自由组合，但无论是研究者还是学生，都没有意识到，能力和兴趣这两个标准有的时候会存在一定的冲突。而对于此次评价的调整，由于学生们对于自评和同伴互评的标准把握不当，出现了离差较大的情况，有的同学，不顾客观情况，盲目给自己高分数，与小组其他成员给的分数相差悬殊；有的小组，为了保持组内和气，统一了所有组员的成绩，使得组内互评失去了参照的标准。

五、教改的心得与体悟

在这一轮的课程教学改革中，作为课题主持人，有以下一些心得体会。

（一）教学相长有期待

教学过程，是师生双方互相影响、共同成长的过程。在课题研究过程中，为了更好地带动学生的学习,课题组的老师以身示范,在苦心钻研课程教学内容的同时,自己也针对研究方法、大学生学习、课程教学改革展开了具体的研究,并取得了一些成果。在促进学生成长的同时,也推动了教师自我的专业发展。

(二) 教学改革无止境

教学改革,最终是为了让学生学得更好、发展得更好。随着社会的快速变化及其对人才需求的调整,课程与教学也必须适应变化了的时代要求。而现代教育技术的发展日新月异,学生的学习环境发生了翻天覆地的变化,随着慕课、微课等网络教学的兴起,大学课堂教学的变革必须与时俱进。不变革,教学就无疑会变成刻舟求剑,难以收到成效。

随着这一轮行动研究的结束,后续如何评估教育研究方法课程对学生研究素养的持续影响,如何加强对课程学习后学生课题完成过程的指导与帮助,如何让研究精神、创新精神、实践精神在学生的学习生活中生根发芽,还需要更多的研究和探索。

织物结构设计课程教学软件的开发历程

潘如如

写下这篇文字的时候已经是国内夜里将近12点了,美国执行的还是夏令时,与国内有13个小时的时差。一直想记录一点自己当教师以来所做的事情,但终是因为各种教学和科研的事情耽搁,除了论文,似乎也没有留下什么内容,以供自己以后回忆。趁学校教师卓越中心教改项目结题,需要写一篇心得感悟,记录一下自己在这个教改项目中的一些事情吧。

首先要感谢一下教师卓越中心的周萍老师,由于身处异国他乡,在结题时碰到了太多麻烦,幸得周萍老师的各种宽容和帮助,在这里表示一下敬意。认识周萍老师很早,刚入校从教进行新教师培训时,周萍老师给我们讲过高等教育学这门课,那时候就已经认识,后陆陆续续见过多次,在学校偶尔碰到仍倍感亲切,都会相互招呼示意。有了这次教改经历,相信彼此会更熟悉。

另外要感谢一下办公室的周建老师,教改项目立项不久我就开始办理出国研修事宜,到结题时我已经身处美国,只能委托周建老师代为上一次公开课。他虽然是后期加入项目团队的人员,但是起了关键的作用。公开课内容是我们共同讨论和商量的。

一、课题创意起源

作为一个教学改革的项目,这个教学软件的创意在自己读书的时候就曾经冒起过。那时候见到教我"织物结构设计"的钱坤老师和王鸿博老师经常带着厚重的格子黑板,或者在教师黑板上绘制格子时,我就在想,多媒体教学已经普及多年,怎么还用这么传统的方式进行教学呢?

在学校上"纺织CAD原理"这门课程时,我曾经问过缪旭红老师,为什么不将这种CAD用到织物结构设计的课程教学中。当时缪老师给我的答案时,这种购买的专业CAD软件只能安装在指定电脑上,无法带入课堂使用。还专门跟我说,针织中心自己编写的软件是可以带入课堂使用的。那时就有为机织方向的织物结构设计课程编写一个教学软件的想法,但那时还是一个学生,正是有想法没能力的时候,这一耽误就是12年的时光,所谓白驹过隙不过如此吧。

在做了教师两三年的时候,中间曾经带过"纺织CAD原理"这门课程(简单上过半个学期,后来这门课程在教学大纲中已经删除,我一直觉得挺可惜,对学生还是蛮实用的一门课程),和刘基宏老师专门探讨过如何进行这门课程的教学。趁空余时间编写了一个类似于用于织物绘制的格子 ActiveX 控件,详细可见这篇文章。

2013 年,带了纺设的学生织物产品设计这门课程,考虑到纺设的学生织物设计的基础,给他们增加了一些基础内容,中间又反复要用到格子绘制的过程,在黑板上画了多次以后,实在累得不行,就将编写的 ActiveX 控件适当扩展了一些,有了织物组织图绘制功能,当然也仅仅限于组织图的绘制。

2013 年年底,学校发布了新的教改项目申请指南,埋藏到心底若干年的想法又活跃了起来,在跟学校领导商量了以后,写了"织物结构设计课程教学软件的设计与应用"这个项目的申请书,初是作为普通教改项目,后领导跟我说你上课功底不错,调整为学校"教师卓越工程项目"。

总结一下,想法有了多年,开始是"时间有余,能力不够",后来是"能力有余,时间不足",使得这个想法多年未能实现。但是作为一个学生时代就有的想法,终是埋在心底一个多年的"梦",感谢学校教师卓越中心给了这样一个机会,让我把这个多年未实现的想法成功付诸实践。压力就是动力,无非就这么简单。

二、软件框架

中间由于办理出国研修事宜,真正开始着手编写这个软件的时候已经身处美国了。某一个下午,又翻出当初的项目申请书,在一张纸上列了一下软件所需要的功能,算是确定了基本的软件框架。当然后面在编写的时候又多多少少增加了一些额外的功能,甚至对自己从事的科研也有了一定的启发——这是意外惊喜了。

考虑到这是一个教学软件,很多基本功能都是与教学功能挂钩的,所以在制定软件框架时,就有了两个基本功能的设想:图的保存(用于备课)、数据的保存与读取(用于教学)。另外考虑到教师与学生的差别,从教与学两个角度出发,专门开发了教师版和学生版。

软件基本框架如下:
- 软件登录模块:通过学生的学号和密码进行登录(教师工号和密码),从登录的账号区分教师版和学生版。提供了新账号注册和密码找回功能。
- 格子基本设置模块:提供格子大小、颜色、数目等功能设置,并可将设置保存。
- 组织图绘制模块:具有组织图绘制与保存功能。
- 上机图绘制模块:具有上机图的绘制与保持功能。
- 配色模纹图绘制模块:具有配色模纹图的绘制与保持功能。
- 组织图录像模块:可将教师的组织图绘制过程进行录像。
- 色织物模拟模块:可进行色织物的花纹模拟。
- 数据库功能:可读取常见的织物组织。

三、软件设计开发经历

做一件自己喜欢的事情是幸福而又轻松的。

编写一个软件毕竟不是简单地上一节课、背一段书那么简单,那是一行一行的代码敲写过程,过程其实是乏味而又枯燥的,还会碰到各种各样的意外,比如某些功能实现没那么顺利,比如软件会崩溃等等,这里就不再详细叙述了。只是想说,做一件自己喜欢的事情,在完成过后,回过头来看,那是一种幸福,比如我在写下这些文字的时刻,心里更多的是喜悦。

下面以一些软件中的图来描述一下软件的设计开发过程。

如图1所示,这是最早完成的一个模块,但也是花费时间最多的一个模块,主要原因是需要对前期开发的格子控件进行更新和功能的完善。前期开发的控件只有简单的绘制功能和数据功能,缺少设置,且绘制模式也略显不足,同时也不具有学生作业功能。印象中前前后后又花费了大约一周的时间才将这个模块完成,具体功能在这里就不详细阐述了,专门提供了一个软件使用文档,有兴趣的可以去阅读一下。

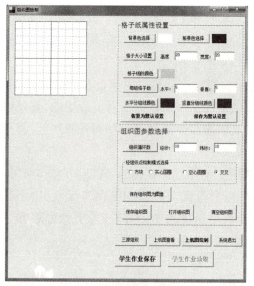

图1 组织图绘制模块

图2 登录模块

如图2所示,这是登录模块,是在开发了组织图绘制模块后增加的,因为要区分教师和学生,专门增加了这一模块(当然也是考虑到软件的后期使用版权问题)。

如图3所示,这是上机图绘制模块,在组织图绘制模块开发以后,这个模块开发的周期是比较短的,主要难点还是组织图、纹版图、穿综图的联动。另外作为软件特色,专门提供了自动穿综、自动纹版图等功能。

如图4所示,这是软件中的配色模纹图绘制模块,开发过程中碰到的主要问题是色经和色纬的输入问题。当然作为教学软件的功能示范来说,原本可以简单化处理,比如10

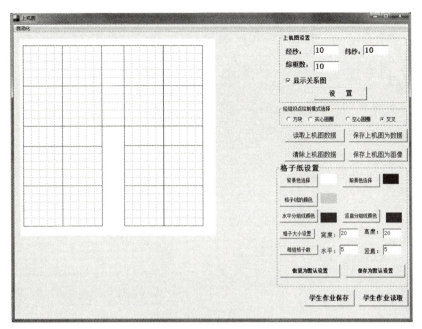

图 3　上机图绘制模块

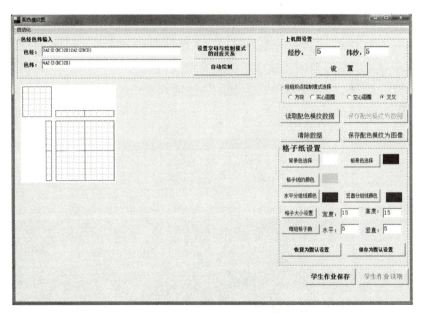

图 4　配色模纹图绘制模块

根红色纱,可以连续输入 10 个 A,但是考虑到输入的便捷性,可以输入 10A,当然还有可以多个循环,软件设置时采用了括号的形式。增加这部分功能也是为了让学生更有兴趣使用这个软件。

如图 5 所示,这个模块的开发是比较费力的,中间更换了多种方案。在软件开始设定时并没有这个功能模块,后来在一些学生的建议下开发了这个模块。这个模块的难点是

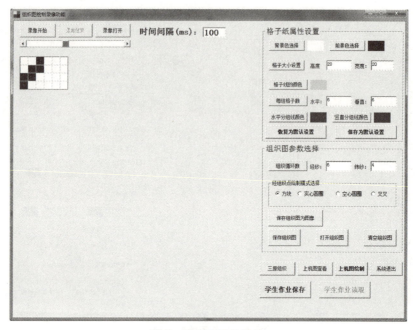

图5 组织图录像模块

如何进行录像,以及播放的便捷性问题。因为是给学生学习使用,开始录像的思路是采用帧频形式录成 AVI 格式,这样的好处是可以将教师的声音录进去,但是文件过大,而且不太便于学生学习。后最终采用了软件中的现有模式,可以让学生中途暂停,并可以拖动,还可以在录像的基础上学生进行继续绘制。当然这种模式也得到了学生的认可,比较欣慰吧。

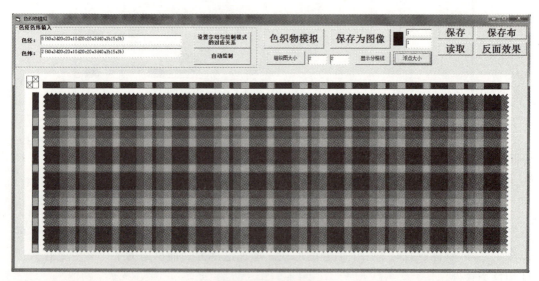

图6 织物模拟模块

如图6所示,织物模拟模块在预设功能中是没有的,当然也是整个软件中功能最复杂的一个模块,算是兴趣使然开发的一个功能,这里就不再详细阐述为什么开发这个模块了。与前几个模块不同的是,开发的时候专门在格子 ActiveX 控件的基础上开发了色织物的彩色格子控件,虽然花费了较多的时间,但是效果得到了周围同事以及学生的认可。更为值得庆幸的是,在这个控件的基础上,后期又开发了纱线模拟的软件,当然这个是题外话,不再叙述。

织物数据库功能,在软件开发的初期,准确说是项目立项时,是觉得有难度的一个模块,考虑过数据库方案(我读博时候采用的一个方案),也考虑过代码编写方案。在软件编写到后期时,这个模块反而变成一个最简单的模块了,软件中提供了数据保存功能,只需要将各种织物组织图进行绘制并保存,并设计一个简单的软件界面就可以实现数据库的功能了。这算是意外之喜吧,在前期没有想过可以采用这样简单的方案解决一个难题,这算是触类旁通的最好解释了。

四、课程教学案例

在公开课教学内容的选择上,也经历了一些周折,开始的时候是打算选择织物结构设计中的一节基础课——三原组织,课件也做好了,但本学期的教学计划中并没有这门课程,考虑到不能打乱原有的教学计划,后改成程序设计基础这门课程,适当修改了原有的教学内容,增加了应用性。为便于记录,将这两次上课的课件一起打包在结题文件中。

刚刚收到了周萍老师的 QQ 留言,得知公开课的效果甚好,算是这个教改项目一个完美的结局吧。感谢那些曾经在我朋友圈软件截图下面点赞的同事、同学以及朋友们,你们的简单点赞也给了我十足的动力。

(2015 年 10 月记于美国德州大学奥斯汀分校)

生物化学与分子生物学实验课程的改革与探索

金 坚

生物化学与分子生物学实验是药学专业一门重要的基础实验课程,在药学类专业教学中具有非常重要的地位,其理论和技术涉及生理学、药理学、药代动力学、药物化学、药物制剂等课程。生物化学与分子生物学实验可以使学生更好地理解和掌握理论知识,培养动手能力、实验统筹能力和创新能力,提高学生的基本科研素养。

本文就多年来随着江南大学药学院生物化学与分子生物学实验课程的不断更新和变革,以及在教学中的一些心得体会,归纳以下几点内容,为建立更科学合理的实验教学体系提供参考和借鉴。

一、课程设置要合理,突出药学专业特色

生物化学与分子生物学实验分为生化部分和分子生物学部分。生化部分包括:蛋白质、糖类、脂类、酶类、动力学、蛋白纯化;分子生物学部分包括:基因的提取、鉴定、扩增,基因的转化等。每次实验课涵盖以上一至两点的内容。

生物化学与分子生物学实验是很多专业的必修基础课,例如生物工程、食品、药学和环境等专业。对不同专业而言,生物化学与分子生物学实验课程设置上应该有所倾向,有所针对。江南大学药学院的生物化学与分子生物学实验经过多年整合,形成了具有鲜明的药学特色的课程设置。比如在蛋白纯化的实验中,我们对血红蛋白进行分离纯化。血红蛋白来源于血液,这样我们的课程可以与同时开设的生理学实验相联系,学生在制备血红蛋白时还可以回忆起生理学实验的内容。在分子生物学实验中,我们选择了白介素的基因进行扩增、克隆及表达,这样可以让学生了解白介素和用基因工程手段生产白介素的过程。

二、精简课时,保持实验体系完整性

药学院的生物化学与分子生物学实验课程原有48学时,一共12个教学周。专业体系调整后修订为32学时。教学过程中,课程虽然减少,但是实验教学体系并没有缩减,而是将原来的课程体系修改得更为精炼。例如,原实验1中包含蛋白质的呈色反应和沉淀

反应,实验2为蛋白质的两性反应和等电点测定。修改后,我们将蛋白质沉淀反应移至蛋白纯化实验当中涉及,将蛋白质的两性反应和等电点的测定合并进实验1。这样实验1完整地包括了蛋白质的主要实验内容:呈色、两性、等电点。实践证明,精简课时、整合实验内容获得了令人满意的教学效果。

在原来的分子生物学实验中,感受态的制备、质粒DNA转化大肠杆菌两个实验需各占一个独立教学周。制备感受态后,需要-80℃冰箱低温保存,否则会导致转化效率降低,实验效果差,且这两个实验课时较短,学生刚进入实验状态,课程就结束了,实验连续性差。现在的教学中,我们将两个实验合并至一个教学周。学生做完感受态后,立刻就可以转化至大肠杆菌,新鲜制备的感受态转化效果最好,转化完第二天就可以得到实验结果,学生不仅可以迅速地得到自己制备感受态的效果,还能比较清晰地回忆起实验操作中的各个细节,从而对实验结果进行分析和总结。

三、嵌套或者整合,充分利用实验教学课时

有一些课程中间等待的时间比较长,对于这样的课程比较好的方法就是将两个课程嵌套起来。例如薄层层析分离各种氨基酸的实验,中间反应两个小时。我们选择将胆固醇的检测实验放进去。胆固醇的检测实验从讲解、学生实践、总结、写完实验报告交上来,总共只需要一个半小时。这样就将等待时间充分利用了。

另外,我们将标准曲线的制作、糖含量的测定以及酶米氏常数测定三个实验合并精炼成了一个实验,一个教学周完成,即一周内完成了糖类和动力学类的实验。学生先用标准葡萄糖溶液制备标准曲线,然后利用标准曲线测定未知浓度的糖溶液,计算糖含量。最后,用标准浓度的蔗糖溶液配制不同浓度的蔗糖稀释溶液,再与蔗糖酶反应,获得不同浓度下蔗糖酶的初速度,再利用标准曲线,计算初速度和底物浓度的关系,最终计算得出蔗糖酶的米氏常数。三个实验均利用了还原糖将DNS还原的反应,所用实验材料和实验仪器均一致。虽然这个教学周实验强度和难度较大,但可以不断加深学生对该反应的理解,强化他们对分光光度计使用的熟练程度,还可以让大家明白,标准曲线的精准程度,即初期的实验结果对于后期实验数据的准确获得影响是非常大的。

四、精选实验内容

生化与分子生物学实验课面对的是大二的学生。他们刚经过一年专业基础课的训练,有了一定的基础,大二时可以让他们尝试强度和难度较高的实验。但是难度过高、成功率过低的实验又会打击学生的信心和积极性。最好是选择一些可视性强、操作性强、难度适中的实验,让学生很快建立起信心与兴趣,从每次课程中都能获得较大满足感,就可以获得比较好的授课效果。

我们原本实验安排中有"牛血清白蛋白的纯化"。这是一次大型综合实验,要分成三

个教学周完成。第一次以小牛血清为原料,进行分段盐析去除球蛋白,并粗提得到牛血清白蛋白;第二次以粗体液为原料进行离子交换层析,即牛血清白蛋白的精提;第三次测蛋白浓度、SDS-PAGE 的制备和电泳、观察结果及三次实验总结。这三周的大实验要求学生提交一篇论文格式的报告。他们需要自行查阅文献,写出摘要、关键词、前言、实验方法、实验结果、实验讨论和参考文献部分。我们设立这个实验的出发点是让学生能够在实验中了解从原料如何变成纯蛋白,以及如何撰写一份完整的科研报告。但是教学结果却不是非常理想。每届都只有少部分学生能够清晰、完整地掌握整个实验和提交令人满意的报告。对于基础较弱的学生来说,三个周的实验对他们来说比较吃力,最后一周他们甚至已经无法清楚地回忆起前面两周的实验细节。且对于在前两次实验中就遭遇失败的同学来说,后面的实验也不太可能获得令人满意的结果,更加打击他们的积极性和信心。现在,我们用鱼精蛋白和血红蛋白的分离纯化取代了牛血清白蛋白的分离纯化实验。因为鱼精蛋白是黄色,而血红蛋白是红色,盐析过程中可以明显看出血红蛋白的沉降。在层析时,黄色的鱼精蛋白和红色的血红蛋白由于分子量差异,会慢慢地分离,最终先后流出层析柱。学生可以明显收集到呈红色和黄色的两管洗脱液。整个过程都有颜色可供观察和监测,这样学生在实验过程中会更有兴趣、更有信心,对实验会形成更加深刻的印象,能更加牢固地理解和掌握实验原理。

五、理论课和实验课相结合,突出重点

实验教学学时分配和生物化学教学的重点相吻合。生化重点部分分为四个大类:糖、酯、蛋白和核酸,另外还要包括酶学试验、纯化实验和动力学实验。例如蛋白质类,需包含蛋白质的呈色反应、沉淀反应、两性反应和等电点的测定等。酶学试验属于蛋白质类中比较重要的部分,我们单独开设了实验教授学生考察酶学性质,如最适温度、最适 pH、激活剂和抑制剂等。纯化实验包括粗提纯、精提和蛋白质浓度的鉴定、纯度和大小的检测。动力学我们选择了 Km 值测定实验。核酸实验中包括了 DNA、RNA 的提取和鉴定。分子生物学部分主要教授给学生最基本的基因操作的规程和常识,包括聚合物酶链式反应、酶切反应、DNA 的大小及纯度鉴定、感受态的制备、DNA 的转化和重组菌的鉴定等。

实验是帮助学生加深理论理解的有效方式。所以实验课和理论课在时间上要能够协调、重点要相对吻合。涉及实验的内容,理论老师如果能够在课堂上提及,就相当于帮助学生预习了实验内容;实验课上,实验老师如果能够对理论知识适当回顾,对重点难点再次讲解,也能够帮助学生更好地回忆起理论知识,并且立刻与实践相结合,对于难以理解的部分可以帮助学生理解,已经理解的部分也能够加深记忆,切实将理论知识化为自己的知识储备。实验课的安排要在理论教学完成后的 1—2 周,这样可以获得较高的实验效率。所以说,理论和实践结合对药学类专业而言非常重要。

在面临期末考试时,学生可以通过回忆实验课的内容,来帮助自己准备考试。对于一些需要灵活运用的知识点,光靠书本死记硬背是很难获得好成绩的。

六、教学仪器不断更新升级

在实验教学中,我们注重教学设备的升级。实验为2人一组,每组分配一套移液器,共5支:0.5—10 μL,2—20 μL,20—200 μL,100—1 000 μL,1 000—5 000 μL。因为分配到组,实验效率极大提高,且学生也更加爱护移液器。另外,我们积极地将比较先进的设备应用到本科教学中。原来测定蛋白浓度时,我们使用常规分光光度计(两组一台),后又购置了酶标仪(全班一台),将课堂效率大大提高,也让学生了解利用微孔板并借助仪器实验可以完成得那么便捷。原来我们使用核酸电泳观察DNA,现在让学生使用核酸微量测定仪nanodrop,只用微量即可完成DNA的浓度及纯度的测定。蛋白质等电点的测定,我们原来的方案是配置一系列不同pH的缓冲液,各自加入相同的蛋白质溶液,观察哪个pH缓冲液中沉淀最多,即比较接近蛋白质的等电点。这样的实验误差较大,学生经常会得出模棱两可的答案。目前,我们正在购置等电聚焦电泳并准备投入教学,给学生演示如何更加精确地测定蛋白质的等电点。通过仪器的升级,使学生明白,实验结果的获得可以通过好几个途径,可以根据对实验结果的要求选择合适的实验方法。而且,我们要不断开阔眼界,紧跟时代的步伐。

七、强调安全意识的培养

实验教学过程是安全教育的重要平台。本科实验教学是大学生最早接触实验的机会,应从一开始就给学生灌输安全知识,培养安全意识。初次上课需着重讲解相关实验课实验安全的特点、主要注意事项及常见实验事故的自救方法。每次课前,要求学生预习本次实验仪器的使用注意事项及实验试剂安全性、实验操作可能出现的危险等安全知识,实验前补充讲解实验试剂的安全性。规范实验操作和仪器使用,并不断改正学生不良的行为习惯。

本课程中,需要告诉学生核酸电泳中用到的goldview是诱变剂,蛋白电泳中用到的NN-亚甲双丙烯酰胺、丙烯酰胺、TEMED具有神经毒性,需佩戴手套;十二烷基硫酸钠(SDS)具有刺激性,对眼睛和呼吸道会造成损伤,巯基乙醇吸入会导致中毒,应佩戴面罩和护目镜;在使用灭菌锅时,要提前检查水位,灭菌完盖时,需防止高温蒸汽烫伤;使用挥发性溶液时,需要在通风柜中操作;使用后的枪头应打入利器盒中,避免刺伤处理垃圾的人员;提取DNA加完氯仿-异戊醇离心完成后的废液一定要回收,基因工程菌使用后需高温杀灭后才能丢弃,否则会造成环境的污染;私人物品如手机、书包等不可随意放在实验台上,戴着实验手套也不可以随意触碰私人物品,以免交叉污染。

八、虚拟仿真在教学中的应用

目前,学院已经建造了虚拟仿真实验室用于实验教学,通过虚拟实验使学生更快更好地熟悉了解实验原理、掌握实验过程和操作技能。本课程中"琼脂糖凝胶电泳的制备及核酸电泳"及"质粒 DNA 转化大肠杆菌及平板涂布"两个实验的虚拟仿真课件已经完成并且投入使用。这两个实验的操作比较微观,利用虚拟仿真技术,每个学生都能近距离"接触"老师,"身临其境"细致观察到实验的每个过程和细节,还能解决实验硬件无法实现学生人手一套而无法练手的问题,这与传统教学中的教师讲解并示范的教学方式形成了鲜明对比。再如,原来在进行"质粒 DNA 转化大厂杆菌及平板涂布"实验时,实验老师在通风柜里操作,每次有 6—8 位同学围观,同一个操作老师需要重复 5—6 遍才能教授给全班同学,效率较低。而通过虚拟仿真实验设备使得上课效果大大提高,学生兴趣高涨,学习效果更好,实验技能掌握得更加牢靠。

合作学习教学法在电类课程中的应用

张相胜

电类(电路、电子技术)课程是电气信息类专业重要的专业基础课程,也是相关专业学生首次接触的具有专业技术特点的课程。该类课程具有理论性和应用性强、分析设计方法灵活的特点。因此,为了能够真正培养出知识能力强、专业水平高的学生,让学生能够对于课程产生兴趣,增强主动学习的动力,我在传统的授课方式的基础上,采用了项目驱动的合作教学模式,通过让学生自由结合、自主学习,极大地提高了学生学习的积极性和主动性。与此同时,此种教学模式在保证学生理论基础扎实的前提下,更有助于提升学生的工程意识与实践能力,提高学生的专业素质、思维能力和合作水平。

为了更好地实现教学的革新尝试,我系统地学习了王坦编著的《合作学习——原理与策略》一书,并收集了多年来的相关论文,然后根据自己的教学体会,做了一些安排。

一、课前准备

(一)合作小组的建立

学习小组的组建应该综合考虑成员的学习成绩、学习习惯、性格特点、合作意识等方面的因素,但由于授课教师任课之初并不了解全部学生的情况,所以在初期可以采用自由组合的形式。在课程讲授过程中教师可根据课堂的情况事先让学生自己组合,以4—5个人为一个合作小组,每一个人都有固定的分工,各自有不同的角色和任务。

(二)课前思考题的设置

合适的讨论或者任务可以激发学生的学习欲望,调动学习的积极性。因此课前思考题必须能够启迪学生的思维,激发他们的探索精神。以电子技术"触发器"这章为例,可以要求学生考虑触发器的动作特点及结构特点有什么不同,各种不同功能的触发器和结构的触发器的区别与联系,触发器的作用,触发器的特征方程等,通过教师讲授基本的知识框架,提出相关问题,激发学生进行思考和探索。

(三)自主学习阶段

在合作学习实施之前,教师必须安排足够的时间让学生自主学习。由于目前课程学时数紧张,学生自主学习的任务教师通常是要求小组自己安排课后完成。以电子技术中的大规模可编程逻辑器件这一章为例,教师要求每一组成员都要了解可编程逻辑器件的发展及特点,熟悉目前主流公司的产品系列及特点,而这些都需要学生自学完成,且在后面的小组课堂合作阶段,针对书本上的知识点,要求每一组选择这一章的一部分内容进行课堂讲解及答疑。

(四)组内讨论阶段

本阶段由于这一部分内容不是在课堂进行,教师就需要采取一定的方法调动学生的积极性和主动性,并进行跟进。而采用集体学习和小组长负责组织的方法不仅能使得组员构成更为优化,更能增强小组组长的责任意识。在此过程中组长不仅要负责组织组内成员的学习讨论,更要组织组内每位学生交流自己学习的那部分知识,共同探讨其中有疑问的地方。

二、小组课堂合作阶段

学生以合作学习小组为单位开展活动,进行互帮互学,共同提高,教师应明确指出只有每一个小组成员都完成规定的任务,才能算整个小组完成了任务。对于任务检验是通过课堂交流实现的,因此小组进行课堂合作交流是实施合作学习的关键阶段。下面针对课堂交流进行了设计:

第一,事先要求每个小组都要把该章全部内容做成 PPT,教师随机从每个小组中指定一名成员代表作为主讲,在课堂中讲解该章节的部分内容,另一名成员代表作为副主讲对于主讲的内容进行总结。再从各小组成员中分别指定两名成员代表,其中一名成员作为考评组成员负责对于每个组的表现进行打分,另一名成员作为答疑者负责完成其他组同学提出的合理问题。

第二,考评组成员打分可以实行 5 分制,由各个评委根据讲授情况自主打分。设置加分原则鼓励互动:每组提出一个合理问题可以加 0.1 分,每组回答出问题可以加 0.1 分;扣分原则鼓励组内讨论:每组如果回答不出问题则需要扣 0.1 分;整个小组的总分数由考评组成员的平均分(扣掉最高与最低分)+加分+报告分组成(满分 10 分)。

第三,进行时间控制:主讲时间为 3 分钟,提问时间为 2 分钟,答疑时为 3 分钟,总结为 2 分钟,教师可以根据不同情况适当调整。

三、教师总结阶段

如果讨论问题是合作教学的基础,那么教师总结便是关键。教师需要根据前阶段学习讨论的情况,对重点内容有针对性地进行讲解,对于错误的观点进行分析,给学生明确的结论并对学生的课堂表现进行点评。各考评组成员填写本次课堂评分表。最后可以根据具体章节的内容给全体学生布置一道与实验项目结合的综合性的题目,方便学生总结回顾。

四、合作学习效果分析

图1至图3是对同专业平行班级期末考试卷面成绩的分析,其中图1是所有参加样本试点班级的学生的期末成绩,均值是69.12分,标准差是9.326分;图2为未采用讨论式教学班级的两个班级学生的期末成绩,均值是65.662分,标准差是9.676分;图3为采用讨论式教学的班级的学生的期末成绩,均值是72.194分,标准差是8.633分。很明显,参加讨论式教学的试点班级平均成绩比所有参加样本试点班级的成绩提高3.074分,提高比例为4.4%;比未采用讨论式教学的班级的成绩提高6.532分,提高比例为9.9%。参加讨论式教学的试点班级标准差比所有参加样本试点班级的标准差降低0.693分;比未采用讨论式教学的班级的标准差降低1.043分,显然成绩更为集中。

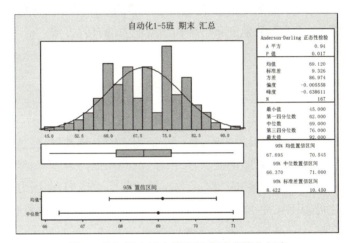

图1 参加样本试点班考级考试成绩分析表

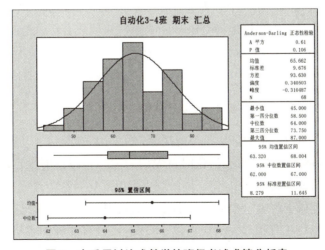

图2 未采用讨论式教学的班级考试成绩分析表

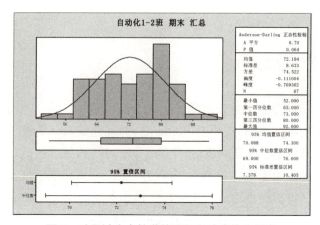

图 3 采用讨论式教学的班级考试成绩分析表

以项目驱动和课堂讨论为基础的合作学习模式作为理论知识与实践相结合的课程教学方法,能够促进学生对于专业课程的学习兴趣,帮助学生有效地掌握相关知识点,提高表达能力和自学能力,是培养学生创新思维和创造能力的有效方法。

五、总结与体会

(一)教学方式方法的革新需要教师的积累

教学不是一个短期呈现效果的过程,是一个螺旋式的上升过程,更是需要一线教师在长期积累一定经验后,自身不断地加强学习、积累、沉淀和提高的过程,然而对于普通教师而言,往往面临科研、学生的考评、成绩不及格率检验等多重压力,在压力的挣扎中缺少知识更新的途径和时间,因而是否能够静下心来对于教师是一个严峻的考验。

(二)教学方式方法的改变需要社会环境支持

我国大学生主要是从应届高中毕业生中录取的,以往中小学的教学传统是让学生做"听话的好孩子",而课上也已习惯性地接受知识的灌输,没有养成合作讨论的习惯,如果一入学就对他们实行合作教学法,很难取得良好的教学效果。因此,只有从中小学传统灌输式教学方法上进行改变,才能从根本上养成学生合作讨论的习惯,增强学生的合作讨论意识。

(三)教学的改革需要高校的政策引领

如前所言,合作学习适合的环境是小班授课,学习小组成员以 4—5 人为宜,每组由同学推选一名组长,负责该组的讨论,讨论时首先请一位同学做主要发言,然后其他同学做补充和纠正,在不同观点的争论中,使正确的观点得以固化。这个过程每个人都有一定的任务和发言机会,有利于形成一个良好的学习讨论氛围。目前学校只有卓越课程可以小班授课,但是作为卓越工程项目是否也可以小班呢,还没有明确的说法。因此,合作学习教学法的普及更需高校政策的适时引领。

大数据背景下公共体育课程的改革与创新

姚唯众

公共体育课程是学校课程建设的重要组成部分,公共体育课程的改革与创新是适应时代的需求,是全面提高教学效果、加强质量过程管理的要求,是有效提高学生身体素质、健康水平,培养终身体育意识的关键。基于大数据背景下体育课程改革与创新的研究,通过对公共体育课程建设成效及学生体质变化等相关全部数据的研究,利用现代先进大数据分析工具,建立较为科学的教学监控评价体系研究平台,挖掘发现数据呈现的相关性价值,对于建设符合学校改革发展要求的公共体育课程,具有一定的现实意义。

一、公共体育课程现状分析

2013年前我校体育课程为选项课教学,学生自由选择,教师可以按各单项内容教学。由于组织形式单一,考核标准统一,利于操作管理,运行平稳,便被长期沿用。

总体而言,体育选项课程偏重各项目战术学习,对身体素质练习项目少,主要围绕单项考核项目进行练习,考核主观项目偏多。由于学生身体素质、学习能力存在差别,而教师之间教学水平的差异、场地条件的限制、项目的不同特点,造成了公共体育课程考核难度降低、标准下降的情况,客观上形成学生考核成绩普遍优秀的状况(表1)。显然这样的结果不能客观反映体育课教学效果及学生运动能力的变化。(教务处2010—2012年把体育课降为2级分制)

表1 江南大学体育课历年考试数据统计

年份学期	优秀(%)	良好(%)	及格(%)	不及格(%)
2007—2008—1	92.33	3.94	2.21	1.52
2007—2008—2	93.42	1.94	2.93	1.71
2008—2009—1	92.78	1.78	2.51	2.93
2008—2009—2	90.01	8.03	1.15	0.81
2009—2010—1	91.98	3.44	2.12	2.46
2009—2010—2	92.12	5.90	1.03	0.95

近年来,大学生体质健康水平呈下降趋势,我校六年体质健康数据监测也反映出这种情况的严重性(表2),因此公共体育课程改革与创新势在必行。

表2 江南大学体质测试历年数据统计

年 份	优秀(%)	良好(%)	及格(%)	不及格(%)	合格率(%)
2007年	10.21	45.2	34.75	9.85	90.15
2008年	10.29	50.12	29.49	10.1	89.90
2009年	8.92	47.32	30.28	13.48	86.52
2010年	6.78	45.09	32.91	15.22	84.78
2011年	4.5	44.1	36.3	15.1	83.9
2012年	3.09	40.7	40.2	16.01	83.95

二、公共体育课程改革内容及措施

(一)公共体育课程改革内容

2013年初体育部经过一系列调研,通过公开数据、理论分析、专家论证和教师座谈等形式全面推进了公共体育课程改革研究。此次改革重新制定教学计划、教学大纲和课程设计。课题组成员积极参与学习研究。新课程开设一年级体育基础课,二年级体育选项课程。

基础课程紧紧围绕全国大学生体质健康锻炼标准,兼顾学生兴趣,制定学习、考核项目及内容,考核项目全部量化,标准提前公布。课外活动次数与体育课挂钩。课程性质以身体练习为主要手段,发展耐力、柔韧、力量和协调为教学重点,提高学生健康体能和运动能力,为体育选项课学习奠定基础,课程目标以传授学习方法、锻炼手段、运动体验为主线,全面提高学生体育素养。

(二)公共体育课程改革措施

1. 通过完善课程建设,全面推进体育课程改革

组织各种类型教研活动、理论学习、集体备课,课程设计和示范课程建设研究,开展形式多样的教学法研究、说课、公开课展示等,全方位提升教师教学水平和业务素质。

2. 通过质量监控保障教学成效

通过学生信息员调查问卷、领导听课、巡课、督导教学检查,听取反馈情况,发现问题及时解决。实行领导约谈制度、督导帮辅改善教学等措施,全方位实施过程管理,加强教学质量监控,保障教学成效。

3. 建立数据分析研究平台,创立教学评价分析模型,促进体育课程优化

通过建立公共体育教学成绩管理、学生体质测试预约、学生体质测试数据统计分析、学生课外锻炼数据统计等系统平台,对产生大量数据相关性进行分析研究,会同学生评教、同行评价等数据,初步建立形成具有一定量化功能的教学评价分析平台,为体育课程

优化服务。

三、公共体育课程改革成效分析

经过两年实践,公共体育课程教学氛围明显改观,教学秩序显著转变,学生达标成绩明显提高,体育课教学内容、方法、考核标准更趋于合理。

(一)公共体育课成绩分析

1. 一年级基础课分析

(1)江南大学 2013 年、2014 年体育课数据统计如表 3 所示。

表 3 江南大学 2013 年、2014 年体育课考试数据统计

年份学期	性别	优秀(%)	良好(%)	及格(%)	中等(%)	不及格(%)
2013—2014—1	男	2.61	20.32	41.45	26.4	9.22
2013—2014—1	女	2.41	30.55	41.66	17.43	7.95
2013—2014—2	男	2.85	36.25	43.79	11.41	8.7
2013—2014—2	女	2.53	21	40.7	27.46	8.31
2014—2015—1	男	19.2	38.4	20.5	19.6	2.3
2014—2015—1	女	20.1	40.2	16.5	20.1	3.1
2014—2015—2	男	19.4	39.2	17.7	20.1	3.6
2014—2015—2	女	19.6	41.9	18	17.6	2.9

(2)体育课程成绩呈正态分布(图 1)。

(3)2013—2014 年第一学期,女生平均分高于男生。2013—2014 年第二学期,女生平均分低于男生。主要原因上肢力量项目分布不合理(实心球、单双杠)。

(4)上课为自然班,各学院间体育课成差距不明显,说明考核标准较合理。

(5)早操课外锻炼加分超 30%(图 4)。

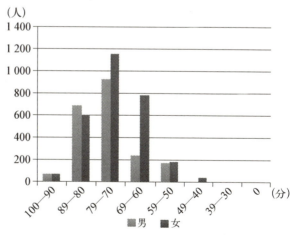

图 1 2013—2014 年第二学期 2013 级体育课成绩分布图

2. 二年级选项课分析

(1)体育课程成绩呈正态分布。

(2)女生平均分高于男生。

(3)各学院间体育课成绩有一定差距(表 4)。

表4　各学院体育选项课平均成绩

学　　院	平均成绩(分)
法学院	83.99
纺织服装学院	83.10
化学与材料工程学院	85.39
环境与土木工程学院	85.97
机械工程学院	84.02
理学院	84.46
人文学院	81.64
商学院	82.93
设计学院	83.26
生理工程学院	83.08
食品学院	84.01
数字媒体学院	80.87
外国语学院	82.84
物联网工程学院	83.88
药学院	83.09
医学院	84.05

（4）各个项目成绩间差异较大（表5）。

表5　各项目体育选项课平均成绩

项　　目	平均成绩(分)
棒垒球平均值	89.17
保健班平均值	19.82
定向拓展(男)平均值	78.52
定向拓展(女)平均值	84.55
基础体育平均值	82.67
健美(男子)平均值	85.13
健美操(女子)平均值	87.11
啦啦操平均值	86.07
篮球平均值	78.77
排球平均值	86.76
乒乓球平均值	86.78
素质拓展(男)平均值	73.30
素质拓展(女)平均值	70.64
体育舞蹈(女子)平均值	86.26
网球平均值	86.91
武术平均值	86.09
羽毛球平均值	87.17
中国象棋平均值	83.91
足球(男子)平均值	82.17
足球(女子)平均值	84.40
总计平均值	82.38

3. 早操课外锻炼加分 60%（图 2）

结果：

（1）体育课程成绩呈正态分布，符合学校要求。

（2）基础课项目学期时间分布不合理，造成男女平均成绩出现差异。

（3）选项课考核主观项目偏多，造成男女平均成绩出现一定差异。

（4）选项课各个项目成绩差异较大，证明考核标准难易程度不一致。

（5）早操课外锻炼加分成倍增长，表明政策制定起到重要作用。

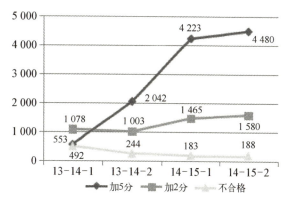

图 2 二年级体育课加分统计

（二）体质测试分析研究（表 6、表 7、表 8）

表 6 江南大学 2013 年学生体质测试综合评定统计表

年 级	样本数（个）	优秀（个/%）	良好（个/%）	及格（个/%）	不及格（个/%）
一年级（2013 级）	4 379	6（0.14）	207（4.73）	3 586（81.89）	580（13.24）
二年级（2012 级）	4 236	10（0.24）	226（5.34）	3 569（84.25）	431（10.17）
三年级（2011 级）	4 284	2（0.05）	14（0.33）	3 471（81.02）	797（18.60）
四年级（2010 级）	4 176	5（0.12）	169（4.05）	3 199（76.60）	803（19.23）
总 体	17 075	23（0.14）	616（3.58）	13 825（80.97）	2 611（15.29）

表 7 江南大学 2014 年学生体质测试综合评定统计表

年 级	样本数（个）	优秀（个/%）	良好（个/%）	及格（个/%）	不及格（个/%）
一年级（2014 级）	4 713	17（0.36）	593（12.58）	3 763（79.84）	340（7.22）
二年级（2013 级）	4 580	31（0.68）	758（16.55）	3 565（77.84）	226（4.93）
三年级（2012 级）	4 363	5（0.11）	173（3.97）	3 689（84.55）	496（11.37）
四年级（2011 级）	3 513	3（0.08）	106（3.02）	2 856（81.30）	548（15.60）
总 体	17 169	56（0.33）	1 630（9.49）	13 873（80.80）	1 610（9.38）

表 8 江南大学 2013 级学生体质测试达标统计表

年级	性别	身高（cm）	体重（kg）	肺活量（ml）	立定跳远（cm）	50 米（s）	800/1 000 米（min）	引体向上（个）	坐位体前屈（cm）	仰卧起坐（个/min）
2013 年	男	171.50	64.90	3 612.80	229.00	7.4	4′16″	4.0	9.2	/
2014 年	男	172.00	65.10	4 357.40	231.90	7.2	4′12″	5.5	9.3	/
2013 年	女	159.50	52.90	2 394.10	168.00	9.3	4′11″	/	12.4	31.7
2014 年	女	161.10	53.70	2 885.70	168.29	9.0	4′07″	/	15.2	35.6

2013级学生体质测试分析：

(1) 男女生体重分别提高0.2公斤、0.8公斤,男生略高于全国平均值,女生体重增幅偏大。

(2) 男女身高分别提高0.5厘米、1.6厘米,增幅等同于全国平均值。

(3) 男女肺活量提高744.6毫升、491.6毫升,明显高于全国平均值。

(4) 男女立定跳远分别提高2.9厘米、0.29厘米,略高于全国平均值。

(5) 男女50米跑分别提高0.2秒、0.3秒,高于全国平均值。

(6) 男女1 000(800)米跑均提高4秒,高于全国平均值。

(7) 男女坐位体前屈分别提高0.1厘米、2.8厘米,与全国平均值持平。

(8) 总评成绩百分比分别提高0.54%(优秀)、11.82%(良好),降低4.05%(及格)、8.31%(不及格)。

结果：

(1) 体质测试成绩提高显著,良好率增加明显,不及格率大幅度下降,平均水平普遍超全国平均水平。

(2) 身体形态机能水平发展基本正常,其中女生体重增幅偏高。

(3) 速度、耐力素质提高显著,肺活量等生理功能指标大幅提高。

(4) 力量素质虽有提高,但总体水平偏低。

(5) 柔韧素质增幅不大,男生提高幅度较小。

四、结语

两年来,体育课程改革与创新的实践表明:体育课改革与创新发展方向是正确的,大学生体质健康测试成绩普遍得到提高,体育课教学的课程设计、内容、方法、考核标准趋于合理化。基于大数据分析背景下体育课程改革与创新建设的研究,其全样本、全量化、预测性、相关性的特征,是未来破解公共体育课程全面优化的指南,是建立全面质量监控评价体系的关键,是体育课程改革与探索可持续发展的创新动力。

PBL 模式教学在"医学免疫学"课程中的运用

陈 伟

医学免疫学作为现代生命科学的前沿学科之一,其理论研究和应用技术二十多年来发展迅速,而且与临床实践紧密相连,是医学高校医学类各专业必修的专业基础课程。免疫学的基础理论具有高度抽象和逻辑性强的特点,只能通过形象思维和逻辑分析的方法进行学习和理解,因此,"医学免疫学"课程成为医学院校学生普遍反映难学难懂的课程之一。

在"医学免疫学"课程的教学中,由于课程内容较多且抽象难懂,而教学课时相对有限,因此,探讨新的教学模式和方法以提高教学效果,成为免疫学课程教学改革研究的重点内容之一。本项目在采用 PBL(Problem Based Learning)模式教学的基础上,将信息化教学与 PBL 教学模式相结合应用于医学免疫学课程教学,各种教学材料、临床案例通过网络教学平台发布,指导学生通过查阅资料、小组分析讨论、学习汇报的自主学习过程而得到问题的解答。由此提高学生的学习主动性,培养学生独立思考和自主学习的能力以及团队合作精神。同时,利用网络教学平台提供国内外免疫学最新研究进展和信息资源,引导学生在探索中学习,拓展学生对免疫学研究前沿知识的了解。

本项目经过两年的教学实践,获得良好的教学效果,现将项目研究的实施情况简要总结如下:

一、项目的授课对象与教学组织

（一）授课对象

江南大学无锡医学院 2012 级、2013 级和 2014 级本科护理学专业学生共 135 人,其中 2012 级 2 个班 41 人,2013 级 2 个班 51 人,2014 级 2 个班 43 人。

（二）教学组织

免疫学课程教学全部采取单班授课分组讨论的方式,2012 级 1201 班(23 人)和 1202 班(18 人),各分 4 个学习小组;2013 级 1301 班(27 人)和 1302 班(24 人),各分 5 个小组;2014 级 1401 班(18 人)分 4 个小组,1302 班(25 人)分 5 个小组。

二、项目的教学方法与实施

(一)学时分配

按照2012级和2013级本科护理学专业的教学计划,免疫学课程总课时为40学时。为了更好地促进学生的自主学习和将理论知识与临床实践紧密相连,达到学以致用,在总课时中用26学时讲授重点凝练的《医学免疫学》教材内容,用14学时进行临床案例及相关问题的分析讨论式教学,讨论课占总课时的35%。

(二)授课重点内容凝练

护理学专业使用的《医学免疫学》为卫生部统编规划教材,2012年第3版,共20章。由于学时有限,教材内容难以在计划学时内全部讲授。因此,我们结合护理学专业的临床应用特点,对《医学免疫学》教材的课堂教学内容进行充分凝练,突出重点,同时力求保持教学内容的先进性、科学性和经典性。

(三)临床病例资料收集及案例相关问题设计

从附属医院收集免疫相关疾病的典型病例资料,根据典型症状、体征、免疫学相关检测结果、疾病过程等临床特点,结合护理学临床实践,针对临床症状和体征、免疫学及其他相关检测结果、诊断要点、治疗方案、护理措施等设计系列讨论问题,如导致该疾病发生的免疫学原理、出现某种症状或体征的免疫病理机制、疾病过程中的护理措施与监护重点等,整理成PBL教学的临床案例材料。

(四)PBL模式结合信息化教学过程

将免疫学课程各种教学材料包括PPT和多媒体课件、讨论案例、复习题、补充阅读资料、免疫学教学动画和视频、国内外免疫学研究最新进展、免疫学信息资源网址等通过网络教学平台发布,要求学生在课前预习和课余时间自主学习。

课堂上教师主要讲授经过凝练的重点教学内容,讲解相关的临床案例资料和讨论的问题。针对讨论案例涉及的问题,组织学生在课余时间以学习小组方式进行自主学习,指导学生从学校图书馆的网络数据库(如CNKI中国知网、万方数据、SpringerLINK电子期刊等)查阅相关文献资料,通过小组讨论、合作学习的方式得到案例问题的解答,或针对病例拟订出护理措施或监护重点,并以PPT形式汇报本组对案例讨论问题的学习和解答,其余各组学生进行提问和辩论,最后由教师归纳和总结。

(五)指导学生建立学习档案

学习档案记录自己对医学免疫学的学习历程和收获,在课程结束时由学生提交各自的学习档案,以展示学生的学习成果。免疫学课程学习档案的内容包括封面(标明姓名、专业、班级和学号,格式自行创意设计)、目录、免疫学课程各章节学习历程记录、案例讨论课后学习心得、期末学习总结与反思、课外拓展的学习内容等。

(六) 课程考核方式

课程的考核内容包括课堂授课内容、案例分析、学习档案、课外作业、上课出勤等;考核方式采取随堂测验、案例分析讨论汇报、学习小组内学生互评、学习小组间学生互评等多种方式进行,以全面评价学生对免疫学知识的掌握程度和运用能力。考核成绩由随堂测验(30%)、案例分析讨论汇报(30%)、学习档案评分(20%)、课外作业(10%)、上课出勤(10%)组成。

三、项目实施两年取得的教学效果

(一) 教学效果

免疫学课程期末学生总评成绩以优秀和良好者占大多数,2012级学生中优秀19人,良好22人;2013级学生中优秀32人,良好17人,中等2人;2014级学生中优秀18人,良好22人,中等3人;没有不及格者。

(二) 学生对教学方法的评价

为探讨PBL模式结合信息化教学是否促进学生的自主学习和提高学习兴趣及效果,我们对上课学生进行了问卷调查。在提高学习兴趣、促进自主学习、拓展知识这三方面,超过90%的学生认为效果好,但也有个别学生认为效果不好。此外,学生在免疫学课程学习档案中的总结与反思也反映了对PBL模式结合信息化教学方式的认同,摘录几份如下:

"免疫学更多的是从分子水平剖析内在的机制,比较抽象,不容易理解和掌握。但是案例分析加小组讨论这种形式的学习还是很有效果的。在分析案例时,我们要查找一些课外的文献资料,在这个过程中,不仅仅是对于课本上的相关方面的内容有了进一步的了解,还学到了很多的课外知识。"(摘自学生免疫学课程学习档案)

"最值得一提的是医学免疫学上有自主研讨PPT汇报活动。在自主研讨PPT汇报活动中,每个人都有自己明确的任务,在完成任务和学习课程的同时,大家也收获了不只是知识方面的东西,更是精神上的。这次的免疫学培养学生的思维方式和创新意识,激发学生的学习热情,提高学生的学习兴趣。"(摘自学生免疫学课程学习档案)

"在老师和同学们的共同努力下,免疫学这门课程成了一门学习氛围浓厚的课程。在案例讨论过程中,我们能够慢慢磨合,彼此配合,合理分配任务,翻遍数据库搜索资料。案例讨论小组合作也让我们增强了团队合作能力与组织能力。"(摘自学生免疫学课程学习档案)

四、项目实践的教学感悟

"医学免疫学"课程传统的教学方式以教师课堂讲授为主,虽然采用PPT和多媒体等教学方法,但教学过程仍然是"填鸭式"教学形式,学生只能死记硬背被动地接受课堂知识。此外,临床免疫学的内容不能很好地与临床实际应用相联系。因此不能很好地激发学生的学习欲望和主动性,也难以提高学生的临床辩证分析和实际处理能力。

本项目将知识(Knowledge,K)、能力(Ability,A)、素质(Quality,Q)作为人才培养的三要素,对《医学免疫学》教材内容进行重点凝练,根据重点教学内容结合临床病例资料设计案例讨论问题。引导学生通过查阅资料、分组讨论的自主学习过程,将临床具体案例涉及的问题与相关的免疫学知识相结合,经过小组分析讨论而得到问题的解答,并制作PPT进行分组汇报。把学习的主动权交给学生,使学生成为学习的主体,从而激发学生的学习欲望和主动性,培养学生独立思考、独立分析和处理问题的临床应用能力。项目经过两年的教学研究,实施过程中得到的教学感悟可总结归纳为以下几点:

一是采用临床病例资料的PBL模式教学,使免疫学基础理论与临床应用紧密结合,可激发学生的学习欲望和主动性。

二是以临床实际病例资料为基础设计教学案例,使学生将免疫学理论知识运用到临床免疫性疾病的诊断、治疗与护理过程中,与临床实践紧密相连,从而提高学生的临床实际应用能力。

三是通过查阅资料和制作PPT汇报等学习过程,增强了学生查找和阅读中外文专业文献资料、总结和撰写专业技术文章的动手和写作能力。

四是通过网络化教学平台提供国内外免疫学研究最新进展和教学资源,拓宽了学生医学免疫学的知识视野,引导学生在探索中学习,培养学生独立思考和自主学习能力。

虚拟仪器在光信息科学专业实验教学中的应用

朱焯伟

随着高等教育的发展和改革,高等院校的办学规模不断扩大,光信息科学专业实验教学中要求的实验仪器的数量和种类大量增加,特别是那些经典的、精密的、结构复杂和昂贵的仪器。而目前的设备又难以满足实验教学的要求,如何在已有的实验设备基础上,不断挖掘实验内涵,扩充实验项目是解决上述矛盾的手段之一。虚拟仪器是新一代的智能仪器,它以计算机为核心,采用数字信号处理、系统辨识和数学建模等现代方法来构建。在实验教学中,通过组建虚拟仪器,可将各种简单常用设备有机组合起来,形成大型复杂的测试仪器,虚拟仪器技术的引入使传统的光电测量领域产生了新的活力。本项目结合教学实践,通过两个实例项目介绍了虚拟仪器在光信息科学专业中的应用技术。

一、虚拟实验设计

(一)光纤模斑谱检测表面应变实验

以多模光纤模斑作为测量物理量,以 CCD 及图像采集卡作为数据采集设备,以计算机作为仪器核心,设计测量表面应变的实验,展示光纤传感器的原理、组成结构及配置方法,目前已经应用于专业实验。在实验过程中,光学装置要相当稳定,尤其是成像透镜和 CCD。存储原始图像后,如果成像装置发生移动,会导致采集的图像相对原始图像有位移,这会影响两幅图像的相关系数,从而导致应变测量值的误差。

光纤模斑可以反映物件的表面应变,且对模斑谱进行分析、运算后可以得到相应的应变,进而可以利用这种方法得到应变量传感的其他的物理参量,如位移、压力、温度等。在实验过程中,任何对光纤的扰动都会对实验结果有影响,可见这种传感器灵敏度极高,所以在测量应变的过程中,要排除其他环境因素(如温度)的影响。同时由于模斑复杂程度很高,光纤应变量与光纤模斑谱之间无确定函数关系,数据处理难度较大,因此对市场应用有相当多的局限性,今后的研究方向主要是降低实验对环境的敏感性以及如何找到一个更好的高效的算法。

(二)脉冲核磁共振实验数据处理系统

现在国内采用的核磁共振实验多为脉冲核磁共振实验。该实验仪器的配置及其运行流程大体是，先用带计算机接口的存储示波器把实验数据保存下来，再送到计算机中的相应软件中进行处理。整个实验装置配置价格较为昂贵。经过分析设计，我们发现这一实验装置中的示波器完全可由计算机代替。由计算机的声卡来采集数据然后进行显示和处理，这不但能削减实验仪器价格，而且可以简化实验操作。目前该方案已经进入软件设计阶段。

脉冲核磁共振实验是一个对周围环境因素较为敏感的实验，该实验的精度完全取决于硬件设备和实验操作，因此在采集数据文件之前，需反复细调直至有明显的实验结果。由于软件具有保存数据文件的功能，数据采集与数据分析相分离，从而可以降低环境（如温度）对实验的影响，也有利于实验操作步骤演示。

基于LabVIEW数据处理系统的引入，简化了实验操作，提高了数据分析能力。在操作过程中它主要依靠LabVIEW功能强大、使用方便的数据显示控件。在波形图上它可以移动鼠标，读出坐标点的X和Y坐标值，可以放大、缩小波形图，以便选择坐标点，这些正是LabVIEW强于其他开发平台之处。

二、本项目的创新之处

本项目以光科专业中的两个基本实验（脉冲核磁共振实验及利用光纤模斑谱测定表面应变实验）为范例，重点研究了虚拟仪器在光学测试中的应用。对虚拟仪器的开发平台LabView作了详细介绍，讨论了如何调用动态链接库（dll）、如何设置局部变量、如何读取控件节点属性等关键技术问题。

从本项目涉及的两个测试系统的开发过程及其结果可见虚拟仪器LabView具有高效、简单的特点，这主要与LabView具有强大的开发测试分析工具有关，也是LabView备受测试行业青睐的原因。

本项目的创新之处：

一是在脉冲核磁共振实验测试系统中，引入了动态显示测试数据的波形图，它可改变数据显示量程、显示时间间隔（对应于示波器扫描时间）。因此这一模块功能相当于数字存储示波器，如果配置高速数据采集卡，可突破声卡采样速率的限制，因而能在工业测量中得到更为广泛地应用。

二是在纵向弛豫时间的测定中，提出非线性拟合法测定纵向弛豫时间T_1。这个方法的提出，得益于LabView具有强大的数学分析运算能力，这在传统的脉冲核磁实验中是无法做到的。

三、总结

数字信号处理技术和教学仪器技术的发展是本项目理论知识的基础，而虚拟仪器的基本思想和LabVIEW开发平台则是程序开发设计过程中有力的工具。通过基础性的理论知识，从而很好地运用开发工具，解决了在开发过程中所遇到的问题，开发出了具有实用价值的虚拟仪器综合实验：通过功能强大的开发平台，将理论知识转化为有效的、实用的教学工具。通过对课题的研究与开发，可以得出以下结论：

第一，作为传统的仪器设备，功能有限，仪器的面板、内置的电路及使用的功能都是固定的，用户不能对其加以扩展或自定义其功能。虚拟仪器的引入，可充分利用软件的灵活性，组建多功能、多用途的智能仪器。在光科实验中使用虚拟仪器，可节约实验仪器设备成本的投入，提高各种仪器性能，完善实验手段。

第二，本项目中开发的虚拟实验仪器对采集的数据进行实时的分析处理并生动直观地显示出运行数据，同时可进行波形回放、存储和打印数据结果。将这些虚拟仪器应用到实验教学中去，以取代常规仪器，实际教学中可根据实验要求，自行设计各种软面板，定义仪器的功能并可以各种形式表达输出检测结果，进行实时仿真分析。

第三，本项目是在 LabVIEW 平台上开发的教学用虚拟实验仪器——虚拟示波器，主要建立了软件开发的主要功能模块，通过调用外部数据采集卡 AC1810，达到了虚拟示波器信号采集、处理，以及对信号的测量和显示的主要功能。

第四，本项目中的虚拟示波器的主要技术特点包括：利用计算机的存储与外设连接的能力，测量结果与波形可以直接输出打印；与传统仪器相比，增加了频域分析功能；在相同的硬件条件下，可以通过修改或增加软件模块，形成新的仪器功能；硬件具有开放性，可以通过升级硬件来提高性能。

第五，本项目中采用面向对象的图形化编程语言 LabVIEW，大大提高了软件的开发速度和效率，缩短了软件开发周期，使用面向对象技术使程序的复用性达到最佳。

第六，运用虚拟仪器技术设计教学用虚拟仪器系统实验，能充分发挥计算机性能，打破了以往由教学仪器限定实验的模式，使用者能够根据自己的需要更改和重新定义仪器的功能。

第七，本系统虽然是在 LabVIEW 平台上开发的教学用虚拟实验仪器，但由于采用模块化设计思想和面向对象的设计方法，使该系统具有良好的移植性；在此基础上，进一步构建基于虚拟仪器系统的网络虚拟实验室。所以可以很容易地将该系统移植到网络虚拟实验室系统中。

由于利用 LabVIEW 软件开发与研究虚拟仪器所涉及的内容比较广泛，目前，本课题所完成的工作还不是十分完整。本人认为，以下问题还有待进一步研究和发展：

一是本课题将信号的分析与处理、现代仪器仪表、虚拟仪器与 LabVIEW 的开发功能做了有机的结合。但是由于时间的关系，LabVIEW 所具有的强大功能还有许多是本人未曾开发和加以很好利用的，如 CallLibraryFunetion 和 CodeInterfaeeNode 等，这需要通过不断的实践和仪器开发来熟悉。

二是虚拟仪器系统具有良好的移植性，进一步构建基于虚拟仪器系统的网络虚拟实验室，将基于虚拟仪器系统实际应用于远程实验教学是今后的发展方向，从而使远程教育的学习者可以通过网络进行远程实验学习。

数学建模思想融入大学数学基础课教学的探索

张景祥

2015年本人有幸申请到教师卓越工程项目,经过两年的教学研究和教学改革实践,对于将数学建模思想融入大学数学基础课的理解有了进一步提高。通过教师卓越工程项目让自己更加注重教学质量的提升,更加注重在教学研究和实践中不断"追求卓越"。现从项目执行情况、教学内容的凝练、教学理念的转变等方面总结如下。

一、教师卓越工程项目注重提高教师的教学能力

教师卓越工程项目与一般的教学改革项目不同,对教师的要求非常明确,主要包括以下几个方面:面向全校"精品展坛"开设公开课,邀请相关专家对公开课予以点评,听课教师之间进行互动交流;组织教学、教研交流活动;公开发表教学研究论文;撰写教育教学感悟。通过将上述要求逐步完成,可以使教师素质获得全面提升。我觉得在项目的执行过程中自己的教学设计能力有很大提高,特别是通过自己对公开课设计方案的不断打磨以及教研讨论活动中专家给予的建议和指导,都使我受益匪浅。

二、把数学建模思想融入大学数学基础课教学

大学生的基础数学学习阶段,包括学习高等数学、线性代数、概率统计等课程,是大学生在大学期间最为系统学习数学知识的时期,而学好数学对其他各类工科课程至关重要。因此从学校到老师及学生都非常重视基础课程。但是这些数学课程在教学中强调理论的系统性和结构的严密性,轻视了基本概念的产生背景和实际意义的解释,使学生学了一大堆的定义、定理和公式,却不知道对实际问题有什么用。

数学建模是通过调查和收集数据及资料,观察和研究其固有的特征和内在的规律,抓住问题的主要矛盾,运用数学的思想、方法和手段对实际问题进行抽象和合理假设,创造性地建立起反映实际问题的数量关系,即数学模型。然后运用数学方法辅以计算机等设备对模型加以求解,再返回到实际中去解释、分析实际问题,并根据实际问题的反馈结果对数学模型进行验证、修改并逐步完善,为人们解决实际问题提供科学依据和手段。

因此，借助本项目的支持，项目组将教学过程中注重发挥数学模型作为数学与客观实际问题联系的纽带，在教学上凝练教学内容，突出学生实践能力的培养，使数学建模成为解决实际问题的有力工具。例如，我校食品、生工、化工、医药等专业学生每天有大量的实验，我们在部分课程中重点突出了实验数据的整理、分析和总结，借助数学模型进行理论分析和预测。实践表明：数学建模的教学与实践训练对学生而言与传统数学课程相比很不一样，对培养学生观察力、想象力、逻辑思维能力以及分析和解决实际问题的能力起到了很好的作用。为此，要全面提高大学生的素质，培养有创新精神的复合型人才，在平时的大学基础数学教学过程中可以融入数学建模思想，起到"润物细无声"的作用。

三、转变教学理念，突出理论联系实际，注重大学生创新能力培养

近年来国家大力推进创新创业教育，创新已经渗透到教育教学中的各个方面，高校教师要紧跟时代步伐，转变教育教学理念，推动教学方法的创新。

数学建模思想不仅能够提高学生的逻辑思维能力，同时也可以培养学生的创新思维能力，为今后实践能力的提升打下坚实的基础。目前数学建模的知识已经渗透到许多行业和领域中，如多元统计学的有关知识跟经济学联系在一起，用来分析预测企业未来一段时间的经济状况；运筹学知识跟经济学知识联合在一起，用来总结研究一个项目，可以了解该项目什么时候收益最大，项目是否有必要做下去。为了提升大学生的创新能力，我们首先要做的就是转变教师观念，填鸭式教学已经难以满足市场经济飞速发展的要求。我们依托校内数学建模竞赛、全国数学建模竞赛和美国数学建模竞赛平台，项目组全体成员积极发挥引导作用和组织作用，充分调动学生的积极性，让学生主动参与到竞赛、研究和讨论中来，培养学生的创新意识。例如，2016年全国数学建模竞赛中，我们的学生通过提取概率论中的分布函数的思想，结合计算机仿真的方法，很好地模拟了中国不同小区的开放情况，为城市规划提出了很好的建议。实践表明，将数学建模思想融入大学基础数学教学，既能加强学生对于基本原理知识的内涵分析，又能提高学生的创新实践能力。团队经过两年的研究和探索，得到以下几个结论：

第一，数学具有概念的抽象性、逻辑的严密性、结论的明确性、体系的完整性和应用的广泛性。因此，数学建模教学的形式也是多变的，教师应该甄选并改造适合不同层次学生使用的且贴近学生实际生活的数学建模问题。例如，旅行推销员问题：给定一系列城市和每对城市之间的距离，求解访问每一座城市一次并回到起始城市的最短回路，综合运用运筹学和理论计算机科学；世界杯问题：教师可以进行与足球运动有关的数学建模课题，主要内容与实际足球运动直接相关，这些问题的提出可以提升学生的学习兴趣。

第二，数学建模应结合正常的数学内容进行添加。在日常教学的过程中，数学教师应该培养学生落实应用知识的能力。可以以课本教材内容为载体，编制与课本知识相同的建模问题，从而提升学生的建模能力。

第三，以数学建模教学作为突破口，培养学生的问题意识、创新能力和探究能力。在

解题的过程中,教师应该先想象已学知识中对应的知识点,如何运用已经学过的知识,将联想和思维过程展示出来,创建解题情境,将学生引入自主学习和主动学习的过程中。从"如果我是学生我会怎样解题"创建情境、提出问题、设计陷阱等,从而有效激发学生的思维能力。

四、我的教育教学感悟

(一)为人师表,真心热爱学生

这些年的工作经验告诉我,作为一名人民教师必须为人师表。俗话说:"说破嗓子,不如做出样子。"凡是要求学生做到的我自己首先做到。例如要求学生不迟到,我自己每次上课提前15分钟到教室,做好上课的准备。要求学生仪表端正、服装整洁,我坚持上课前整理穿着;要求学生勤于思考,语言文明,我在学生面前从不讲粗话,总是正面引导,从不发泄一些不良情绪,给学生正能量和积极向上的引导。其实数学课很枯燥,我在课堂上尽量用生动、幽默、精练的语言去引导学生主动学习。近二十年的教师生涯,使我慢慢知道了一个道理:没有爱就没有教育。教师必须学会真心关爱学生、体贴学生,悉心教育他们养成良好的生活和学习习惯。

(二)教学过程中对学生严格要求

我觉得在教学上严格要求学生,是促使学生牢固地掌握知识的必要条件,也是教师认真对待教学工作的具体表现。就教学而言,从课程的讲授、辅导、作业、试验和实习等环节,我对学生都有明确的要求和考核标准。但不同的学生基础和专业背景不同,学习氛围和努力程度参差不齐,这就要求任课教师提高对自身的要求,花更多的精力,做更认真、更细致的准备。严格要求的根本目的是提高质量。

图案课程教学的研究与探索

刘冬云

图案设计课程是服装设计专业的基础专业课程之一,既是一门理论与实践、审美与功能性密切结合的课程,又是服装设计专业培养学生今后的专业设计能力的基础课程。

一、图案课程教学所处的背景及现状分析

从国际、国内纺织行业发展的现状来看,以花式图案为设计创意主题的服装秀越来越受业内重视,图案设计与服装设计的跨界、综合已成为国内外重振纺织服装经济大背景下的创新手段之一。如何在纺织服装产业链中将商业价值较低的纺织品坯料通过花式图案和服装设计提高纺织品商业附加值和竞争力,避免粗放式低层次、低附加值的生产,任重道远。因此,基于这样的社会背景,我院的设计教学迫切需要与时俱进,适应当前经济和教育改革创新的要求,为社会培养出既会服装款式设计又懂图案并能将之与服装款型巧妙结合起来的综合型设计人才。

本课题的研究与探索,以服装设计创新型人才培养为目标,以了解图案设计过程,结合最新印染技术,使图案设计与服装设计款式能完整统一起来,探索图案设计与社会实践相结合,探讨与相关企业的商业运用的无缝对接和密切结合的科学方法为方向。图案设计一直以来是服装设计创作中一个基础环节,图案课程在教学中多以理论教学为主、实践教学为辅,而在实践教学中也常以传统基本技法作为教学手段。可以说,传统教学模式培养出来的学生,既缺乏对知识的灵活应用能力,又缺乏设计与创新能力。随着计算机及多媒体技术的高速发展,图案设计方法、图案与服装创作设计的全面结合,图案所承担的设计作用越来越大,对现代科技的认识和学习程度直接影响整个设计的进程与结果。所以,本课题以科学技术为支撑点,对图案设计中的一些设计方向进行了教学上的实践研究。

二、图案课程教学的研究与探索

随着本课题研究、教学公开课、主题教学交流活动以及教改论文发表等工作的展开,在教改中主要从以下几个方面加强了本课程的实践教学:

第一,传统的理论教学过分注重课内基础图案理论和技法的教学,忽视了课外对大自

然这一重要设计源泉的感悟。因此,很难培养出适合社会需求的创造型设计人才。众所周知,人的观察是非常重要的视觉探索,比如对观察物距离的远近、角度的选取、视距的大小、视点的把握各有不同,在对记录描绘的对象进行有选择的主观处理时,既要对造型的呈现方法进行考虑,即用什么方法使各个元素之间统一协调,还要考虑通过哪种绘画手段让观者感受到自然世界里面真实存在的美。

传统教学课程往往是通过从美术史、艺术欣赏等资料中查找图案设计的原始素材,并借用原始素材进行设计,忽视了对素材创造性的思考,只能接受普遍的概念性知识,结果我们只能去模仿,并不了解素材里面每一个设计环节设计思想,这种教学使学生失去了创造能力。图案创新来源于人类特有的联想能力,联想是人类所具有的一种创造性思维方式,而对客观事物进行思考是开拓创造思维的先决条件,创造性思维在艺术创作中具有特别重要的意义。所以在图案创新设计过程中我们要运用所采集到的素材和创造性的思维方式创造新的图案。

本课题的目的是让学生学会用自己的眼睛去发现去观察,强调学生观察的发现性和实践性。只有这样设计的作业才会呈现不同以往的崭新面貌。

第二,20世纪90年代从喷墨印刷系统发展而来的数码印花技术,改变了传统印花工艺,被广泛应用于服装和家用纺织品中,给服装行业带来了前所未有的个性化服务和改变。独特的数码印花技术是图案设计艺术的新的支撑,这种支撑不仅仅是图案设计的基础,它也带给我们新的审美观、新的设计倾向,甚至新的思维方式。为了更好地使图案教学与社会接轨并服务于社会,我们江南大学纺织服装学院数码印花工程设计中心组建了全系列的数码印花工艺机械,将传统图案教学的纸上谈兵转化为实际生产的可能,通过技术使设计作品直接成为成品。

数码印花是将图像以数字的形式输入计算机中,经过计算机分色描稿系统处理后,再以数字的形式传输到数码印花机上,通过电脑控制微压垫式喷墨嘴将墨水覆压在织物上而形成特定图案效果的一种印花方式。数码图案设计过程较传统图案设计有着无可比拟的优势,它可以把数码印花的优势发挥到最大化,我们可以在设计中结合现代数码印花图案设计与传统印染图案设计各自的特点,进行数码图案的设计创作,改变了原来的传统创作方法。

在设计全过程的数字化创作上,它能够实现传统图案达不到的效果,突破了传统图案花样的套色限制,特别是对颜色渐变、云纹等高精度图案的印质。

在创作空间上,由于应用的广泛素材是以数码化方式呈现,所以图案创作设计样稿可在计算机上任意修改,设计素材也可以通过扫描、数字相片、图像或计算机制作处理的各种数字化图案输入计算机,把设计师的理念、审美观念完全、充分地发挥表现出来。

在制作凹凸肌理上,实现仿真效果。由于设计中进行的二次创作数码喷射印花技术是通过数码控制的喷嘴,在需要染料的部位按需喷射相应的染液微点。所以能够很好模拟出具有凹凸肌理的作品,这无疑在绘画创作上有很大的应用前景,在仿制和创作油画效果上可以进一步开拓。

在图案设计速度上,实现快捷、方便的传输。由于数码印花的生产工艺流程摆脱了传统印花在生产过程中分色描稿、制片、制网过程,整个生产过程全部实现数字化生产从而大大缩短了生产时间,使生产灵活性大大提高,一些产品甚至可以实现当日交货,立等可取,使产品更具竞争力。当然在生产过程中设计师可以对图案、颜色进行修改,也是其成为数码印花生产有别于传统印花生产的一大技术优势。

在拓展设计空间上,设计师可以自由发挥并创新,因为数码印花的工艺过程中不存在长度边幅的概念,在一定程度上解放了设计师艺术设计创作的才能。此外,计算机数码印花技术在艺术设计方面的开拓、设计手法、技巧、工具也十分丰富多样,真正做到了只要想得到就能印得出的随心所欲。

第三,从以前的教学实践看,目前的图案设计教学大多仍停留在手绘表现和计算机表现的水平,与企业实际需要的相关设计方面十分薄弱。所以在学校和企业合作中要成立由教师与专家组成的合作设计项目,提供与课程配套的可操作设计项目,完成实际项目的选定、规划和分配,按照公司的步骤完成项目的实际操作,学生经过基础平台训练后可根据兴趣参与其中。同时,也要给学生提供多种实习、实训的环境与内容,提供更多参与应用性课题的研究集合,使其接触更多的公司企业,帮助学生找到自己的学习潜能,激发他们的学习热情和主动性。对于一些抽象的理论概念可以放在实践环节中解决,让学生在实践过程中领会到理论知识在实践中的转化,从而理解课程设置的目标,这无疑对培养服装设计人才具有现实意义。

生物化学教学存在的问题及对策

吴 静

在江南大学 2015 年"教师卓越工程"项目的资助下,我们对旨在提高本科生科研基本素质的生物化学教学方法进行了探索。结合多年的教学实践,我们对大学生物化学教学有几点感悟。

一、存在问题

（一）教师对学生个性化活动关注不足

在大班制教学环境下,由于学生人数众多、能力参差不齐、个体关注度少、教师注意力分配限制等原因,使得部分教学活动难以展开。教师在教学实施中经常会感到心有余而力不足,与个体接触的概率降低,无法充分了解学生。

（二）缺乏师生交流与互动,学生参与感低

大班制多媒体教学模式下的课堂交流活动很难展开。由于受人数的限制,教师每次只能与有限的部分学生进行双向互动,而大多数学生则得不到互动的机会,并会感到不被关注,没有存在感,课堂参与感较低。另外,由于多媒体教学中学生在接受大量信息的同时还必须完成快速笔记,学生自身也不愿意参与师生交流互动,在教学过程中具有很明显的被动感。而且随着课堂人数的增加,学生单独参与课堂互动的概率越来越低,而部分学生能够在课堂上进行锻炼和练习的机会也屈指可数。学生课前预习少、课后复习少,精力投入非常有限。师生互动与交流的缺乏将直接导致教师无法第一时间得到有益的教学反馈,这将直接限制教育教学效果的提高。

（三）教学信息量过载,限制了学生思考

多媒体教学信息量较大,这一特点已经得到了普遍的认可。但实际上多媒体教学的这一优点与建构主义教育教学理论是有矛盾的。课堂上多媒体课件的超文本功能、交互功能和网络功能,并没有和学生的课外学习实现有效而良性的互动和补充。过多的信息,反而分散了学生的注意力,使他们抓不住重点,思维受到了限制,想象力无法充分发挥;丰富的信息量如果不能及时建立课堂与课外学习的有效关联,学生很难在课堂学习的有限时间内对知识进行消化与吸收，学习效率难以保证，在多媒体信息量大的优势下，就有可能出现学生学得快、忘得更快的局面。

二、解决对策：构建"以学生为中心"的理论和实验课程

生物化学是高校大生命科学所属专业的重要基础课。学生对该课程的学习效果受早先的化学和物理等课程的学习影响，另外该课程的内容经典、信息量大，学生的学习难度较大。尽管多媒体教学在一定程度上提高了教学效果，但也存在许多不容忽视的问题，促使我们进行新的教学设计。

（一）精心设计教学过程

在充分了解和掌握学生基本情况的基础前提下，在充分分析和定位教学目标、把握教学内容特征的基础上，我们合理设计学习环境、学习活动、策略应用与评价体系，充分发挥多媒体教学的优势，有效克服了大班教学的弊端，实现了学生的自主学习。

1. 学习环境设计

学习环境中包括信息资源、认知工具、教师配备等物化资源，还包括任务情景等软资源。充分考虑生物化学学科的特点，创设与学习主题相关的任务情景，通过介绍参观、查阅资料、小组交流和媒体展示，使学生感受到课程所学内容与自己的健康与生活联系密切，并在学习中学会用生物化学知识去解释生活现象。有意识地促进学生从学习过程中探究一些健康与生活中的科学问题。例如："为什么多吃糖容易变胖"，"大量运动后为什么会腰酸腿疼"，"人在饥饿时为什么会头晕眼花而过一段时间又会好转"，"为什么说葡萄糖糖代谢紊乱是疾病基础"等。这些都是学生生活中常见的生活现象，虽然知道却不了解其中原因。这些问题大大激发了学生的学习兴趣，教师要不失时机地引出相关知识点带领学生进行学习，如蕴含其中的三羧酸循环、糖酵解、糖异生、糖代谢紊乱与疾病等内容。选择多种有效的媒体资源，精心组织，促进学生主动学习，合理组织学生进行有效协作，安排合理的协作机制，教师在必要时进行指导。

2. 学习活动设计

通过开展集中讲座、小组辩论、快速测试、学习笔记交流与讨论、微主题讨论、个性化辅导、共同制作媒体材料、参与学习效果评价、学习Blog制作交流等学习活动，全方位、多层次、多角度促进学生的教学意义构建。教师通过引导、示范、总结、评价等有序推进教学活动的进行，确保学生实现学习的有效意义构建。通过学习活动的有效组织，促进学生充分利用学习媒体等资源开展自主式探究性学习。

3. 自主学习策略设计

自主学习策略的核心是要发挥学生的学习主动性、积极性，充分发挥学生的认知主体作用。在充分考虑所学知识内容的特征和学生所具有的认知能力、认知结构和学习风格的基础上，鼓励学生通过课外拓展自主学习。如理工科的学生已经奠定了坚实的有机化

学基础,因此在糖类化学的讲授过程中要略讲其概念、分类、结构及性质,侧重讲糖类物质的利用和开发情况,尤其是多糖的改性、应用及其进展情况。除此以外,教师在授课过程中应该介绍该领域发展动态及前沿热点问题,如糖生物学与寡糖工程,这是化学与生命学科交叉新领域,美国、日本、欧洲国家对糖生物学及糖工程研究非常重视,近几年进展非常快,现已确认寡糖链参与生物体受精、发育、分化、免疫、神经系统的识别和调控,介绍微生物与动物、微生物与植物的相互作用中担负重要作用;介绍衰老、癌症过程中也涉及寡糖链的参与。这些知识使理工科学生觉得自己掌握的化学知识与生产生活的联系是如此紧密,改变了他们以前在学习理论知识时枯燥无味的感觉,使他们产生了学习知识的成就感、自豪感和满足感。

4. 学习效果评价设计

学习效果评价的科学性直接关系到学习质量的提高和教学目标的实现。在"以学生为中心"的教学设计中,传统单一的只注重考试成绩和教师对学生评价的方式已经不能准确反映学习的质量与效果。将学习效果评价渗透和整合到学习环境中,成为教师和学生不断反思总结和完善改进教学活动质量的最重要根据。评价制度强调形成性评价,弱化总结性评价。通过形成教师、伙伴和自我的三方评价体系,客观评价学习效果,提高学生自主性探究和解决问题的能力。

(二) 改革生物化学实验课程

生物化学实验是对生物化学课堂所学知识的加强巩固和应用的过程,是生物化学教学的主要组成部分。重视生物化学实验,有利于系统地理解生物化学理论课程,提高教学效果。

1. 验证性实验与理论教学紧密衔接,深化学生的理解力

生物化学理论抽象、代谢途径错综复杂,难学难懂难记。在理论讲授后,及时安排与所讲理论密切相关的实验,既可以加深学生对理论知识的理解与巩固,又可以提高学生的学习兴趣。例如,在讲到蛋白质性质时,蛋白质具有两性性质与等电点,在明确给出等电点的定义后,会讲到等电点是影响电泳及影响迁移率的因素。这时,开设测定酪蛋白的等电点和醋酸纤维薄膜电泳分离血清蛋白质两个实验,可以加深对等电点的理解,了解其应用。

2. 增加设计综合性实验,培养学生综合思维能力

我们在按一定学时比例开设独立实验的同时,对实验课程体系进行了改革尝试,增加了综合性实验内容,探索一种设计型和综合性实验相结合的创新性实验方法,把实验教学作为一个系统进行整体设计,建立理论教学与实验教学既相互联系又相对独立的实验体系。在实验过程中,实验准备及实验试剂都由学生自己来完成,并可以允许学生选择不同的方法进行实验。例如,在沉淀蛋白质时可以选择盐析法或有机溶剂(丙酮)法,含量测定可以采用紫外吸收法也可以选择考马斯亮蓝 G-250 染色法等。整个实验不仅做到内容综合,还做到了实验方法和实验手段的综合。在实验过程中发现,学生对这种综合性实验

十分感兴趣,不但能够进行独立思考而且还使自身的理论实践结合能力大幅度增加。通过实验课改革,教学取得了初步的成效。这种设计型和综合型实验相结合的创新性实验方法,大大提高了学生的学习兴趣,培养了学生的综合思维能力。

3. 开展生化实验技能大赛,提高学生的积极性与主动性

比赛分为实验技能操作和实验设计两部分。实验技能操作根据学生对具体实验及仪器操作的规范度、准确度、操作时间、预习报告和实验报告五部分得出实验操作成绩;实验设计以学生感兴趣的生物体内的生理活性物质(如 SOD、POD、胱氨酸多肽、多糖等)为目的物,设计从生物体内分离提取及鉴定该生理活性物质的实验过程,通过答辩和提交实验设计报告得出实验设计的得分,综合实验技能操作和实验设计两部分的成绩得出最后的总成绩。通过生物化学实验技能大赛的开展,学生学习生物化学这门课的积极性、主动性普遍提高。

总之,教学活动是与时俱进的实践活动,时代的发展促进了知识和技术的进步,我们教师只有结合我们所处的时代特征,开展我们的教学活动,才能获得最好的教学效果。

数字媒体技术专业软件开发课程的课堂教学改革

王 骏

一、课题研究的背景及意义

新媒体是在传统媒体的基础上,综合运用数字技术、网络技术、移动技术等新兴技术而迅速发展起来的一种全新的媒体形式。在国外,随着互联网、移动电话的普及和Wbe2.0、3G技术的推进,新媒体已经成为继报刊、广播、电视等传统媒体之后的又一种全新的信息传播手段。同时,新媒体时代的到来也为以"艺工结合"为指导思想的数字媒体技术专业的教学提供了大量新内容和新素材。

目前,国内外很多大学都设置了数字媒体技术专业,这些高校根据自己的学科特色来组织教学,数字媒体技术专业呈现出了多样化、个性化的趋势。总体而言,国际数字媒体人才培养可以分为以下几类:① 以计算机图形、图像学科为基础的教育。② 以创意艺术为目的的教育。③ 以实用工具为主的制作培训教育。在国内,开设"数字媒体技术"专业高校已经非常多,既包括了传统的传媒类、艺术类大学,也包括了一些综合性大学和职业院校,如浙江大学、华中科技大学、中国传媒大学、山东大学等。由于各个高校的科研基础不同、人才培养定位各异,因此其侧重点有着很大的差异。但是,无论是何种专业定位和人才培养模式,软件开发类课程始终在这些高校"数字媒体技术"专业的课程体系中占据着非常重要的地位。面向新媒体时代的机遇和挑战,以"艺工交融"为特色,进行"数字媒体技术"专业软件开发类课程的课堂教学理论探索与教学实践研究具有重要的意义。

二、数字媒体技术专业软件开发类课程教学存在的问题

就我校的数字媒体技术专业而言,软件开发类课程群既包括了《程序设计Ⅰ》《程序设计Ⅱ》《数据结构与算法分析》《面向对象技术与C++》等专业基础课程,同时也涵盖了《脚本编程技术》《Java与对象分布技术》《面向对象的软件工程》《计算机动画编程技术》《计算机游戏程序设计》等与实际应用结合紧密的课程。总体而言,该类课程具有三个重要特点:第一,实践性强,学生必须通过大量的上机练习或项目实践来掌握课程的教学内容;第二,注重课堂教学环节,教师的课堂教学决定了学生的编程思维和价值取向;第三,

前瞻性强，课堂教学内容及其效果直接决定了若干年后学生的就业。但是，在先前的教学研究实践中我们发现，在"数字媒体技术"专业的教学环节中，软件开发类课程的教学内容大多照搬传统计算机科学与技术专业中相关的专业课程。这些课程虽然在一定程度上培养了学生的动手编程能力，但是没有充分考虑到新媒体时代基于数字技术、网络技术、移动技术的特点和数字媒体技术专业"艺工结合"的专业特色。在前期研究工作中，我们已经针对本专业相关课程教学中重理论轻实践、重技术轻艺术、重内容轻体系等问题进行了有针对性的研究。这些工作虽然在一定范围内解决了一些问题，也取得了一定的成效，但面对以数字技术、网络技术、移动技术为主要技术手段的新媒体时代，这些工作还是相当有限的，而对于处于核心地位的课堂教学环节，这些工作也鲜有涉及。

基于本课题组教师的课堂教学实践，我们发现当前"数字媒体技术"专业的软件开发类课程在课堂教学环节中还存在着以下问题：

第一，课堂教学内容较陈旧，与新媒体时代对人才的需求结合不紧密。新媒体时代以数字技术、网络技术、移动技术等新技术为基础和特征，需要大量掌握相关知识的人才。但现有软件开发类课程的课堂教学内容大多沿用传统的计算机科学与技术专业中相关课程的教学内容，内容较为陈旧。虽然在课堂教学内容方面，也曾经面向数字媒体技术专业作过一些有针对性的改进，但是这些工作尚没有结合新媒体进行研究与实践。如何将新媒体时代的特色融入课堂教学环节中，使学生在学习软件开发的过程中能紧密结合当前社会所需，是本课题研究工作的一个出发点。

第二，课堂教学环节中"艺""工"结合尚不紧密。前期工作中，我们已经在相关课程的课堂教学过程中初步做到了"艺工结合"，但是尚有不足之处："艺"与"工"只是师资、教学内容等方面的简单组合，这两者尚未达到全方位自然交融的状态；实际教学环节中也经常出现"工"不能服务于"艺"，"艺"不能合理表达"工"的尴尬局面。如何在软件开发类课程的课堂教学环节中做到"艺""工"的深层次融合，是本课题需要研究的另一个重要问题。

第三，课堂教学手段缺乏新意，新媒体特色不显著。在前期工作中，我们虽然对"艺工结合"的教学方法进行了探索，但这些工作大多基于传统媒体，尚不能结合新媒体来进行艺工结合的教学研究与实践。另一方面，现有的课堂教学方法大多基于教师的"填鸭式"灌输，教学效果不理想。如何以新媒体为技术平台进行"艺工交融"的教学实践，是本课题需要重要解决的另一个问题。

综上可知，新媒体技术的迅猛发展给"数字媒体技术"专业带来了机遇和挑战。以此为背景，以"艺工交融"为特色，对该专业的软件开发类课程进行课堂教学研究与改革，无论对于培养满足新媒体时代需求的优秀人才，还是扩大本专业在国内的知名度，都具有十分积极的意义。本课题以课堂教学环节为切入点，对所涉及的教学内容、教学手段等问题进行探索和实践。

三、教学改革的方式与举措

本研究实施过程中，我们通过如下方式来改进数字媒体技术专业软件开发课程的课堂教学。

第一，面向应用实践的课堂教学环节研究。"数字媒体技术"专业的软件开发类课程既包含了"程序设计Ⅰ""程序设计Ⅱ""数据结构与算法分析""面向对象技术与C++"等专业基础课程，同时也涵盖了"脚本编程技术""Java与对象分布技术""面向对象的软件工程""计算机动画编程技术""计算机游戏程序设计"等与实际应用结合紧密的课程。传统的教学方法往往偏重于理论知识的灌输和抽象公式的推导，而没有与实际应用环节联系起来。因此，采用传统的教学手段，在教学过程中学生通常会感觉到知识的枯燥、抽象、难以理解，同时对所学知识的应用感到茫然、不知所学知识的实际意义，最终失去学习的兴趣。针对此问题，我们面向实际应用环节进行相应的课堂教学研究。在教学过程中，我们以工程实践为出发点，结合教学团队丰富的工程开发经验，精心构造与教学知识点联系紧密的应用示例。在这过程中，我们通过编写实验教材、建立实训基地来丰富我们的课堂教学内容。

第二，移动计算与智能技术相结合的教学内容新探索。移动计算是新媒体时代的新特点，智能计算是当今信息科学领域的前沿学科，这两方面也是新媒体时代最具实践性、前沿性的内容。在项目实施过程中，我们紧密结合这两大主题来制定相关课程的课堂教学内容，在理论教学的同时融入新的实践内容，这也是传统的软件开发类课程不曾涉及的地方。

第三，基于MOOC的课堂教学新方法尝试。MOOC，即大规模在线开放课程（Massive Open Online Course），近年来成功走入了高校的教学环节。本课题中，我们将MOOC与课堂教学相结合。教学实践表明：MOOC上高质量的视频有效地提高了课堂互动性，从而激发学生学习兴趣。另一方面，MOOC平台上的资源来自名校名师，这节省了大量备课时间。此外，我们在教学过程中，在MOOC平台上建立了专门的社区，从而形成了基于MOOC的共同体，在此共同体中师生针对学习和教学中的各种问题展开讨论、分享观点。

通过本教改项目的研究，我们以"艺工交融"为指导思想，结合课程教学中的各种问题进行了有针对性的改进，起到了很好的效果。

"微特电机"课程教学改革探析

方光辉

2004年在中国召开的世界工程师大会的主题是"工程师塑造可持续发展的未来",这个主题告诉我们"工程师"对于人类的未来是多么重要,它同时也告诉我们"工程教育"对于人类的未来是何等重要。伴随着近300年工业化进程发展起来的高等工程教育为当今社会的辉煌做出了不可或缺的贡献。然而,发端于20世纪末期且正在深入发展的科技革命正推动着人类社会发生历史性的转折,即向"可持续发展"转轨、向"全球化"转型,因此,工程教育也必须进行改革和转型。走中国特色新型工业化道路,迫切需要具备工程师的能力与素质,同时又具有很强的创新能力及一定的科学研究能力的复合型人才。国家决定实施"卓越工程师教育培养计划",以此来培养造就一大批适应经济社会发展需要、具有国际竞争力的创新型工程技术人才。

"微特电机"课程是我校电气自动化专业大四上学期所开设的课程,属于专业选修课。该课程主要讲述的是当前自动化、机器人及物联网等领域广泛使用的各种测量、驱动和信号转换等各种微型和特种电机。包括用于驱动控制的伺服电机、步进电机、无刷电机、开关磁阻电机、直线电机及超声波电机等;用于测量和信号转换用的测速发电机、自整角机、旋转变压器等。

由于现代的微特电机已经是一个系统,它包括电机本体、控制器、传感器等部分,所以在学习中不仅要掌握其电机原理,而且要有相应的控制理论知识。另外一些在普通电机学习时忽略和不计的因素,在微特电机中可能成为影响精度、灵敏度、快速等性能的主要原因。

众所周知,大四的课程很难上。由于考研和就业的压力,大四的学生已很少有人能专心在课堂中学习,所以上大四课程的老师都很苦恼。针对"微特电机"课程特点及大四学生的现状,在该课程近两年的教学与考核中,本人尝试了教学与考核方法的改革,激发了学生的学习兴趣,将学生的心又拉回教室,同时培养了学生多方面的能力,收到了很好的效果。

一、教学方法的改革

教学方法上从原来老师一人在台上讲和学生听课的方式,改为老师和学生"双讲"的方式。所谓"双讲"就是老师先讲某种电机,然后再由学生来讲该电机的一些知识和应用。学生按学号5—6人组成一组,老师每讲完一种电机后,每组都要写一篇关于该电机的论文,内容不限定,然后每班各出一组上台演讲,每次2组,轮流上台。

采用这种方式后,由于每组需要对每种电机写一篇论文,那么对各种电机的基础知识至少都能有所涉及,而且每组需要详细介绍一种电机,这样就要求组员对这种电机有进一步了解。为了写好论文,很多小组建立了QQ群,在群中讨论各种问题。

当然,每组对需要上台演讲的内容进行了合理的分工,大家共同查找资料,确定主要内容,然后小组中一人执笔写论文,一人制作PPT演讲材料,一人上台演讲,其他2—3人负责回答老师和学生的提问。这种分组做报告方式,增强了同学们之间的团队合作能力。老师听完每组报告后,除了提问,还要对演讲人、PPT、论文以及报告内容给出详细的评价和评分。这种教学改革将部分课堂让给学生,课堂以学生为主体,教师为主导,变教为诱,变学为思。

二、考核方法的改革

由于该课程为考查课程,根据学校对考查课的考核要求,结合该课程的特点,近两年在课程考核方法上也进行教改尝试。以前该课程的考核一般采取期末开卷考试的方法,这种方法以期末最后一次考试成绩为主,对学生整个学习过程的情况考虑得较少,学生只要最后突击一下一般都能通过。教改后学生的成绩由三大块组成,分别是考勤、作业和论文,分块所占比例相同,这样学生对平时的学习必须加以重视,避免了大四学生逃课较严重的问题。

三、教学改革的效果

在教改过程中加强学生在制作演示文稿、汇报演讲、论文写作和资料归纳总结等方面能力的训练,为学生毕业设计环节甚至以后的工作学习起到了很好的促进作用。

第一,提升了查找资料的能力。针对这一环节,每个小组一般每章节派一个人写论文,因此每个同学至少有一次确定命题并查找资料的过程,每个同学都学会了利用网络查找资料的方法,并通过论文写作学会了如何写论文。

第二,增强了团队合作能力。在教学中每组都有一个完整的答辩过程,这就需要小组成员的配合,需要挑选出最适合的人负责各环节,而各环节的工作又是环环相扣的。首先由大家共同选定主题;然后写论文的同学负责查找资料并整理创作;之后,根据写作的论文和查找的资料由另一个同学制作PPT;最后演讲和答辩的同学必须充分掌握论文和相关知识,才能确保演讲的精彩和回答问题的正确性。整个过程中大家都要充分参与和交流,因此增强了团队合作能力。

第三,强大了个人气场。由于分组不是自愿组合,这样每个同学都可能负责自己从未做过的工作，有很多同学是第一次当组长，第一次制作PPT，第一次上讲台回答问题，这样的经历是很锻炼人的，也是充实和难忘的。学生的口头表达能力和自信心大大提高，不再怯场。

第四，至少对一章内容印象深刻。以前的考试，学生大多是临考前拼命复习，但那往往是瞬时记忆，考完就不记得了，这是大学应试的弊端，它让很多同学有能力倒退的感觉。因此，大学学习更应该注重平时的知识积累，而采用这种方式教学则可以达到这一效果。

在教学中学生通过自己总结并讲解，可以对知识进行梳理，一方面加深对所学知识的理解和掌握，另一方面可提高总结知识的能力，是一种很好的学习方法。它锻炼了学生自主学习的能力，使学生产生了浓厚的学习的兴趣，为学生在今后工作中遇到新技术、新问题时积极寻求解决办法奠定了基础。

正如学生在总结中写道的：在这门课程的学习中，这种先由老师讲，再由学生写论文演讲的教学方式，大大调动了我们自主学习的积极性，让我们从只是被动地被老师传输知识变为主动地根据老师的讲解，主动查资料，主动学习。老师为我们创造了自主学习的机会，激发了我们的学习兴趣，使我们自己成为学习的主体，掌握了学习的主动权。同时也锻炼了我们查找资料的能力、展示自己学习成果的能力、小组合作的能力，我们受益匪浅。

四、存在的问题和今后的改进设想

通过两年的教学改革，很多学生提出了一些很好的建议，主要有以下几个方面：

一是适当扩大选题的范围。以前论文主要以电机应用为主，可适当扩大选题范围，比如可以对一些电机特性、结构或针对某一个专题进行详细的分析，追根溯源。

二是提高对论文写作的要求。老师在上课的时候已经很详细地介绍了各种电机的基础知识，有些组的论文和演讲还为此花了很多时间，今后应要求重点放在应用或某个专题上，以激起听讲同学的兴趣。

三是增加同学提问和评价的机会。除了老师的点评和建议外，还可以让下面的同学也提出自己的看法和评价，并给予一定的加分，增加学生的参与程度，以更好地调动同学们的积极性。

四是争取经费。让学生用各种微特电机做一些实际应用系统，比如3D打印机，可以分别用直流电机、步进电机、无刷直流电机、开关磁阻电机作为驱动元件，通过实物制作，提高学生的设计和动手能力，这可以作为卓越工程师培养的一部分。

总之，通过"微特电机"课程的教学改革，改变了以往课程过于注重知识传授的倾向，强调让学生形成主动学习的态度，即将传统学习方式从"被动性、依赖性、统一性、虚拟性和认同性"向现代学习方式"主动性、独立性、独特性、体验性和问题性"进行转变。

"马克思主义基本原理概论"的"三观"教育研究

连冬花

"马克思主义基本原理概论"是一门特别强调让学生树立正确世界观、人生观、价值观的思想政治公共课程。如何让学生能够树立正确的世界观、人生观、价值观不仅是教育部门关注的事情,也是学生学习此课程关心的问题。正是基于这样的问题,我们课程组设计了"马克思主义基本原理概论""三观"教育研究。为了能够真正使"三观"问题进入学生的头脑中,并转化在实际行动中,课程组成员从以下几个方面进行了努力:

一、分析教材所有内容,整理涉及"三观"的内容

教材的内容不仅章节多,而且涉及的内容广泛,包括马克思主义哲学、马克思主义政治经济学、科学社会主义三大块。政治经济学部分主要是研究剩余价值问题的,"三观"问题不很突出,科学社会主义的内容涉及"三观"问题,但由于课时有限,一般不会专门讲述这部分内容。基于实际情况,我们把重点研究内容放到哲学部分,且把科学社会主义相关内容放在哲学部分的内容中。

二、把理论讲透彻,用典型案例说明理论

哲学理论具有一定的深度和难度,如何把理论讲透彻是研究"三观"问题的第一步,因为理论讲不透彻,讲不清楚,不仅不能吸引学生听课,而且还可能会误导学生。为了能讲清楚理论,在深刻理解理论的基础上,选用典型的案例做支撑。我们不仅广泛选择资料,发挥自己专业的特长,而且相互交流,共享资源,尽可能保证在教学过程中,讲明白理论的同时,用现实的典型案例深化对理论的理解。

三、积极鼓励学生阐述观点,在纠正中帮助学生树立正确"三观"问题

针对课程中涉及的"三观"问题,我们会有选择地选择一些问题让学生进行讨论。在

讨论过程中,先不对学生的观点做出评价,只有在他们的表述结束后,才开始对学生的观点做一些分析。但是在做分析前,一般会让其他学生先做相关评价,如果观点不同,就要说出为什么不同、根本的区别在哪里。如果学生之间通过相互讨论甚至是争论能解决的问题,教师就会引导他们做出正确的理解;如果学生通过争论依旧无法解决问题,教师就对产生分歧的根源甚至有些错误的观点一一进行分析,帮助学生从困惑迷茫中理清思路,在摇摆不定的"三观"问题上树立正确的理念。

四、把理论从天上降落到地上,贴近社会实际

哲学理论特别是研究形而上层面的理论总有一种不食人间烟火的感觉,对于这样的理论,学生们其实有很实际的问题:学习理论有什么意义?既然哲学理论不能解决吃饭问题、就业问题,我为什么非得要认真学习呢?而且考核是开卷,完全可以装装样子的。针对理论的抽象性和学生实际的功利性,我们在把理论讲透彻的同时,还要努力做到把抽象的理论具体化,让理论从天上回到人间,回到学生的实际中,回到社会的现实中。为此,理论的深刻性和现实的具体性的相互融合就成为我们努力的方向。为此,我们不仅从理论层面理解理论的深刻内涵,而且很关注现实问题,特别是对学生有可能比较关注的现实问题给了了关注,尽可能把理论和现实的问题分析融合在一起,让学生从学习理论的过程中深刻感受到理论原来可以不抽象,可以不空洞,可以很现实,可以很丰满。

五、给学生舞台,展现学生"三观"成果

世界观、人生观、价值观说到底是观念问题,观念的真正意义在于对实践的指导,只有能够正确指导实践,观念的意义才是真正有价值的有意义的。为了能够从根本上检验教学效果、检验学生是否真正掌握了马克思主义的世界观、人生观、价值观,我们采用了给学生舞台展现"三观"的课堂实践活动。具体为:要求每个学院每个专业的学生,根据自己的专业内容,把马克思主义理论主要是"三观"方面的内容和专业内容相结合,具体可以是用专业内容论证理论的正确性,也可以用专业案例说明理论的正确性,或者是从理论的角度分析论证专业知识问题。一句话,就是要把"三观"理论应用到专业知识的学习实践中。由于把对学生的分数考核和展现团队实力相挂钩,学生们对这种展现的机会很重视,他们自动结合为一个个小组,对小组成员进行明确的分工,在收集整理资料的基础上,做好PPT,然后在指定的时间,由团队成员共同展示他们的内容。其中展示的内容包括PPT的制作、内容的展示、讲课的技巧和对其他同学提问的回答四个方面。其中,内容部分占的比重最大,如果内容不符合要求,整个团队的分数就上不去。为此,学生们对内容的收集、整理、选择用心最多。其实,对内容的关注就是对他们是否理解并能够应用理论的一种考核。此外,对问题的回答也是考核的关键,如果组员答不出问题或是回答不够好,就不会给出高分。这样做的原因是避免学生在网上抄袭资料,缺乏自己的见解。实践证明,

这样做的效果很好。因为有些学生总是希望拿到高分,有些学生希望通过这次PPT展示加分,抵消之前因为迟到、旷课等扣掉的平时分。为此,他们不仅很努力地收集整理资料,而且还对自己讲解的内容进行思考,并努力地思考同学们可能会提出的问题。通过这种方式,"三观"教育不仅在理论上进入学生的头脑中,更重要的把"三观"问题融入对专业知识的认识和分析中,使学生们从内心深处认识到:"三观"问题不仅仅是思想政治课的内容,更是能够与他们的专业知识、与他们的人生过程、与他们的生活密切关联的理论知识。

六、教材内容丰富与教学课时偏少的矛盾

在教学过程中,对于"三观"问题的深入理解和实际应用,存在的问题也是明显的。教材中的"三观"问题涉及的内容很丰富,但是教学课时是非常有限的。如果要学生对"三观"问题进行相应的讨论,就要占有一部分时间,如果让学生进行PPT内容的展示,就要占用更多的时间。于是,对于要讨论的问题只能有选择地进行讨论,且对讨论甚至可能进行争论的学生人数进行理性控制。对于学生PPT的展示,一是在时间上要做出规定,二是对人数做出限制。这样,有些学生就不能积极参与课堂讨论特别是参与到PPT内容的展示中,教师只能从有限的问题中、有限的学生人数中窥见学生的学习效果。

七、"三观"内容的选择上往往会偏向专业知识而忽视了理论本身

大量的实践证明,在每一届学生的PPT内容展示中,第一组学生团队容易在内容上偏向专业知识而忽视了理论本身。只有在对第一组的团队做出点评并再次强调立场、角度问题之后,后面的团队才能较好地对内容做出选择,对哲学理论和专业知识有较好的融合。

"中国近代史纲要"的教学感悟

刘俊杰

主持项目以来,围绕研究选题在《佳木斯职业学院学报》2015年第10期发表教研论文《高校思想政治理论课对话式教学探讨——以"中国近现代史纲要"课为例》1篇;在精品展坛开设公开课1次,主讲"洋务运动的兴衰";参加11月4日课题交流汇报会1次。下面结合自己的从教情况谈一下教学感悟。

从2012年6月走向教学工作岗位,屈指算来,已是三年有余。从教以来,一直处于十分忙碌的工作和生活状态,无暇对自己的教学进行反思和总结。这次,利用主持校教改项目"中国近现代史纲要课对话式教学研究"结题的机会,利用在国家教育行政学院学习的空闲时间来回顾、总结自己的教学,畅谈自己的教学感悟,我觉得这是一件对自己教学成长十分有益的事情。所以,在此向学校和教学评估与教师卓越中心给予的课题资助以及对教师教学的重视表达谢意。

目前,我所从事教学的课程是"中国近现代史纲要",这是高校思想政治理论课的四门必修课之一。经过几年的教学,自己有一些心得体会:

一、教学实践经验及体会

一是教海无涯,学无止境。教师对学生的传道授业解惑没有最好,只有更好。教学本身就是一项系统工程。有些老师下了功夫,精通了这一系统工程,教学成绩斐然。很多老师没有下多大功夫,只是了解和擅长这一系统工程的一些方面,所以教学没有取得期望的成效。但即便是精通了教学,讲课效果良好,这种效果也会因人而异,因教师特质不同而不同。也就是说,上课好的老师之间也是可以相互学习的。在教学上,没有谁是最好的,不可超越的。时代在发展、实践在发展、理论在发展,教学特别是思政课教学要紧随时代、实践、理论的发展而发展,教师要不断学习充实提高自己。

二是精心备课,必有收获。在教学中我的一个最大感受就是只要下功夫,认真备课,讲课肯定是有效果的。不认真备课,教学效果肯定不行。很多时候课没上好主要是因为没备好课。当然这种备课是多方面的,包括课程设计、教学内容、教学技术、教学互动等等,真正备好一堂课是需要相当时间和精力的。

三是以理服人,避免灌输。理论只要能说服人就能掌握群众,而只要彻底理解理论就能说服人。马克思主义作为科学的理论要使同学们相信和接受关键在于以理服人,而不是强制性的灌输。这就要求教师要精通这一理论,从而能够为学生解疑释惑,用思想和理论的魅力来吸引人。

四是严于律己,为人师范。老师的一言一行学生都看在眼里。老师的言行对学生有着重要的影响。这一点,老师自己有时可能意识不到。老师的一句话、一个行为就有可能影响学生的一生。大学时,我的毛概课老师的教学引起了我的学习兴趣,正是受到他的影响,今天我才成了一名高校思政课教师。所以,作为教师要特别重视自己的言行。学高为师,德高为范。大学老师,要做正能量的传播者、践行者,注重自己的言行,严于律己,不做有损大学老师形象和道德的事情。

二、教学工作中存在的问题和困境

一是暂时舍教学而做科研。说实话,本人是十分喜欢教学的。我的大学本科选择的是师范专业,我认为能够为学生传道授业解惑,受到学生的欢迎和认可是极其荣耀和有成就感的事情。工作以来,我也在努力争取做到这一点。但由于我国现行职称评定、人才奖励与培养的主要衡量标准是科研,我们学校也不例外。因此在此导向下,毫不避讳地说,我也把自己较多的时间投入在科研上。但从内心来讲,我并不愿意这样做。

二是在教学上缺乏理论和实践的指导。教学如何教,采用什么样的方法,内容如何安排,语言如何梳理表达,等等,现在这些都是依靠自己的摸索总结,既缺乏教学理论上的指导,也缺乏实践上的辅导。

三是未能做到与学生打成一片。未能与学生打成一片,与学生互动不够,对学生关心不够,这既有自身性格的原因,也有功利的原因,感觉跟学生交流会占用一些时间,影响其他工作。

三、今后教学的努力和改进方向

一是力所能及地投入时间备课。尽管教"中国近现代史纲要"课已三年有余,但越教学越感觉自己的无知,越发觉得很多东西没搞清楚,今后会投入更多时间进行备课,一方面在理论上查询相关资料,做好知识理论储备在教学方法上不断探索创新,积极采取多媒体展示、辩论研讨等方法提升教学效果。另一方面走出书屋,了解无锡以及其他地方有关教学内容的历史遗址遗迹、相关事件,将它们带入课堂,从而使课堂教学更加有血有肉,更加生动。

二是加强教学理论学习以及教学实践经验总结。收集相关资料进行教学理论学习,向有经验的老教师多讨教学习,同时在教学中加强理论总结,尽可能参加国家、教育部、江苏省等教育部门举办的教学比赛,在比赛中向其他高校同行先进学习。

三是多与学生交流互动。无论是课堂上还是在课下多与学生交流互动,这种交流互动可以是与学习相关的,也可以是学生成长当中遇到的困惑,只要有助于学生健康成长都可以。在以后教学中把QQ、微信等联系方式留给学生,通过多种渠道加强与学生的互动交流。

当然,搞好思政课教学,教师个人努力是关键,但外因同样不可忽视,还需要党和国家以及学校采取一些措施,提供相应保障。作为江南大学青年教师中的一员,结合自己的教学,对学校搞好青年教师特别是思政课青年教师教学也有一些期望或者说建议:

一是依据教师专业结构来安排课程。现在的教师大都是博士毕业,都有自己的专业方向。应该根据教师所学的专业方向来设置课程,这样做,既可以节省教师大量的备课时间,同时又能使教师讲起课程来比较精通自然也比较深入熟练。以笔者为例,以前没有学习过经济学,现在要上"当代世界经济与政治"课,在讲授这一门课时特别是给商学院学生讲授这一门课时感觉很吃力。

二是每位老师应有一门主干课程。现在我们学校的青年教师很多带几门课,由于科研占去大量时间,备课时间本来就不充分,因此每门课投入的时间就很有限,结果每门课讲得都不是很好,所以期望在教学任务分配时尽量做到老师教的课程数不要过多,做到每个老师主要上一门课,专一门课,讲好一门课。

三是刚走向教学工作岗位的青年博士不宜付与繁重教学任务。刚刚工作的青年博士,很多没有教学经验,对教材没有系统的把握,教学方法不足,加上"非升即走"以及结婚生子的压力,对于教学,他们只能疲于应付,也有可能把工作和生活压力的负面情绪带入课堂,教学效果不可避免地受到影响。所以,建议刚刚走向工作岗位的青年博士不宜使其承担较多教学任务。可以考虑在他们评上副教授之后再承担适宜的教学任务。根据现实情况,可以给予他们较少的教学任务来锻炼思考,同时辅以学校学院的相应措施督促其在教学上尽快成长。

四是采取措施加强青年教师培训。学校、学院应该采取一些措施促进青年教师教学成长。方法可以多样,既可全校统一、院际协调、院内规划等方式实施教学方法交流探讨,也可邀请校内外教学名师给予青年教师辅导,比如邀请校外国家教学名师和我校至善教学名师给青年教师上一门示范课或者专门讲授教学心得和方法。

五是应该对教学成绩突出的青年教师给予一定奖励。学校十分重视教学工作,为鼓励教学,专门设立了至善教学名师奖。但能获得该奖的都是有着多年教学经验、教学效果显著的老教师。学校针对青年教师教学,虽也有青年教师教学会讲比赛等途径,但自我感觉这对青年教师搞好教学的激励作用不够,不妨考虑建立至善青年教学名师奖以选拔优秀青年教学名师,让他们脱颖而出,发挥示范作用。

六是给予思政课老师教学更多创新的空间。思政课教学有着自己的鲜明特点。培养学生的课堂不应仅仅局限于三尺讲台。以我所带的"中国近现代史纲要"课为例,课程涉及民族工商业、日本侵华、土地革命、新四军等知识点,而无锡都有相应的遗址遗迹,可以通过课外现场教学的方式,提高教学实效。当然,由于教学成本、教学安全、教学总体规划等因素的影响,这种教学不宜过多,但不妨一学期进行一到两次现场教学尝试。当然,教学创新是多方面的,本人认为,只要是科学的、健康的、有益的创新都应该给予一定的探索空间。

把课堂还给学生

何跃娟

作为教育工作者,大家都知道一句名言"没有教不好的学生,只有不会教的老师",尽管对这句话大家有很多种理解,褒贬不一,但我相信,这句话强调的是教育工作者对学生的一种责任与信念,是教育者基于这种责任与信念对自己的严格要求。从我踏上讲台的那一刻起一直以这句话来鞭策自己,并且对这句话我的理解一直是老师要把教学内容讲解透彻讲解到位,要会深入浅出,从而可以让学生少花时间就可以掌握相关内容。这么多年的教学生涯我一直是这样要求自己的,学生对我的评价也是讲解到位、能突出物理的本质、易于理解。但是,学生在以老师为主的课堂上能听下多少,又能记住多少呢?即使当时学到了知识,但是几年后又能留下多少印象?什么样的课堂才能让学生真正学以致用?这也是我们每一位教育工作者不得不思考的问题。

"大学物理"是我校学生的一门基础课,其内容广泛并且融合了多种科学技术基础知识,是高级工程技术人员必须学习的重要课程。我校每届都有 90 个班级要上大学物理课,然而目前该课程教学现状不容乐观,任课老师感觉难教、学生感到学无所用。即使难度降低了,学生仍然兴趣不高,不知道如何运用该学科的基础知识指导实际。通过多年的一线教学,感觉学生学习大学物理的兴趣不高,一方面物理课上纯粹理论的讲解会让学生觉得学习物理枯燥,觉得学习物理没用,无法把学到的物理理论联系实际,另一方面,近年来由于课时的不断压缩,在课堂上没有足够的时间把很多应用的实例讲透。而学习大学物理的主要任务是学以致用,是要能解决实际问题,对实际应用案例进行详细解析既可提高学生学习物理的兴趣和热情,又可提高学生解决实际问题的能力,从而真正达到素质教育的目的。

案例式教学是一种通过模拟或者重现现实生活中的一些场景,让学生把自己纳入案例场景,通过讨论或者研讨来进行学习的一种教学方法。案例式教学可以促进隐性知识与显性知识的不断转化,通过具体的情境,将隐性的知识外显,或将显性的知识内化,让学生通过自己的思考来拓宽自己的视野、丰富自己的知识和增强自己解决问题的能力。

案例式教学是由美国哈佛法学院前院长克里斯托弗·哥伦布·朗代尔(C. C. Langdell)于 1870 年首创,后经哈佛企管研究所所长郑汉姆(W. B. Doham)推广,并从美国迅速传播到世界许多地方,被认为是代表未来教育方向的一种成功的教育方法。案例教学最早用于医学教学中,为启发学生掌握对病症的诊断及治疗,医学院的教授将不同病症的诊断及治疗过程记录下来做成案例,用于课堂分析,以培养学生的诊断推理能力。后来,类似的教学方式不断被应用到法学、工商管理、公共管理等教学过程中,目的都是通过将实际事件的典型过程再现出来以引导和培养学生的推理能力。

结合大学物理的学科特点,我们尝试将案例式教学方法引入大学物理课堂,使学生们能够有针对性地运用理论知识去发现、分析和解决实际问题,从而加深他们对理论知识的理解、激发对物理学习的兴趣并培养他们的思维能力。那么,在现在有限的课时中如何把案例式教学法有效地运用到大学物理教学中呢?

一、"教"是为了"不教"

"把课堂还给学生"的理念即"教"是为了"不教"。暑期我正好有幸去马里兰大学进行了为期25天的教学观摩和教学理念的学习。马里兰大学的课程(大学物理)安排基本上是:每周一、三、五大班授课50分钟,每周二、四小班讨论课80分钟(助教负责,一个小班一个助教)。从课程安排上可以看出,大班集中讲课的时间是每周150分钟,而每周讨论的时间达到160分钟,学生小组以讨论的方式来巩固知识的机会可以说较多。另外,即使是老师大班授课的50分钟时间里,也会分小组讨论,一般是上半堂课讨论一次,下半堂课再讨论一次,甚至有的课全是以讨论的形式来展开。在教学观摩中,令我印象深刻的是听了一节电磁学课,课前老师就布置了一些预习大纲,课堂上就以问题的形式展开,每一个问题有几个选项,让每个学生自己先选择一次,然后学生与邻近位置上的同学进行同伴讨论,讨论后再选一次答案。亲自体验下来,这种同伴讨论法可使学生有参与感,真正让学生成为课堂的主体,老师只是引导。总体的指导思想是:学生自己学习,老师负责帮学生理清思路,把课堂还给学生,老师的目标是不上课,即"教"是为了"不教"。

"教"是为了"不教","授人以鱼,不如授人以渔",这些道理我们早就烂熟于心了。从我们教学的切身体会来说,我们在课堂上口干舌燥地讲解了半天,学生能听下多少,又能记住多少呢?很多时候,也只是老师的一厢情愿罢了。因此,要学做一名懒教师,大胆地依靠学生,把方法教给学生,把课堂还给学生。

结合我们的教改项目,课前我们就布置些问题,让学生回去自学教材,同时把教学案例抛给学生,课堂上我们就组织学生讨论,最后解决掉这个教学实例。通过这样的方法,一方面培养了学生的自学能力,另一方面通过对实际案例的剖析学生能学到真正的知识。另外由于课堂只是讨论案例,基本内容的学习便放到了课后,这样的方法,有效弥补了老师们普遍认为的课时不足的现状。

二、老师要进行题目设计、课堂引领和评价激励

把课堂还给学生,那么老师的作用是什么?老师的课堂智慧体现在哪里呢?老师的课堂智慧应更多地体现在题目设计、引领点拨和评价激励等环节上。

让学生自学教材之前,老师需要设计一个预习大纲,重要的知识点可搭配些讨论题,题目可从不同的角度反复呈现出来,以便更好地帮助学生理解需掌握的知识点,因此,预习大纲便需要精心设计。在整个教学过程中老师要站在学生的角度来看待题目,所有思路跟着学生走,和学生在同一领悟层次,这样可以给学生以亲近感。结合我们的教改项目,在上课前老师就需要精心收集适合的案例,既要让案例有实用性,学生会感兴趣,同时这个案例还要符合学生学习的内容。

在课堂上学生讨论时,教师要充分发挥自己的课堂智慧,无论学生给出什么样的稀奇古怪的想法,都要给出鼓励性话语,降低学生的挫败感,这样学生才会敢于发表自己的看法。

三、如何把课堂还给学生

第一,我们的学生从小学到中学,一直是在以老师主导的课堂上学习,一下子以学生为主体可能不太容易适应,要想让学生会学,需要我们做的事情很多,既需要我们探索,更需要我们倾心的投入。所以,我们应该在课堂上、辅导中、实践活动中以及教育教学的各个方面,针对学科的特点努力去培养学生的良好学习习惯,帮助学生选择正确的学习方法,训练学生良好的思维品质,等等,努力形成一套适合于自身的会学体系,让学生在课堂上真正动起来。

第二,老师要有亲和力,注重师生之间的情感沟通。教师要给学生亲善、和蔼之感,且莫过于严肃,让学生觉得教师严厉,不好接近。交流中要善于捕捉学生的闪光点,表扬和赞赏学生,以便增强学生参与课堂学习活动的主动性和自信力。另外,课堂教学中教师对学生在学习活动中的表现要有鼓励性的评价。

第三,精心设计学生的学习活动,从课前预习提纲的设计,到课堂上每一大小案例的选取,这需要老师花更多的功夫。

作为教师,教学是教师之本,感谢学校成立教师卓越工程项目,尽管已经是老教师了,但通过这次教改项目的实施过程仍然感觉收获颇多。感谢卓越中心的老师们精心的组织和付出,举办卓越工程项目沙龙、组建QQ群、及时发布其他项目组公开课的信息,这些都让我们项目组之间彼此有学习交流的机会,让我们看到不同学科的特点,彼此借鉴学习。感谢应用物理系的同事们在项目的实施过程中给予建议,并对案例的编写提供帮助。现在这个教改项目是结题了,但教学改革和教学探索将一直伴随着我。

"基于问题式学习"在生物化学课程教学中的应用

冯 磊

近年来,生命科学的发展突飞猛进,而生物化学是生命科学的重要基础学科,其理论和技术已渗透至基础医学和临床医学的各个领域,是现代生命科学的共同语言。生物化学是一门以分子水平和化学变化的深度研究生命的科学,内容比较深奥抽象,是一门比较难学的医学基础课。2012年出版的《普通高等学校本科专业目录和专业介绍》对临床医学专业的培养目标、课程做出了一些调整,其中生物化学课程被规定为专业的核心课程。生物化学这门学科具有系统性、抽象性的特点,其联系性比较强,难度比较大,发展比较快。生化课程的很多内容缺乏直观性,结构式多、反应式多、循环多、代谢通路长等特点,导致教师的教与学生的学都出现了一定的困难。在被调查的学生当中,主要希望教师在讲课时能突出重点,注意联系临床,使教学内容更加生动,以提高学生的学习兴趣。这些调查的反馈建议都为生化教学内容和计划的改进提供了依据。

一、我校生物化学课程教学现状分析

无锡医学院作为新办医学本科院校,学校医学基础相对较弱,教师队伍主要以青年教师为主,他们缺乏相应的教学经验。基于上述原因,在课堂教学中如何解决内容上的精、准、新、深、熟与课时少、内容多的矛盾,就显得非常重要。要想提高教学质量,使教师的生化教学简单易学、通俗易懂,使学生的生化学习有兴趣、有信心、有成效,结合我院的实际条件,开展生化课程的教学改革,探索一套完整的、规范的、适合医学院临床医学教育的系统性好、科学性强、形式多样的生化课程教育教学体系势在必行。这不仅具有很好的示范作用,而且对提升无锡医学院在医学学科领域的声誉和地位具有十分重要意义。

作为医学专业的核心课程"生物化学",过去我们通常采取的是传统教学模式,一直都是强调学生对基础知识的掌握与应用,要求学生熟悉具体知识点,这无疑导致学生的死记硬背,由于没有高考的升学压力,有些学生容易失去学习的兴趣,或者只是应付教师布置的作业和考核,并没有真正去接受整个课程学习的过程。况且医学生最终都要走上临床,面对活生生的病人、患者,如果所学基础知识不能为临床治疗疾病服务,学生没有自主学习的能力,缺乏解决问题、创新思维、批判性思维等方面的能力,那后果是难以想象的。因此,现在医学教育应注重学生自主学习能力的培养,要改变现有应试教育的教学模式。在这方面,广大医学教育工作者做了非常多的尝试与探索,也取得了一些教学成果,为医学生物化学的教学改革提出了可借鉴的改革思路。

二、我校生物化学教学改革思路

"基于问题式学习"(problem-based learning)的策略和方法给与我们很好的启示。"基于问题式学习"简称PBL,起源于加拿大的McMaster大学,是近年来受到广泛重视的教学模式,体现了一种教学的理念。这种PBL模式教学理论是一种教育理论新思潮,能够有助于提高学生学习基础知识、发现实际问题、发挥创造性思维意识、开展合作与自主学习、解决实际问题、批判性看待现实问题等能力。PBL模式的关键在于问题的设置与组织的形式与过程引导。我们这次教学改革主要的内容就是在课程教学过程中引入PBL模式。例如,针对"糖代谢"这一章,我们设计的问题是"吃糖多、运动少与肥胖之间的关系?为什么?""高血糖与糖尿病",然后延伸到临床上"糖尿病的机制、胰岛素的问题、治疗药物",针对"核酸代谢"这一章,我们设计了"痛风的发病机理及治疗原则"等主题,因此我们在讲完糖代谢、氨基酸代谢、脂类代谢和核酸代谢的理论知识之后,组织学生以小组为单位,围绕着这些问题通过查找资料,构建自己的知识体系,并专门留下足够的时间让同学们课堂上探讨和辩论,同时其他组可提出不同意见进行反驳或补充,教师深入各个小组指导,并全程参与听课、讨论,适时作出点拨,引导学生深入问题的实质。要求学生对每一问题的阐述要紧扣生物化学内容,避免将讨论的重心转向尚不要求的临床问题,对学生的回答要及时反馈,讨论结束后,进行案例点评、小结和对学生的表现进行评价。具体到教学实施过程,则主要有以下几个方面。

首先,做好教学前的准备。这里面有两层含义,教师要提前将下节课所要学习章节的难点、重点及需要掌握的知识点内容列出来,提出具体的要求,同时布置一些相关的思考题给学生回去准备。学生可以依据老师的要求目录清单,在上课之前通过思考题或案例的引导,有意识、有目的地去通篇阅读"生物化学"的教材及参考资料,然后通过发达的网络资源去解决一些阅读时似懂非懂的知识点,把一些还不能解决的问题或还理解不了的内容带入课堂。

其次,在课堂教学的过程中,要先开展课堂讨论,老师可以随机请一位学生根据之前布置的思考题或问题总结做些讲解,讲完之后,其他学生可以自由发表疑问、提出不同观点或补充内容,甚至进行适当的辩论、讨论。之后,老师根据刚才课程讨论的状况,就问题加以说明、总结与评价,并记录相关内容作为今后学生评分的依据。此外,老师需要系统地介绍这一章节的基本内容、掌握重点,与原来的教学模式不同的是,简单易懂的知识点到为止,讲述即可,而依据以上思考题中学生疑惑较多之处,知识的难点要详细阐述,帮助学生把零散的知识点像串糖葫芦似的串起来,形成一些相对完整的知识模块群,再通过嫁接把模块群整合成完整的知识体系,让学生不再像以前那样单纯记忆知识点,而是把所要求的知识体系,按层次系统地呈现在学生面前,以点带线,以线带面,使得学生在原有的自学基础上,进一步理清上下层次关系,知识模块之间的相互联系,利于学生后期的理解与记忆。课程结束前老师还需提供一些习题库或习题集,包括名词解释、填空题、选择题、是非题和论述题,模拟考试的形式,让学生提前熟悉考试要求,反馈学习效果,以考带学,反思学习方法,有必要时调整学习习惯。

最后,值得老师注意的是,开展以上教学活动时,要鼓励学生围绕着问题通过各种途径去查找资料,构建自己的知识体系。在这方面由于学生对电脑的应用、对数据库使用熟练程度的不同会导致学生之间差异很大,如何帮助学生合理使用网络资源、愿意花时间、花精力去进行线下的自助学习,是摆在老师面前的一个难点。我们的经验是在生物化学的基础内容讲解时,适当增加一些临床内容,比如为什么女性化妆品中要添加GSH、SOD,婴儿补钙要适度地晒太阳,送长辈营养品时应选择富含哪几种必需氨基酸的蛋白营养液,农药中毒的处理方法,蛇毒中毒机理,人的寿命长短与端粒、端粒酶的关系等等内容。通过这些例子,可以把复杂的生化问题变得通俗易懂,使学生产生浓厚兴趣,激发他们的好奇心、求知欲,促进学生从自身出发,带着亲身的体会和经历,自助发掘学习材料与学习资源,寻找生化基础理论与临床、日常生活的更多的联系,进一步体会生化理论与技术在医学中的重要地位,在自身的医学知识体系里进行系统性整理,不至于造成基础知识与临床知识的脱节,等到了学习临床课程乃至成为医生之后,才发觉生物化学知识如此重要却又无法再深入学习的缺憾。

三、总结

当然医学生物化学的教改思路没有固定模式,各个医学院校各有自己的特色,我们还是需要在教学过程中根据医学院的现有教学条件,转变传统教育观念,以学生为本,将教师的角色定位于引导者,把部分内容赋予PBL模式,逐步培养大学生的自主学习能力,为今后从事医学岗位奠定终身学习的理念。

本科生"三体"课堂教学模式的探索与实践

陈海英

基于江南大学卓越中心卓越工程师建设项目,本人自 2015 年项目立项以来一直致力于本科生"三体"课堂教学模式的建设,并尝试建立与之相配套的教学评价体系,现将本人工作进行总结。

一、项目提出的背景及思路

教学是学校的中心工作,本科生专业课程的学习是高校培养合格人才的重要途径。美国著名的塔巴"三部九阶段"教学模式认为:思维技能是能通过教学来进行传授的,但它必须通过特定的教学策略来进行,并且这些策略要按一定的顺序来使用,因为一种思维技巧的建立和获得往往要以另外一些思维技能的建立和获得为前提。因而反对教师把现成的结论直接传授给学生,提倡学生通过自己处理信息来形成自己的结论。

反观国内目前的课堂授课模式不难发现,大部分专业课程的教学依旧是教师按照教学大纲完成教学任务,课堂上将理论知识直接通过语言、板书、PPT等方式对学生进行讲解,学生学习目的往往不明确,师生课堂互动不充分。这些问题直接导致学生后期将理论应用于实践的思考和动手能力不强,教学效果差强人意。

2010 年 6 月,教育部启动实施"卓越工程师教育培养计划",号召全国高校面向工业界、面向世界、面向未来,培养卓越工程师后备人才。与食品工业和食品机械的高速发展相比,食品机械学科的发展相对缓慢,人才的培养数量和质量有所下滑,不能满足行业的需求;现有的学生的实践课程安排少,企业的实践经历少,学生的创新能力不足。因而对以"食品机械"为主的过程装备与控制工程专业卓越工程师的实践教学进行探讨,对发展我校过程装备类专业及扩大其影响具有很重要的实际意义。总而言之,面对信息环境下新的学习行为,现有教学模式存在着诸多的弊端:

(一)难以满足学生个性化学习的需要

在强调资源型学习和研究型学习的今天,传统的"以一适全"的教学模式不能对专业学习起到直接指导作用,由此,在学生自主学习中遇到的困难和问题常无法得到及时解决,阻碍提升学生对专业课学习的兴趣和对学生创新能力的培养。

（二）难以满足学生对专业知识具体应用的需要

以往的专业课教学强调学生对课程讲授内容的掌握,缺乏对更广泛专业知识应用的拓展,学生对专业知识的拓展应用掌握不足,难以有效支持其毕业后应对工作中解决专业问题的需要。

我国现在致力于授课顺序的调整:社会需求提出—学生思考调研—教师讲解—生产实践,在此教学理论指导下培养的人才个性化和差异性强、思维活跃、创新能力强。根据我国的教学实情,消化吸收国外先进教学理念,建立适应我国教学实情的"三体"课堂模式,将对传统的教学理论提出挑战,但最终必将完善教学理论,有利于新世纪人才培养模式的创新,同时也能满足企业对人才差异化、个性化培养的需求。本课题适应目前新形势,利用动态视频构建课堂互动载体,培养轻化工程专业人才,强化学生在校阶段能够具备自主学习的能力,培养专业知识丰富能够解决问题的人才,从而保证学生能够较好较快地适应社会,更符合企业的用人需求。这对于培养具有较高创新能力的应用型轻化工程专业人才,具有非常重要的理论意义和应用价值。

二、教改实践探索与成效

所谓"三体"课堂教学模式,就是以本科课堂为中间枢纽,在传统课堂上以教师和学生两者为主体的基础上,引入校外专家为第三主体,重新建立一种全新的教学模式,既可对传统课堂教学模式进行改革与优化,又可缓解企业师资力量不足的压力。"三体"课堂教学模式的建立主要从两个方面进行。

（一）在课堂中引入企业专家作为课堂的第三体因素

一方面,从授课形式来说,传统课堂的授课模式主要是授课教师通过黑板或者PPT文件向学生传道授业解惑。方式过于单调,课堂氛围主要靠授课教师的热情和调度来掌控,学生的学习热情不高。针对这一不足,我们在课堂中引入企业专家作为课堂的第三体因素。考虑到实际操作中专家精力有限、课时有限等因素,第三体因素主要以在线视频的方式出现。专家在线视频的引入不仅可以丰富授课内容、活跃课堂气氛,还可以帮助学生了解学习这门专业课程的目的性和实用性,调动其学习积极性。另一方面,从课堂主体来说,传统课堂上的主体只有教师和学生两个方面,学生接触到的学习对象只有授课教师,太过于单一。"三体"课堂教学模式和传统模式相比有很大的改进。课堂上,专家以视频的方式和学生间接交流,讲台不再是教师一个人的天地。同时,业界出名的专家的出现,还会带来名人的偶像效应,为学生及早树立学习模仿的对象,激发学生学习兴趣和在课堂上进行思考。

（二）让学生进行课题展示汇报

在项目实施过程中,本人的另一项举措就是把教学大纲中的部分内容分解成小的主题,分配到每位学生,让他们在课后进行课题调研、走访企业、查阅文献,最终制作成PPT在课堂上向大家进行展示汇报。此举措是对"三体"课堂的一个延伸,其内涵包括以下几个方面:一方面,学生的课题汇报是教师在课堂上详细讲解之后每章知识点的理论部分,学生可以根据授课教师对每个课题所提的要求,结合自己对理论基础的理解和消化,通过图书馆数据库、网络对本主题的相关技术发展前沿、学术报道、专利等进行收集,再次认真研读消化吸收后整理汇报。相信学生对此主题的学习感触会更加深刻。另一方面,学生在收集资料的过程中,主动与相关企业取得联系,不管是对企业文化和生产线的参观学习,还是和企业相关技术人员的亲密接触,都是将所学理论知识与生产实践相结合的一个过程。最后,课堂上的汇报分享,不仅可以与其他同学就相关主题进行学习交流,还可以拓宽各位同学甚至授课教师的知识面,让学生成为课堂上真正的主体。

现将项目预期目标和完成情况做一个简单的总结:

预期目标1:"三体"课堂教学模式的建立和完善。

完成情况:通过一年半的努力,我们已经初步实现了"三体"课堂框架的建立。其中重要的"一体"企业专家及技术人员的引入,我们是通过网络通信的形式进行。尽管能力有限,目前我们能联络到并愿意接受我们邀请在课堂上"出现"的专家数量不多,但从学生的反应来看,效果还是蛮惊喜的。另一个重要"一体"学生也已经从课桌走上讲台,从容自信地与大家分享他们就某一主题收集到的知识。总体而言,本科生课堂在"第三体"授课教师(本人)的统筹和摸索下有序进行着。

预期目标2:校外专家库的搜集和建立。

完成情况:目前,我们能够邀请到的只有无锡布勒机械制造有限公司和无锡赞匠(江大食品开发工作室)两个公司的技术研发专家,但是由于种种原因,他们不愿意摄像,只答应在课堂上在线"出现"。

预期目标3:学生智力库的建立和评价。

完成情况:在课堂上,当校外技术人员以视频形式"出现"时,学生在认真倾听之后表现出积极的求知欲,与校外技术人员也热烈讨论起来,一问一答,授业解惑。面对企业中存在的问题,学生已提出了自己的初步想法和专家进行探讨,受到了校外技术人员的肯定。

预期目标4:"三体"课堂模式下考核方式的革新。

完成情况:目前,考核模式的修订需要两年前在制定教学大纲的时候出。因此,本人只能在教学大纲规定的考核方式下进行延伸。在大作业的命题上,多侧重企业实际应用难题以及创新能力;在评分的时候,除了授课教师按照作业命题的评分标准外,还会邀请校外专家评阅,就学生的观点和结论提出建设性意见和建议。在征得学院领导同意的前提下,在下次教学大纲修订的时候可以以本次教改项目的探索性实践为基础,进一步完善考核体系。

三、心得体会

通过本次卓越工程师项目的实践,体会甚多,略谈几点:

（一）更新教学观念

任何行为均源自意识的先觉。培养创新人才必须更新原有的陈旧的教学观念，尤其对待高校专业教育中授课模式的科学认识态度，仅强调其一，排斥其二皆不合理。专业教育既标志着大学的教育深度，也标志着某学科领域内专业知识的量，仅强调专业课程授课教师的教学素质是片面的。作为高校高年级的本科生，他们既是学习的主体，更是新时代发展下的全新人才，他们已经初步具备了专业修养，有一定的专业知识储备。这个群体在专业教师的引导下完全有能力通过课后调研、资料收集等途径系统学习某一主题的知识，积极主动地进行探索性学习，成为课堂上重要的主体。此外，校企结合在科研方面的合作在高校已经是一个普遍的现象，开展企业技术人才在专业教学方面的合作也将成为一种必需。只要途径合适、方法合适、条件成熟，相信企业人才也将会成为课堂上的新主体。

（二）转换教学方法

一般认为，大学教育是学习专业知识的开端，诚如浙江大学张剑平教授所言，本科生教育是自学本本阶段，硕士研究生教育是自读论文阶段，博士研究生教育是自找问题阶段。通过本科阶段的培养，初步形成学科专业知识体系。在这个层次上，培养创新人才要求教师改变传统的"灌输式"或"填鸭式"教学，注重"讨论式""共享式""问题式"方法，加强实践教学，提高学生自主学习的能力。教师的讲授重点为学习的方法、发现问题的角度、思考问题的原则和解决问题的能力。教学方法改变意味着教师主导角色的定位与学生主体角色的形成。

（三）应用现代信息技术

现代信息技术已无处不在，在高等教育改革方面现代信息技术的使用不可或缺。一是要求大学教师课堂上尽量使用多媒体课件，通过课件可以把抽象的问题具体化，复杂的问题简单化。最重要的是它能够扩展和增加大学生课堂教学的知识信息量，所以有条件的应充分使用多媒体授课。二是利用信息技术教育延伸课堂知识教育。建设精品公开课，教会学生如何利用公开课，尤其是世界著名大学的公开课资源，这对我们实践性很强的课程教学质量的提高很有帮助。

四、存在的问题分析

本科生"三体"课堂的建设现处于起步阶段，各方面的条件依旧不够成熟，项目实施至今才有框架的初步建构，具体问题如下：

第一，企业专家库和学生智力库的建立是一个长期的积累过程，不是一两年可以完成的。此外，由于涉及人多、面广，而且教师工作繁忙、企业专家比较难联系，学生的流动性较大,如何有效建立专家库和智力库还需进一步研究。

第二,"三体"课堂的建设另一个重要的内容就是相匹配的教学考核体系的建立。由于学校对本科生教学的管理严格,专业课程的考核早有明确规定,考核体系的改革还需要得到学院、学校领导的支持。